KB106536

독자의 1초를 아껴주는 정성!

세상이 아무리 바쁘게 돌아가더라도

책까지 아무렇게나 빨리 만들 수는 없습니다.

인스턴트 식품 같은 책보다는

오래 익힌 술이나 장맛이 밴 책을 만들고 싶습니다.

길벗이지톡은 독자여러분이 우리를 믿는다고 할 때 가장 행복합니다.

나를 아껴주는 어학도서, 길벗이지톡의 책을 만나보십시오.

독자의 1초를 아껴주는 정성을 만나보십시오.

―――――

미리 책을 읽고 따라해본 2만 베타테스터 여러분과
무따기 체험단, 길벗스쿨 엄마 2% 기획단,
시나공 평가단, 토익 배틀, 대학생 기자단까지!
믿을 수 있는 책을 함께 만들어주신 독자 여러분께 감사드립니다.

홈페이지의 '독자광장'에 오시면 책을 함께 만들 수 있습니다.
(주)도서출판길벗 www.gilbut.co.kr
길벗이지톡 www.eztok.co.kr
길벗스쿨 www.gilbutschool.co.kr

mp3 파일 다운로드 안내

길벗이지톡(www.eztok.co.kr) 회원(무료 가입)이 되시면 오디오 파일을 비롯하여 다양한 자료를 이용할 수 있습니다.

1단계	로그인 후 홈페이지 가운데 화면에 있는 SEARCH [　　　　] 검색 에서 찾고자 하는 책이름을 입력하세요.
2단계	검색한 도서에 대한 자료를 다운로드 받으세요.

시험에 나오는 것만 공부한다!

시나공 토익

TOEIC
SPEAKING
단기완성

SBS 아나운서 김주우(Travys Kim) 지음

길벗
이지:톡

TOEIC SPEAKING 단기완성
Crack the Exam! TOEIC Speaking Speedy Course

초판 3쇄 발행 · 2018년 8월 20일

지은이 · 김주우
발행인 · 김경숙
발행처 · 길벗이지톡
출판사 등록일 · 2000년 4월 14일
주소 · 서울시 마포구 월드컵로 10길 56(서교동)
대표전화 · 02)332-0931 | **팩스** · 02)338-0388
홈페이지 · www.gilbut.co.kr | **이메일** · eztok@gilbut.co.kr

기획 및 책임편집 · 유현우(yhw5719@naver.com) | **디자인** · 황애라 | **제작** · 이준호, 손일순, 이진혁
영업마케팅 · 김학흥, 정태웅 | **웹마케팅** · 이승현, 차명환 | **영업관리** · 심선숙 | **독자지원** · 송혜란

편집진행 및 전산편집 · 기본기획 | **CTP 출력** · 벽호 | **인쇄** · 벽호 | **제본** · 경문제책

ISBN 979-11-5924-074-4 03740
(이지톡 도서번호 000907)

정가 15,000원

CIP : 이 도서의 국립중앙도서관 출판예정도서목록(CIP)은 서지정보유통지원시스템 홈페이지(http://seoji.nl.go.kr)와 국가자료공동목록시스템
(http://www.nl.go.kr/kolisnet)에서 이용하실 수 있습니다. (CIP제어번호 : CIP2016024292)

독자의 1초까지 아껴주는 정성 길벗출판사

(주)도서출판 길벗 | IT실용, IT/일반 수험서, 경제경영, 취미실용, 인문교양(더퀘스트) **www.gilbut.co.kr**
길벗이지톡 | 어학단행본, 어학수험서 **www.eztok.co.kr**
길벗스쿨 | 국어학습, 수학학습, 어린이교양, 주니어 어학학습, 교과서 **www.gilbutschool.co.kr**

독자 서비스 이메일 · service@gilbut.co.kr | 페이스북 · www.facebook.com/gilbutzigy | 트위터 · www.twitter.com/gilbutzigy

스피킹 고수가 되는 가장 빠른 지름길!

실용 영어 시대의 개막과 함께 〈시나공 토익스피킹 단기완성〉을 출간한 지 어느새 7년의 시간이 흘렀다. 그동안 수만 독자들이 보내준 한결같은 성원과 사랑에 힘입어, 이번에 신유형을 완벽하게 적용한 개정판을 내놓게 되었다. 이번 판에는 초판 출간 이후 꾸준히 취합한 독자들의 의견과 후기를 적극 반영했고, 학습자들이 최신 경향을 보다 빠르고 정확하게 익힐 수 있도록 내용을 한층 더 유기적으로 구성했다. 이제 여러분이 할 일은 자신감 있게 이 책의 첫 장을 넘기는 일뿐이다.

단기간에 토익스피킹을 정복할 수 있는 책!

회를 거듭할수록 토익스피킹 시험의 응시자 수가 증가하고 있고, 더 효율적인 스피킹 학습 방법을 찾는 수험자들도 많아졌다. 뿐만 아니라, 근본적인 회화 실력 향상의 도구로 토익스피킹을 선택하는 학습자도 상당수다. 나는 바로 이런 분들의 요구에 부응하는 데 초점을 두고, 초보자부터 숙련자까지, 혼자서 할 수 있는 핵심 내용을 학습하여 단기에 토익스피킹을 정복할 수 있도록 내용을 구성했다. 이 과정에서, 내가 직접 토익스피킹을 응시했던 경험과 연속 만점 획득을 통해 얻은 노하우, 그리고 강의 및 특강에서 실제로 수험자들과 함께 고민하고 연구했던 내용을 최대한 담아내려 고심했다.

혼자서 할 수 있는 핵심 내용으로 구성!

이 책의 모든 예문과 예제, 그리고 실전 문제들은 철저한 기출 문제 및 유형 분석을 바탕으로 만들어졌다. 수험자들은 더 이상 시험과 관련이 적은 내용을 공부하며 학원에서 시간을 낭비할 필요가 없다. 또한, 모든 파트를 주요 유형별로 나누고 실전에 바로 적용할 수 있는 핵심 이론만을 정리해, 분량에 압도당하여 학습효과가 떨어지는 현상을 방지하고자 했다. 나아가 누구나 이 책의 내용을 마치 1 대 1로 피드백을 받는 것처럼 효과적으로 학습할 수 있도록 상세하고 꼼꼼한 해설을 덧붙였다. 따라서 이 책은 수험자들에게 고득점으로 향하는 가장 확실하고도 빠른 지름길이 될 것이다.

고득점은 기본, 자신감은 덤!

'영어 말하기'에 왕도는 없다. 또한 학원을 다니고 인강을 많이 듣는다고 결코 실력이 향상되는 분야도 아니다. 그러나 비법은 존재한다. 어떤 시험이든, 시간을 절약하여 최대한의 효과를 얻을 수 있게 하는 것이 가장 좋은 비법이라는 점을 고려해 보았을 때, 이 책은 토익스피킹을 준비하는 수험자들에게 최선의 선택이 될 것이라 믿는다. 순수 국내파인 내가 오직 '할 수 있다'는 신념 하나만으로 영어에 부딪쳤듯이, 여러분 또한 자신감을 갖고 이 책을 공부하다 보면, 분명 스피킹의 고수가 될 수 있을 것이다. 모쪼록 여러분의 목표와 꿈을 이루길 진심으로 바란다.

마지막으로, 부족한 나를 믿고 많은 조언 및 지원을 아끼지 않으신 길벗 출판사의 모든 분들과, 항상 격려해준 친구 및 동료, 선·후배들, 그리고 사랑하는 나의 가족들에게 감사의 말을 전한다.

저자 **김주우** *Travys Kim*

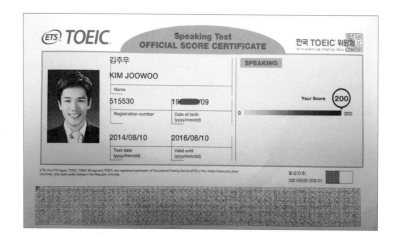

어느 일요일, 여의도 중학교에서 토익 응시생들을 대상으로 토익스피킹 특강을 진행하면서 내가 강조했던 것은 딱 하나였다. '자신감'! 직접 내가 시험을 치르고 성적을 받아본 경험상, 무엇보다도 스피킹 시험에서는 자신감이 가장 중요하다. 더군다나 우리는 토익에 누구보다도 익숙해져 있는 대한민국의 토이커들이 아닌가! 많은 사람들이 알고 있듯이, 토익스피킹의 여러 유형들은 토익의 리스닝과 리딩에서 공부한 내용을 활용할 수 있도록 되어 있으니 지레 겁을 먹을 필요가 없다. '그림 묘사'나 '질문에 답하기'는 토익의 리스닝 연습과 대본 공부를 병행하면 매우 효과적이다. 또한, 주어진 정보를 파악하여 답하는 문제는, 토익의 리딩에 나오는 여러 실용문을 접해본 사람들에겐 그다지 부담이 되지 않을 정도의 수준이다.

그렇다면 이처럼 스피킹의 기초 공사를 기존의 토익 공부로 알게 모르게 해놓은 우리 응시생들이 기억해야 할 팁들은 무엇일까? 이 후기에서는 시험장에서 기억해야 할 것들, 그리고 점수를 얻을 수 있는 방법들을 몇 가지 소개하려고 한다.

* 시험장에서는 집중력과 평정심을 유지하는 것이 관건!

사실 컴퓨터로 많은 응시생들이 동시에 답변을 하게 되기 때문에 주변의 말소리가 나에게 방해가 될 수도 있다. 그렇다고 옆 사람의 소리를 신경 쓰느라 정작 내가 해야 할 말을 못하게 된다면 큰 낭패다. 그러므로 질문을 주의 깊게 듣고 오직 내가 할 말에만 집중하자.

* 해야 할 말을 정확히 했다면 시간이 남아도 O.K.!

간혹 이런 걱정을 하는 응시자들이 있다. '할 말은 다 했는데 응답시간이 남았네. 어떡하지?' 물론 주어진 시간을 최대한 활용해서 좀 더 풍부한 내용을 말할 수 있다면 가장 좋겠지만, 그렇지 않다고 해도 걱정할 필요가 전혀 없다. 언제나 문제가 요구하는 핵심이 있기 마련이기 때문에, 그 핵심을 파악하여 적절한 대답을 했다면 시간이 남았다고 해도 감점이 되지 않는다.

✱ 어려운 표현을 쓴다고 점수 잘 받는 것이 아니다.

한국말을 예로 들어봐도 그렇다. 내가 평소에 잘 쓰고 편하게 느끼는 어휘나 문장들을 말했을 때 그 말에 전달력과 설득력이 생기고, 또 그 말을 듣는 상대방도 편하게 느끼게 되듯이, 토익스피킹에서도 역시 애써 어려운 어휘와 구문들을 쓰려고 할 필요가 없다. 자신에게 익숙하지도 않은 말들을 하려고 하다가 시간만 낭비하고 더듬거리느니, 쉬운 문장이라도 정확하고 자신 있게 말하는 것이 훨씬 낫다.

✱ 답변이 딱히 떠오르지 않을 땐 지어서라도 말하는 센스를!

어떤 시험에서든 순발력은 매우 중요한 요소이다. 물론 내가 잘 모르고 평소에 생각해 보지도 않았던 질문이 나올 수 있다. 그렇다고 주어진 답변 시간 내내 'Well...', 'Um.....', 'Let me see...'만 말하고 있을 순 없는 노릇이다. 그럴 땐 재빠르게 답변을 지어내는 재치를 발휘해야 한다. 채점관은 응시자들의 영어 표현 능력을 볼 뿐이지, 답변의 진위 여부를 확인하지는 않기 때문이다.

✱ 틀린 문장 고치려고 자꾸 반복하지 말자.

사실 짧은 응답 시간 동안 답변을 하면서 내가 뭘 틀리게 말했는가를 알아채는 것이 더 이상하다. 물론, 문장 구성이 문법에 전혀 맞지 않거나 뜻이 통하지 않는 경우는 문제다. 그러나 그런 경우가 아니라, 관사나 전치사, 시제, 수 일치에 너무 신경을 쓰는 경우엔 대부분 그 문제 하나를 통째로 놓치게 된다. 그렇다고 이러한 문법적 요소들이 중요하지 않다는 뜻은 아니다. 하지만 문법은 공부해서 얼마든지 다듬어 나갈 수 있으니 조바심을 갖지 말고, 우선 질문에서 요구하는 내용이 빠짐없이 포함되도록 말하는 데 중점을 두자.

말하기를 평가하는 토익스피킹이 아직은 부담으로 느껴질 수는 있지만, 공략 불가능한 시험이란 존재하지 않는다. 따라서 꼼꼼한 유형 분석과 다양한 노하우 습득, 그리고 집중적인 훈련이 병행된다면 토익스피킹 역시 충분히 정복할 수 있다고 확신한다. 그리고 무엇보다도 토익스피킹 시험을 공부하면서, 영어 연습을 더욱 많이 하게 되고 실력도 쌓을 수 있으니, 꼭 시험 점수를 목표로 하지 않더라도, 전반적인 영어 능력을 향상시킨다는 측면에서 토익스피킹은 매우 바람직한 시험이라고 생각한다.

부 록

대본 및 해설
컴퓨터용 모의고사 2회
저자 음성강의 및 중요 표현 & 모범답안 mp3
예문 워크북

이 책은 크게 3단계로 구성되어 있으며, 각 단계마다 다음과 같은 특징이 있다.

1. 시나공 워밍업 (스피킹 상식, 신유형, 발음, 듣기, 문법 공략)

스피킹의 피가 되고 살이 되는 기본 중의 기본! 그러나 이론 나열식의 지루한 구성으로는 효율이 오를 수 없다! 핵심 내용을 간결하게 구성하여 누구나 쉽고 빠르게 기본기를 습득할 수 있도록 했다!

2. 시나공 트레이닝

만점 노하우

만점에는 다 이유가 있다! 감점 요소를 피해 고득점을 얻는 방법을 최대한 자세히 설명! 이제 남은 것은 노하우를 실전에 적용하는 것뿐이다!

친절한 피드백

학원 강의보다 더 자세한 1대 1 방식의 맞춤형 과외. 음성 강의를 들으며 현재 내 수준을 진단해 보고 만점을 위한 확실한 전략을 세워보는 〈시나공 TOEIC SPEAKING 단기완성〉만의 자랑! 이보다 더 친절할 수는 없다!

공략 포인트

토익스피킹에서 자주 출제되는 유형들만 묶어 명쾌하게 정리한 핵심 정리! 각 파트마다 2개씩, 총 12개의 공략 포인트를 완성하면 어느새 토익스피킹 만점은 내 손 안에 들어오게 될 것이다!

X-FILE

〈시나공 트레이닝〉의 화룡점정 코스이며, 토익스피킹 고수의 비법이 응축된 천기누설 족보! Part 1의 〈백전백승 필수 어휘〉와 Part 2에서 6까지의 〈백전백승 답변틀〉로 고득점을 위한 마지막 단계를 마무리한다!

3. 시나공 테스트 (Actual Test)

나의 실력을 점검하고 공부한 내용을 총정리할 수 있도록 적중률 높은 문제들로 구성된 마지막 비장의 카드! 토익스피킹의 실전 대비는 이 두 회분만 점검해도 충분하다!

먼저, 워밍업을 통해 스피킹 고수가 되기 위한 발음, 듣기, 문법의 기본기를 익히자. 그 다음, '만점 노하우 – 친절한 피드백 – 공략 포인트'로 구성된 체계적인 트레이닝을 거치면서 스피킹 실력을 탄탄하게 다져 나가자. 마지막으로, 실전과 같은 형태와 난이도로 구성된 모의고사를 풀어보며 학습한 내용을 정리하다 보면, 여러분도 어느새 스피킹 고수가 되어 있을 것이다!

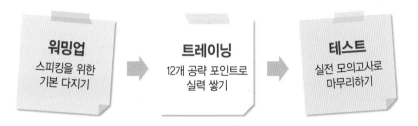

＊ 취업 또는 승진을 위해 토익스피킹 점수가 필요하신 분

시간적 여유가 많지 않은 취업 준비생 및 직장인들에게 필요한 것은 방대한 분량의 거품이 아닌 간결하고도 명쾌한 핵심 정리와 실전 대비 훈련! 단기에 토익스피킹을 공략하고 목표 점수를 얻고자 하는 분들을 위해 군더더기 없는 노하우와 적중률 높은 실전 문제들로 내용을 구성했다.

＊ 근본적인 회화 능력을 기르고 싶으신 분

토익스피킹은 실용 회화 능력을 측정하는 시험이므로, 이를 공부하면서 자연스럽게 회화의 전반적인 실력을 향상시킬 수 있다. 특히, 발음 교정은 물론, 다양하고도 유용한 표현들까지 연습할 수 있으니 일석이조! 스피킹 고수가 될 수 있는 핵심 비법을 고스란히 담았다.

＊ 토익스피킹을 처음 시작하시는 분

초보자도 쉽게 이해할 수 있도록 이론을 체계적으로 정리했다. 뿐만 아니라, 토익스피킹 시험에 대한 생소함을 덜 수 있도록 시험 진행 방식 및 각 유형을 자세히 설명했으며, 말문을 열어주는 답변들을 아낌없이 공개했다. 막막하기만 했던 토익스피킹! 이 책을 공부하면서 초보에서 탈출하여, 스피킹 고수로의 도약을 시작해 보자!

2468 학습 스케줄

2~4주 학습으로 Level 6~8 보장

📚 A 코스(2주 완성)

대상 : 토익 800점 이상, 토익스피킹 응시 경험 1회 이상, 회화에 자신이 있는 분

1일	2일	3일	4일	5일	6일	7일
파트 1 만점 노하우 친절한 피드백	공략 포인트 01 공략 포인트 02	**파트 2** 만점 노하우 친절한 피드백	공략 포인트 03 공략 포인트 04	**파트 3** 만점 노하우 친절한 피드백	공략 포인트 05 공략 포인트 06	**파트 4** 만점 노하우 친절한 피드백
8일	**9일**	**10일**	**11일**	**12일**	**13일**	**14일**
공략 포인트 07 공략 포인트 08	**파트 5** 만점 노하우 친절한 피드백	공략 포인트 09 공략 포인트 10	**파트 6** 만점 노하우 친절한 피드백	공략 포인트 11 공략 포인트 12	**모든 파트** X-FILE	Actual Test 1 Actual Test 2

📚 B 코스(4주 완성)

대상 : 토익 800점 미만, 토익스피킹 응시 경험 무, 회화가 부담스러운 분

1일	2일	3일	4일	5일	6일	7일
워밍업 상식 & 신유형	**워밍업** 발음	**워밍업** 듣기 & 문법	**파트 1** 만점 노하우	친절한 피드백 X-FILE	공략 포인트 01	공략 포인트 02
8일	**9일**	**10일**	**11일**	**12일**	**13일**	**14일**
파트 2 만점 노하우	친절한 피드백 X-FILE	공략 포인트 03	공략 포인트 04	**파트 3** 만점 노하우	친절한 피드백 X-FILE	공략 포인트 05
15일	**16일**	**17일**	**18일**	**19일**	**20일**	**21일**
공략 포인트 06	**파트 4** 만점 노하우	친절한 피드백 X-FILE	공략 포인트 07	공략 포인트 08	**파트 5** 만점 노하우	친절한 피드백 X-FILE
22일	**23일**	**24일**	**25일**	**26일**	**27일**	**28일**
공략 포인트 09	공략 포인트 10	**파트 6** 만점 노하우	친절한 피드백 X-FILE	공략 포인트 11	공략 포인트 12	Actual Test 1 Actual Test 2

TOEIC Speaking

시나공
워밍업

WARMING UP

스피킹 상식	토익스피킹 자세히 알아보기
신유형 개요	새롭게 추가된 유형 완벽하게 분석하기
발음 교정	한국식 발음을 명품 발음으로 교정하기
듣기 훈련	귀를 여는 듣기 방법 터득하기
문법 연습	말하기를 위한 핵심 문법 익히기

스피킹 상식

토익스피킹 자세히 알아보기

영어의 영역 중 듣기와 읽기에만 치중했던 기존의 TOEIC 시험은 말하기와 같은 개인의 실용 영어 능력을 간접적으로밖에 측정할 수 없다는 문제점이 있었다. 미국의 평가 기관인 ETS는 이러한 문제점을 보완하고 종합적인 의사소통 능력을 기르도록 하는 말하기 시험 개발에 착수하였다. 그 결과 탄생한 것이 바로 '토익스피킹'이며, 현재 국내 1,500개 이상의 기업들이 신입 사원 선발 및 승진에 토익스피킹 성적을 적극 반영하고 있을 정도로, 평가 수단으로서의 우수성을 널리 인정받고 있다.

모든 시험이 그렇듯, 토익스피킹 역시 출제 유형과 평가 기준이 정해져 있다. 그런데 시험을 준비하면서 이러한 기본 사항들을 충분히 숙지해 두지 않으면, 불필요한 시행착오를 겪어야만 한다. 'Well begun is half done.(시작이 반이다.)'이라는 말이 있듯이, 토익스피킹에 대한 정보를 확실하게 내 것으로 만들어 시험 준비에 가속도를 붙여 보자.

그럼, 토익스피킹에 관한 아래의 OX 퀴즈를 풀어본 뒤, 현재 자신의 위치를 진단하여 학습 계획을 세우는 데 활용하도록 하자.

1. 토익스피킹 ⭕❌ 퀴즈 여러분은 토익스피킹에 대해 얼마나 잘 알고 있나요? 아래 OX 퀴즈를 풀어보세요.

01 토익스피킹 출제 기관과 토익 출제 기관은 별개이다. ⋯⋯⋯⋯⋯⋯⋯⋯⋯⋯⋯⋯⋯⋯⋯⋯ [   ]

02 토익스피킹은 IBT(Internet-Based Test) 방식으로 실시된다. ⋯⋯⋯⋯⋯⋯⋯⋯⋯⋯ [   ]

03 토익스피킹은 총 6개 유형 11문제로 구성된다. ⋯⋯⋯⋯⋯⋯⋯⋯⋯⋯⋯⋯⋯⋯⋯⋯⋯⋯⋯ [   ]

04 토익스피킹은 총 30분에 걸쳐 진행된다. ⋯⋯⋯⋯⋯⋯⋯⋯⋯⋯⋯⋯⋯⋯⋯⋯⋯⋯⋯⋯⋯⋯ [   ]

05 토익스피킹은 시험 도중 필기가 가능하다. ⋯⋯⋯⋯⋯⋯⋯⋯⋯⋯⋯⋯⋯⋯⋯⋯⋯⋯⋯⋯⋯ [   ]

06 토익스피킹의 점수는 10점 단위로 매겨지고 만점은 200점이다. ⋯⋯⋯⋯⋯⋯⋯⋯⋯ [   ]

07 토익스피킹의 레벨은 총 8개이며 최상위 레벨은 1이다. ⋯⋯⋯⋯⋯⋯⋯⋯⋯⋯⋯⋯⋯ [   ]

08 토익스피킹의 채점은 자격을 갖춘 숙련된 원어민이 하게 된다. ⋯⋯⋯⋯⋯⋯⋯⋯⋯ [   ]

09 토익스피킹 성적의 유효기간은 없다. ⋯⋯⋯⋯⋯⋯⋯⋯⋯⋯⋯⋯⋯⋯⋯⋯⋯⋯⋯⋯⋯⋯⋯ [   ]

10 토익스피킹 시험은 반드시 토익라이팅 시험과 함께 응시해야 한다. ⋯⋯⋯⋯⋯⋯⋯ [   ]

2. ⓞⓧ 퀴즈 정답 맞힌 개수 : 0-3개 초보 단계, 4-8개 준비 단계, 9-10개 숙련 단계

01 **토익스피킹 출제 기관과 토익 출제 기관은 별개이다.** ⋯⋯⋯⋯⋯⋯⋯⋯ [ⓧ]

두 시험 모두 미국의 평가 기관인 ETS가 개발하였다. 따라서 두 시험의 연계성이 상당히 높아, 토익을 접해본 응시자라면 토익스피킹을 처음 시작하더라도 꽤 익숙한 느낌을 받을 수 있다.

02 **토익스피킹은 IBT(Internet-Based Test) 방식으로 실시된다.** ⋯⋯⋯⋯ [ⓞ]

Internet을 기반으로 하는 시험이므로 응시자는 지정된 시험 센터에서 컴퓨터로 시험을 치르게 된다. 또한, 문제를 듣고 답변을 녹음하기 위해 마이크가 장착된 헤드셋을 착용하고 시험을 진행해야 한다. 시험 전 신분 및 볼륨 확인을 위해 몇 번의 클릭을 하는 것을 제외하고는 별도로 조작해야 하는 부분이 없으므로, IBT 방식에 익숙하지 않다고 하더라도 걱정할 필요가 전혀 없다.

03 **토익스피킹은 총 6개 유형 11문제로 구성된다.** ⋯⋯⋯⋯⋯⋯⋯⋯⋯ [ⓞ]

문제가 시작되기 전 제시되는 Directions를 한글로 번역한 아래의 표를 참고하자.

Speaking Test Directions

번호 (총 11개 문제)	유형 (총 6개 유형)	평가 기준	점수
1-2	Read a text aloud (문장 읽기)	발음, 억양 및 강세	0~3
3	Describe a picture (사진 묘사하기)	위의 모든 항목들에 더하여 문법, 어휘, 내용의 일관성	0~3
4-6	★신유형★ Respond to questions (듣고, 질문에 답하기)	위의 모든 항목들에 더하여 내용의 완성도	0~3
7-9	Respond to questions using information provided (제공된 정보를 사용하여 질문에 답하기)	위의 모든 항목들	0~3
10	★신유형★ Propose a solution (해결책 제안하기)	위의 모든 항목들	0~5
11	Express an opinion (의견 제시하기)	위의 모든 항목들	0~5

04 토익스피킹은 총 30분에 걸쳐 진행된다. ···················· [⊗]

시험 안내와 주의 사항에 관한 오리엔테이션 시간을 제외하고, 총 20분 동안 시험이 진행된다.

05 토익스피킹은 시험 도중 필기가 가능하다. ···················· [⊗]

시험 도중 필기를 하는 행위는 부정행위로 처리되어 시험 자격을 박탈당한다.

06 토익스피킹의 점수는 10점 단위로 매겨지고 만점은 200점이다. ·········· [⊙]

점수는 각 유형별로 채점된 점수를 10점 단위로 환산하여 최하 0점부터 최고 200점까지 매겨진다.

07 토익스피킹의 레벨은 총 8개이며 최상위 레벨은 1이다. ·············· [⊗]

숙련도 수준은 8개의 레벨로 평가하며, 레벨의 숫자가 높을수록 수준이 높다.

환산 점수	레벨	환산 점수	레벨
0 - 30	1	110 - 120	5
40 - 50	2	130 - 150	6
60 - 70	3	160 - 180	7
80 - 100	4	190 - 200	8

08 토익스피킹의 채점은 자격을 갖춘 숙련된 원어민이 하게 된다. ········· [⊙]

토익스피킹은 신뢰성과 객관성을 갖춘 공정한 평가를 하기 위해, 엄격한 기준에 의해 선발된 전문 평가자들로 하여금 채점을 하게 한다. 이들은 고등학교, 대학교, 또는 성인 교육 기관에서 비영어권 국가 사람들에게 영어를 가르친 경험이 있는 대학 졸업자 출신의 원어민으로서, 모두 ETS가 개발한 채점 기술을 훈련 받고 자격 인증 교육을 수료하였다.

09 토익스피킹 성적의 유효기간은 없다. ······················· [⊗]

토익스피킹 성적은 2년간 유효하다.

10 토익스피킹 시험은 반드시 토익라이팅 시험과 함께 응시해야 한다. ······ [⊗]

동시 응시는 물론, 토익스피킹만 따로 응시가 가능하다.

시험장에서 벌어진 일

취업 준비를 하면서 토익스피킹 성적이 필수라고 해서 처음 시험을 쳐봤어요.

시험 날 늦잠을 자서 조금 늦게 시험장에 갔더니 벌써 사람들이 꽉 차 있더라고요.

오리엔테이션이 끝나고 시험이 드디어 시작됐는데, 헉!!!

옆에 앉은 사람들 말이 다 들리더군요. 그것도 엄청 크게 말이죠.

시험장이 순식간에 도떼기시장으로 바뀌는 것 같았어요.

게다가 하필이면 제 옆에 앉은 여학생이 영어를 아주 잘해서

시험 보는 내내 주눅이 들더라고요.

결국에는 그분이 하는 말을 그대로 섀도잉 하다가 나왔습니다. ㅠㅠ

다음 번 시험에는 다른 사람 말에 신경 쓰지 않도록 집중해서 시험을 봐야겠습니다!

사례 1

서울 H대학
경제학과 4학년,
이XX

평소에 영어에 어느 정도 자신감이 있어서 대강 인터넷으로 정보만 찾아보고 바로 시험을

봤어요.

그런데 시험을 직접 보고 나니까 문제라든가 유형을 미리 공부해 놓는 게 중요하단 생각이

들었어요.

평소에 시간을 두고 생각을 해 놨으면 더 잘 말할 수 있었을 텐데 말이죠.

돈 들여서 연습했다고 생각하니까 아까운 생각도 들지만, 그만큼 더 잘 준비해서 다음

시험에는 꼭 목표 점수를 따려고요. ^^

사례 2

서울 S여대 졸업,
취업 준비 중,
장XX

원래 영어로 말하는 것에 울렁증이 조금 있는데, 승진 시험 준비를 하느라 스피킹 시험을
봤습니다.

시험 전에 나름대로 공부를 꽤 했는데, 막상 시험장에 가니 긴장이 되더라고요.

그래서인지 답변 준비 시간을 답변 시간인 줄 착각하고 열심히 말을 했다가 실제 답변 시간이
시작되니까 힘이 다 빠지는 웃지 못할 일도 벌어졌습니다.

또, 시험이 다 끝나고 녹음된 제 답변을 들어봤는데, 생각이 잘 안 나서 중얼거리고 한숨을 쉬었던
소리까지 다 녹음이 돼서 당황했던 기억이 있습니다. 하하하 ~

사례 3

국내 K항공사 근무,
김XX

신유형 개요

새롭게 추가된 유형 완벽하게 분석하기

토익스피킹 시험이 처음 도입된 이후 꾸준히 제기된 의견 중 하나가 바로 유형을 통해 접할 수 있는 상황의 다양화였다. 그도 그럴 것이, 회를 거듭할수록 이미 기존 유형의 출제 패턴에 익숙해진 응시자들의 답변이 점점 획일화되어 가고 있기 때문이었다. 이에 따라 ETS는 응시자가 실제 영어 환경에서 더욱 유연하게 적응할 수 있도록 하기 위해 2015년 5월부터 이른바 신유형을 도입했다. 새롭게 바뀐 유형은 Part 3와 Part 5이며, 답변 도출 패턴은 기존과 비슷하게 유지하되 문제 형식에 약간의 변화를 주었다. 실제 시험에서 기존 유형과 신유형의 출제 빈도는 약 7:3으로 유지되고 있다. 본격적인 각 파트의 트레이닝에 앞서, 아래의 내용을 통해 신유형의 특징을 파악해 보자.

Part 3. Respond to questions – 듣고, 질문에 답하기 (Q4-Q6)

★기존 유형!★ 응시자가 전화 설문 조사에 응하는 내용

> Imagine that a British fashion magazine is doing research for an article. You have agreed to participate in a telephone interview about **healthy food.**
>
> In your country, where can you buy healthy food?

★신유형★ 응시자가 지인과 어떤 주제에 대하여 통화를 하는 내용

> Imagine that you are talking on the telephone with a friend. You are talking about **healthy food.**
>
> How often do you eat healthy food?

시나공 분석! 두 유형 모두 'healthy food(건강식품)'를 소재로 채택하고 있지만, 그것에 관해 대화를 전개해 나가는 상황의 설정과 형식이 다르다는 것을 알 수 있다. 이후에 이어지는 세 가지 질문의 경우, 신유형이 지인과의 대화 상황을 가정하기 때문에 좀 더 유기적이고 광범위하며 개인적인 질문 내용이 많다. 하지만 두 유형 모두 질문이 어느 정도 예상 가능하고 답변 형식도 큰 틀에서 벗어나지 않기 때문에 답변틀과 유용한 표현을 숙지한다면 고득점을 받는 데 무리가 없겠다. 이 신유형을 102쪽의 친절한 피드백에서 직접 풀어보자!

★기존 유형!★ 한 사람이 남긴 전화 메시지를 듣고 해결책을 제시

Good morning, my name is Rebecca West. I am calling for the manager of quickbuy. com. Three days ago, I was shopping on-line for a toner for my printer. I visited your website and found a special offer that said if I bought two toners at full price, I would receive a third toner at no extra cost. So I bought two of them expecting to get one free. Today when I received your shipment, I discovered only two toners. So I am wondering what happened to the free offer. I would like you to send me one more toner to the same address in your earliest convenience. Thank you.

★신유형★ 한두 명의 사람이 회의 중에 제기한 문제점을 듣고 해결책을 제시

M : Before finishing our meeting, I would like to talk about one last issue. As you know, our branch has started collecting books for the orphans in the city last month. But we have only collected 100 books so far and we need at least 500 books.

W : Then we still need to collect 400 books, right? The thing is that the new school term will start in 3 weeks and the orphans will need books by then.

M : That's right. We have to solve this problem as soon as possible. Well, our time is up. If any of you could give me some ideas to collect the 400 remaining books we need, please give me a call later.

시나공 분석! 기존 유형에서는 상품, 서비스는 물론 인사 및 일정 등 다양한 상황에서 발생할 수 있는 문제를 전화메시지로 제시하는 반면, 신유형에서는 주로 회사에서 발생할 수 있는 문제를 회의 형식을 빌려 제시한다. 신유형의 듣기는 토익 파트 3의 대화보다 좀 더 긴 수준이고, 난이도는 그리 높지 않은 편이다. 아무래도 기존 유형은 한 사람이 계속 말을 하기 때문에 자칫 한 번 내용을 놓치면 그 부분을 포기하고 넘어가야 하지만, 신유형은 주로 두 사람이 이야기하는 형식이라서 대화 중 공통 의제가 반복하여 언급되기도 하고, 말 자체도 더욱 회화체에 가까워서 부담이 덜하다. 위의 예에서도 기부용 책 500권 중 400권을 더 모아야 한다는 이야기가 반복되고 있고, 서로 정보를 확인하는 식으로 대화가 이루어져 있어서 주요 내용을 확실하게 이해할 수 있다. 따라서 파트 5 신유형의 문제점은 기존 유형보다 오히려 더 쉽게 파악이 가능하다. 이 신유형을 166쪽의 친절한 피드백에서 직접 풀어보자!

발음 교정

한국식 발음을 명품 발음으로 교정하기

수영을 할 때 올바른 영법을 익히지 않고 마구잡이로 물장구만 친다면, 그 모습은 우스꽝스러울 수밖에 없을 것이다. 영어를 말할 때도 마찬가지다. 정확한 발음을 익히는 것은 올바른 영법을 익히는 것과도 같은데, 이를 무시하고 지금까지 몸에 밴 잘못된 발음으로 말을 한다면 아무래도 어색하게 들리지 않을까?

토익스피킹에서는 파트 1은 물론, 모든 파트에 발음 및 억양, 그리고 강세가 평가 기준으로 포함되어 있다. 또한, 레벨 6 이상의 점수대에서는 무엇보다도 발음이 점수를 가르는 요소로 크게 작용한다는 점을 고려해 보면, 발음의 중요성을 쉽게 짐작해 볼 수 있다.

말하기가 필수인 실용 영어 시대! 이제는 구수한 한국식 발음과 작별할 때다. 발음은 연습하는 만큼 교정된다는 사실을 믿고, 다음의 내용들을 CD와 함께 꾸준히 반복하여 정확하고 세련된 발음을 익혀보자.

🎤 주의해야 할 발음   🎧 warming up-01.mp3

01   [f]와 [p]

file / pile	coffee / copy	full / pull	face / pace
fill / pill	fan / pan	fat / pat	fine / pine

02   [v]와 [b]

very / berry	vote / boat	van / ban	vest / best

03   [r]와 [l]

rain / lane	wrong / long	row / low	right / light
wrist / list	road / load	read / lead	rate / late

04 [θ]와 [s]

thick / sick	thing / sing	thank / sank	thin / sin
path / pass	faith / face	mouth / mouse	worth / worse

05 [θ]와 [t]

thigh / Thai	thin / tin	thought / taught	thrill / trill
three / tree	theme / team	both / boat	tenth / tent

06 [i]와 [iː]

fill / feel	sit / seat	live / leave	hit / heat
list / least	chip / cheap	hill / heal	gin / jean

07 [ou]와 [ɔː]

won't / want	boat / bought	hole / hall	cold / called

08 [e]와 [æ]

men / man	peck / pack	Ben / ban	said / sad

09 묵음 – 발음하지 않음

walk	hour	receipt	climb
honest	fasten	honor	doubt
Wednesday	Christmas	aisle	half

10 마지막 자음 – 가볍게 발음

milk	don't	important	find
watched	helped	played	wanted
makes	drinks	sells	glasses

우리말의 '간장 공장 공장장'과 같은 발음 교정 문장으로, 앞서 살펴봤던 주의해야 할 발음들을 집중적으로 연습할 수 있는 좋은 도구다. 익숙해지면 점점 속도를 높여 읽어보자.

01 The big black bug bit the big black bear
but the big black bear bit the big black bug back!

02 First Friday father Francis fried five fresh fish for five famous friends from France.

03 The thirty three thieves thought that they thrilled the throne throughout Thursday.

04 Peter Piper picked a peck of pickled pepper
A peck of pickled pepper Peter Piper picked
If Peter Piper picked a peck of pickled pepper
Where's the peck of pickled pepper Peter Piper picked?

05 Mary Mac's mother's making Mary Mac marry me.
My mother's making me marry Mary Mac.
Will I always be so merry when Mary's taking care of me?
Will I always be so merry when I marry Mary Mac?

06 Yellow butter, purple jelly, red jam, black bread
Spread it thick, say it quick!
Yellow butter, purple jelly, red jam, black bread
Spread it thicker, say it quicker!
Yellow butter, purple jelly, red jam, black bread
Don't speak with your mouth full!

07 Very berry very berry very berry
Really red really red really red

08 She sells sea shells on the sea shore.
The shells that she sells are sea shells, I'm sure.
So, if she sells sea shells on the sea shore,
I'm sure that the shells are sea shore shells.

 **숫자의 발음**   🎧 warming up-03.mp3

01 기수 읽기

표기	발음	표기	발음	표기	발음
1	one	11	eleven	30	thirty
2	two	12	twelve	40	forty
3	three	13	thirteen	50	fifty
4	four	14	fourteen	60	sixty
5	five	15	fifteen	70	seventy
6	six	16	sixteen	80	eighty
7	seven	17	seventeen	90	ninety
8	eight	18	eighteen	100	one hundred
9	nine	19	nineteen	1,000	one thousand
10	ten	20	twenty	1,000,000	one million

02 서수 읽기

표기	발음	표기	발음	표기	발음
1st	first	11th	eleventh	21st	twenty-first
2nd	second	12th	twelfth	22nd	twenty-second
3rd	third	13th	thirteenth	23rd	twenty-third
4th	fourth	14th	fourteenth	30th	thirtieth
5th	fifth	15th	fifteenth	40th	fortieth
6th	sixth	16th	sixteenth	50th	fiftieth
7th	seventh	17th	seventeenth	60th	sixtieth
8th	eighth	18th	eighteenth	70th	seventieth
9th	ninth	19th	nineteenth	80th	eightieth
10th	tenth	20th	twentieth	90th	ninetieth

03 숫자 단위 읽기

백은 hundred, 천은 thousand, 백만은 million으로 읽되, 세 자리씩 끊어 읽는 것을 원칙으로 한다. 단, hundred, thousand, million, billion 등은 그 앞에 복수의 수가 붙어도 복수형으로 읽지 않는다. 그럼 다음을 읽어보자.

* 125   one hundred twenty-five
* 5,240   five thousand, two hundred forty
* 27,000   twenty-seven thousand
* 8,360,000   eight million, three hundred sixty thousand

듣기 훈련

귀를 여는 듣기 방법 터득하기

토익스피킹 시험이라고 해서 말하기 연습만 하면 될 것이라고 생각한다면 큰 오산이다. 왜냐하면 모든 파트의 Directions 및 시간 안내가 음성으로 제공될 뿐만 아니라, 파트 3부터는 문제를 성우가 읽어주기 때문이다. 이때, 탄탄한 듣기 실력이 없다면, 문제를 파악하지 못해 아무런 답변도 못하고 시간만 흘려보낼 위험이 있다.

이 코너에서는 이를 예방하는 동시에 토익스피킹 시험에 대비하기 위한 응급 듣기 처방을 마련했다. 일단, 이 부분을 통해 토익스피킹에 나오는 듣기에 대한 감부터 터득하도록 하자. 그러나 듣기란 단기간의 노력만으로는 정복하기 힘든 영역이므로, 자신이 좋아하는 드라마나 영화, 토크쇼, 또는 팝송 등을 통해 꾸준히 듣기 연습을 해야 한다. 자막은 사용하지 않거나, 필요한 경우에는 영문 자막을 사용하기를 권장한다.

📅 파트 4를 위한 듣기 연습 🎧 warming up-04.mp3

파트 3와 파트 6에서는 음성과 함께 문제가 화면에 제시되므로, 설령 질문을 듣지 못했다고 하더라도 얼마든지 눈으로 다시 내용을 확인할 수 있다. 그러나 파트 4의 문제는 화면에 표시되지 않으므로 듣기에만 의존하여 질문을 파악해야 한다. 특히, 의문문의 맨 앞에 위치한 의문사를 반드시 들어야 하고, 연음 현상에 주의하여 의미를 혼동하지 않도록 주의해야 한다. 아래의 Dictations를 통해 질문을 듣고 핵심을 파악하는 연습을 해 보자.

Dictations
▶ 대본 및 해설 2쪽

01 _____ are you going to _____ a call?

02 _____ will the next _____ be _____ ?

03 _____ do you usually _____ dinner?

04 _____ have you been working _____ ?

05 _____ going to do _____ ?

06   will the event   ?

07   should I   for   banquet?

08   will the   ?

09   should I   if I need to   ?

10   can I   Robert?

11   conference   ?

12   can I   ?

13   does   belong to?

14   will your plane   Beijing?

15   is   this project?

16   can I   ?

17 The proposal   by Friday,   ?

18 Do I   ?

19 The meeting is   , right?

20   available   colors?

21   I   ?

22   else I   know?

파트 5에서는 약 50~60초 분량의 전화 메시지가 문제로 출제된다. 이 내용을 정확하게 듣고 머릿속으로 기억하고 있어야만, 파트 5가 요구하는 '문제 요약' 및 '해결책 제시'에 대한 답변을 할 수 있다. 아래의 문제를 풀어보며 충분히 연습해 보자.

01 다음 들려주는 전화 메시지를 *샤도잉(Shadowing)하세요.

*샤도잉(Shadowing) : 음성을 들으며 간격을 거의 두지 않고 그대로 따라서 말하는 방법

02 위에서 샤도잉(Shadowing)한 내용을 바탕으로 다음 물음에 답하세요.

＊ 전화 메시지를 남긴 사람의 이름은?

＊ 구입한 물품은?

＊ 물품을 구입한 시기는?

＊ 문제점은?

＊ 요구 사항은?

03 다시 한 번 전화 메시지를 듣고, 다음의 빈칸을 채우세요.

Hi, my name is _____ _____.

_____ _____ _____, I bought an _____ from your store.

But last week _____ _____ _____ so I contacted your shop _____

_____ _____ _____.

Three days later, I got the _____ back and I was told it had _____

_____.

But _____ then it _____ _____ again.

I've only had this _____ for _____ so there must be

_____ _____ _____ _____.

I would like you to _____ _____ _____ _____ _____ or I just

want to _____ _____ _____.

Please let me know what you can do about this.

My number is _____ - _____.

▶ 대본 및 해설 2쪽

문법 연습

말하기를 위한 핵심 문법 익히기

영어 말하기에 있어서 문법의 중요성을 경시하거나 간과하는 경우가 종종 있다. 물론, 너무 문법에만 얽매이면 쉽게 입을 떼기가 힘든 것은 사실이다. 그러나 문법은 말을 구성하고, 그것에 전달력을 실어주는 중요한 역할을 하기 때문에, 기초적인 문법 학습은 말하기 영역에서 반드시 선행되어야 한다.

딱딱한 이론 위주의 문법보다는 바로바로 사용할 수 있는 핵심 문법을 예시와 함께 정리하여 부담감 없이 문법 연습을 할 수 있도록 했다. 이 부분의 내용을 충분히 숙지하여, 말하고자 하는 내용을 정확하게 표현할 수 있도록 하자.

☑ 거품을 뺀 필수 문법 공식

01 be동사와 일반동사의 단순 현재형은 같이 올 수 없다.

I am live in Seoul. (✖) ➡ I live in Seoul. (◎)

저는 서울에 삽니다.

02 현재진행형은 'be동사 + -ing'로 만든다.

She watching TV. (✖) ➡ She is watching TV. (◎)

그녀는 TV를 보고 있습니다.

03 일반동사가 3인칭 단수 주어와 만나면 끝에 '-(e)s'를 붙인다.

He play the guitar. (✖) ➡ He plays the guitar. (◎)

그는 기타를 칩니다.

Nancy like puppies. (✖) ➡ Nancy likes puppies. (◎)

낸시는 강아지를 좋아합니다.

04 조동사 뒤에는 반드시 동사의 원형이 온다.

My sister can speaks 4 languages. (✖)

➡ My sister can speak 4 languages. (◎)

제 여동생은 4개 국어를 할 수 있습니다.

Peter will coming to the party. (✖)

➡ Peter will come to the party. (◎)

피터는 그 파티에 올 것입니다.

05 빈도부사는 be동사나 조동사의 뒤, 일반동사의 앞에 위치한다.

I go often fishing. (✖) ➡ I often go fishing. (◎)

저는 종종 낚시를 하러 갑니다.

Sean barely can sing. (✖) ➡ Sean can barely sing. (◎)

션은 거의 노래를 하지 못합니다.

06 'There is(are) ~.' 구문의 be동사는 뒤의 명사의 수를 보고 결정한다.

There is many trees in the park. (✗)

➡ There are many trees in the park. (◎)

공원에 많은 나무들이 있습니다.

07 to부정사 뒤에는 반드시 동사의 원형이 온다.

I want to getting a refund. (✗) ➡ I want to get a refund. (◎)

저는 환불받기를 원합니다.

08 전치사 뒤에는 명사나 동명사가 온다.

He is afraid of talk to foreigners. (✗)

➡ He is afraid of talking to foreigners. (◎)

그는 외국인과 말하기를 두려워합니다.

09 부정관사 'a', 'an'과 소유격은 같이 올 수 없다.

This is a my new watch. (✗) ➡ This is my new watch. (◎)

이것은 저의 새 시계입니다.

10 형용사의 최상급 앞에는 정관사 'the'를 붙인다.

She is tallest girl in her class. (✗)

➡ She is the tallest girl in her class. (◎)

그녀는 그녀의 반에서 가장 키가 큽니다.

11 간접의문문은 '의문사 + 주어 + 동사'로 만든다.

I don't know who is she. (✗) ➡ I don't know who she is. (◎)

저는 그녀가 누군지 모릅니다.

12 수동태는 'be동사 + 동사의 과거분사형'으로 만든다.

The train is pack with passengers. (✗)

➡ The train is packed with passengers. (◎)

그 기차는 승객들로 가득 찼습니다.

13 주격 관계대명사절의 동사는 선행사의 인칭 및 수에 일치시킨다.

Maria has two brothers who is lawyer. (✗)

➡ Maria has two brothers who are lawyers. (◎)

마리아는 변호사인 두 명의 오빠가 있습니다.

14 물질명사, 고유명사, 추상명사는 복수로 만들 수 없다.

Give me some moneys. (✗) ➡ Give me some money. (◎)

It's important informations. (✗)

➡ It's important information. (◎)

저에게 돈을 조금 주세요.

그것은 중요한 정보입니다.

15 셀 수 있는 명사에는 'many'를, 셀 수 없는 명사에는 'much'를 붙인다.

They didn't have many luck. (✗)

➡ They didn't have much luck. (◎)

그들은 운이 별로 없었습니다.

▶ 대본 및 해설 3쪽

한국인이 영어로 말할 때 유독 자주 틀리는 표현들만 따로 정리했다. 아래의 표현들 중 잘못된 부분이 있으면 찾아서 고쳐 말해본 후, 정답과 확인하여 이 같은 실수를 하지 않도록 하자.

01 There are many peoples in the restaurant.

그 레스토랑에는 많은 사람들이 있습니다.

02 She is wearing a white shirts and jean.

그녀는 흰색 셔츠와 청바지를 입고 있습니다.

03 We have 20 staffs, 10 mans and 10 womans.

저희는 10명의 남자와 10명의 여자, 총 20명의 직원이 있습니다.

04 The man who has a curly hair is my uncle.

곱슬머리를 가진 남자는 저의 삼촌입니다.

05 I listen to the music in my free time.

저는 여가 시간에 음악을 듣습니다.

06 I haven't heard of it, too.

저도 역시 그것에 대해 들은 바가 없습니다.

07 The most big problem is that we are understaffed.

가장 큰 문제는 인력이 부족하다는 것입니다.

08 Let's discuss about the matter with lunch.

점심을 먹으면서 이 문제에 대해 이야기해 봅시다.

09 Can you give me some informations about the meeting on April?

4월에 있을 회의에 관한 정보를 좀 알려줄 수 있습니까?

10 I can't believe that you are afraid of a pigeon.

저는 당신이 비둘기를 두려워한다는 것을 믿을 수가 없습니다.

11 He bought a new computer three weeks before.

그는 3주 전에 새 컴퓨터를 샀습니다.

12 Andrew looks like happy today.

앤드류는 오늘 행복해 보입니다.

13 After graduating high school, I began to prepare for the test.

고등학교를 졸업하고 난 후에, 저는 그 시험을 준비하기 시작했습니다.

14 Do you have an appointment on Friday?

금요일에 무슨 약속(계획)이 있습니까?

15 How do you think about the project?

프로젝트에 대해 어떻게 생각하십니까?

16 I wanna to be a doctor, but I know it's gonna to be hard.

저는 의사가 되고 싶은데 그것이 얼마나 힘들지 알고 있습니다.

17 I think I have to go to home early today.

아무래도 오늘은 일찍 집에 가야 할 것 같습니다.

18 Don't say to her that I was drunken last night.

어젯밤에 제가 술 취했다는 것을 그녀에게 말하지 마세요.

19 I have to go to the train station to pick up her.

저는 그녀를 마중하러 기차역에 가야 합니다.

20 She borrowed me the book.

그녀는 저에게 그 책을 빌려주었습니다.

21 I like to play with my friends.

저는 친구들과 어울려 노는 것을 좋아합니다.

22 I got my stereo back at July 6.

저는 7월 6일에 제 스테레오를 돌려받았습니다.

23 Every students know the answer.

모든 학생들은 그 답을 알고 있습니다.

24 Look at the girl who playing violin.

바이올린을 연주하고 있는 저 소녀를 보세요.

25 The manager made her to clean the office.

팀장은 그녀에게 사무실 청소를 시켰습니다.

26 I am looking forward to hear from Katie.

저는 케이티의 소식을 듣기를 기대하고 있습니다.

27 I have never been to here before.

저는 한 번도 여기에 와 본 적이 없습니다.

28 I have no idea what happened on last Sunday.

저는 지난 일요일에 무슨 일이 일어났는지 전혀 모릅니다.

29 Congratulation! I am very proud of you.

축하해요! 저는 당신이 매우 자랑스럽습니다.

30 The price of crude oil is expensive.

원유 가격이 비쌉니다.

31 How much is the population of Europe?

유럽의 인구는 몇 명입니까?

32 I heard that Tony is going to marry with Kelly.

저는 토니가 켈리와 결혼할 것이라고 들었습니다.

33 Where is the capital of Japan?

일본의 수도는 어디입니까?

34 I would like to contact to Mr. Cooper.

저는 쿠퍼 씨와 연락을 하고 싶습니다.

35 I think that I can't attend the seminar.

저는 그 세미나에 참석할 수 없을 것 같습니다.

English Cafe

여기까지가 준비 과정에 해당하는 워밍업이었습니다.

이제 토익스피킹에 대한 감이 많이 잡히셨나요?

모쪼록 4개의 워밍업을 공부하면서 자신감을 얻었기를 바랍니다.

그러면, 본격적으로 각 유형에 대한 내용을 시작하기에 앞서 잠시 쉬어가는 의미로, 우리 주변에서 많이 사용되는 콩글리시 표현을 알아봅시다. 그런데 이 콩글리시라는 말 자체도 콩글리시라는 사실, 알고 계셨나요?

우리를 헷갈리게 하는 Broken English! 이 기회에 자세히 봐두었다가 스피킹 시험에서 쓰지 않도록 주의합시다!

자주 사용하는 콩글리시 표현

콩글리시 표현	올바른 표현	콩글리시 표현	올바른 표현
아이쇼핑	window shopping	오바이트	throw up
비닐백	plastic bag	바바리	trench coat
샐러리맨	office worker	깁스	cast
핸드폰	cell phone	시에프(CF)	commercial
포켓볼	pool	프로(%)	percent
아르바이트	part-time job	파이팅	Go!
서클	club	사인	autograph
컨닝	cheating	A/S 센터	repair shop
호치키스	stapler	스탠드	lamp
오픈카	convertible	핸들	steering wheel
믹서	blender	백미러	rear-view mirror
본드	glue	원샷	Bottoms up!
엠티(MT)	outing	콩글리시	broken English

TOEIC Speaking

시나공 트레이닝

TRAINING

PART 1

Read a Text Aloud

문장 읽기

STEP 01 오리엔테이션

TOEIC Speaking

Questions 1-2 : Read a text aloud

Directions : In this part of the test, you will read aloud the text on the screen. You will have 45 seconds to prepare. Then you will have 45 seconds to read the text aloud.

---

1. 파트 1의 개요

문제 수	지문 독해 시간	답변 준비 시간	답변 시간	점수	평가 기준
2 Questions 1–2	**X**	**45**초	**45**초	**3**점	발음, 억양 및 강세

시험을 보는 데 반드시 알아야 할 핵심 내용만을 뽑아 설명했습니다.
각 파트의 특징을 이해하는 데 딱 5분이면 충분해요.

2. 준비 및 답변 전략

1단계 파트 1의 Directions가 끝나면 1번 문제에 해당하는 지문이 화면에 뜬다. 이때, 지문을 미리 읽어볼 수 있는 45초의 준비 시간이 주어지며, 화면 아래에 시간이 표시된다. 준비 시간이 끝나면 답변을 시작하라는 안내와 함께 다시 45초가 주어지는데, 반드시 '삐' 소리가 난 다음에 말해야 한다. '삐' 소리 이후부터 시간 종료를 알리는 팝업 메시지가 뜰 때까지가 녹음 시간이기 때문이다. 또, 1번 문제의 답변이 완료되면 바로 2번 문제가 시작되므로 집중력을 잃지 않도록 하자.

2단계 파트 1에서는 발음과 억양, 강세만을 채점하므로, 무언가를 창의적으로 생각해 내거나 논리적으로 답변을 구성해야 하는 부담은 없다. 그러나 평가 항목 수가 적은 만큼 상대적으로 까다롭게 채점하므로, 평소에 영어로 된 짧은 문장들을 많이 읽어두어 실전에 대비하자. 특히 발음은 파트 1 뿐만 아니라, 모든 파트의 평가 기준에 포함되어 있으므로 절대 소홀히 해선 안 된다.

3단계 그럼, 명품 발음으로 파트 1 만점에 도전해 보자!

3. 배점표

	배점	평가 기준
발음	**3**점	가벼운 실수가 있을 수 있으나 알아듣기 매우 쉽다.
	2점	실수가 있으나 대체로 알아듣기 쉽다.
	1점	표현이 제한적이지만 가끔은 알아들을 수 있다.
	0점	무응답이거나 답변과 과제 간의 연관성이 전혀 없다.
강세	**3**점	강조, 끊어 읽기, 억양을 적합하게 구사한다.
	2점	강조, 끊어 읽기, 억양을 대체로 적합하게 구사하나 실수가 있다.
	1점	강조, 끊어 읽기, 억양을 적합하게 구사하지 못한다.
	0점	무응답이거나 답변과 과제 간의 연관성이 전혀 없다.

만점 노하우

1. 파트 1은 전체 파트를 위한 기초 공사다!

토익스피킹 평가 기준을 자세히 살펴보면, 파트 1 평가 요소인 발음, 억양 및 강세가 전체 파트에 걸쳐 평가됨을 알 수 있다. 이것은 다시 말해, 파트 1에서 어떻게 과제를 수행해 내느냐가 토익스피킹 전체 점수를 이루는 근간이 될 수 있다는 말이다. 다른 파트에서 똑같은 답변을 해도 점수에 차이가 생기는 이유는 결국 발음의 문제이기 때문이다. 따라서 파트 1이 다른 파트에 비해 다소 수월하다고 절대 소홀히 여겨서는 안 되겠다. 첫 단추를 잘 끼우는 마음으로 낭독 연습을 꾸준히 하자!

2. 답변 준비 시간에는 반드시 소리 내어 연습하자!

토익스피킹 초보자가 시험장에서 범하기 가장 쉬운 실수 중 하나가 바로, 파트 1의 답변 준비 시간에 아무 말도 하지 않고 눈으로만 지문을 읽는 것이다. 지문을 눈으로 훑는 것과 실제로 소리 내어 읽어보는 것의 차이는 상당하다. 머리로는 다 아는 단어들처럼 여겨지고 쉽게 느껴져도 입으로 발음해 보지 않는다면, 답변 시간에 어느 부분에서 실수를 하게 될지 알 수가 없다. 그러므로 45초 동안 열심히 입을 움직여, 어느 정도 속도가 적절할지 미리 감도 잡아보고, 발음이 잘 안 되는 부분도 반복하여 충분히 연습해 두자.

3. 지문을 전략적으로 파악하자!

지문이 나오면 무조건 해석부터 하려고 하는 토익 본능을 버리자! 파트 1은 독해가 아닌 낭독이므로, 일일이 해석하는 것은 시간 낭비다. 준비 시간 동안, 지문의 종류와 의도만 빠르게 파악한 뒤, 다음의 감점 요소들을 중점적으로 확인해 두자.

반복되는 키워드(핵심 소재) 　두 번 이상 반복되면서 지문의 주제를 담고 있는 단어 및 어구는 그 지문의 키워드로, 매우 중요한 채점 요인이다. 따라서 이를 정확하게 발음할 수 있도록 해야 한다.

인명, 지명, 제품명, 회사명 등의 고유명사 　지문을 읽다가 고유명사가 나오면 대개의 경우 멈칫하게 된다. 이는 그 고유명사의 발음에 대한 확신이 서지 않기 때문인데, 이 경우 대부분 영어의 한글 표기식 발음대로 말하여 감점을 당한다. 그러나 UCLA를 [우클라]로 발음하는 정도만 아니라면, 고유명사는 크게 걱정할 필요가 없으니 자신감을 갖자!

형태는 같지만 시제와 품사에 따라 발음이 변하는 단어 　이런 단어들은 반드시 문장의 앞뒤를 확인하여 시제 또는 품사를 정확하게 파악한 뒤 발음해야 한다. 형태가 똑같기 때문에 주의 깊게 파악해 두자.

숫자 　숫자 역시 민감한 감점 요인 중 하나로, 잘못 읽기 쉬우므로 준비 시간에 반드시 2번 이상 읽어두자. 또한, 기호 및 약어의 올바른 발음법도 충분히 익혀 두어야 한다.

감점 요소를 피해 고득점을 얻는 방법을 최대한 자세히 설명하였습니다.
만점 노하우를 알게 되면 당장 실전에 활용하고 싶을 거예요.

혼동하여 잘못 발음하기 쉬운 단어　긴장을 하거나 주의 깊게 확인하지 않으면, 순간적으로 지문의 단어를 비슷한 형태의 단어로 착각하여 잘못 발음할 수 있다. 반복 연습을 통해 실수를 줄이자!

-'s, -(e)s, -(e)d　명사의 소유격에 붙는 -'s, 복수형에 붙는 -(e)s와 동사의 현재형에 붙는 -(e)s, 그리고 동사의 과거 및 과거분사에 붙는 -(e)d는 약하게 발음하되, 절대 무시하고 그냥 넘어가서는 안 된다.

'A, B, and C' 형식의 나열식 구성　매 회 두 문제 중 적어도 한 문제에는 반드시 등장하는 형식으로, 명사나 형용사의 나열이 출제된다. 빠뜨림 없이 차분히 리듬을 타며 읽어야 한다.

4. 억양의 생명은 끊어 읽기와 강세!

발음뿐 아니라 억양 역시 중요한 평가 요소이므로 적재적소에서 끊어 읽고, 강세를 살려 자연스럽게 말하는 연습이 필요하다. 이 강세를 정확하게 지켜주면 인위적으로 올라가고 내려가는 식의 억양을 만들지 않아도 자연스러운 억양이 형성된다.

끊어 읽기　주어 및 쉼표, 마침표, 물음표, 느낌표의 뒤에서 끊기
　　　　　　관계대명사절, 전치사구, 준동사구, 명사절, 부사절 앞에서 끊기

강세　의미 전달에 중요한 역할을 하는 내용어 및 부정어, 각 단어의 고유 강세

5. 속도는 한 템포 느리고 차분하게!

파트 1은 누가 더 빨리 읽는가를 평가하는 영역이 아니다. 무엇보다도 정확하게 읽는 것이 관건이므로 여유를 가지고 읽도록 하자. 대부분의 경우, 화면에 4~5문장 길이의 지문이 출제되기 때문에 충분히 45초 이내에 답변을 끝마칠 수 있다. 답변을 시작하라는 '삐' 소리가 나면 1~2초 정도 호흡을 가다듬은 후, 차분히 낭독을 시작하자. 정확하게 지문을 다 읽고 나서 끝에 시간이 조금 남는 것은 문제가 되지 않는다.

6. 답변 중 절대 처음으로 되돌아가지 말자!

지문을 읽다 보면 실수를 할 수도 있다. 그런데 이때, 감점을 받을까 봐 처음부터 다시 읽는 일이 없도록 주의하자. 이 경우, 시간 내에 지문을 미처 다 읽지도 못하고 답변이 끊길 우려가 있기 때문이다. 사소한 실수 몇 개는 바로 고쳐 말하기만 하면 감점을 받지 않는다. 그러므로 지문을 읽는 중간에 어떤 부분에서 틀렸다면, 잠깐 쉬었다가 다시 그 부분부터 차분하게 읽어 나가도록 하자.

친절한 피드백

Question 1

Are you looking for a beautiful oceanfront getaway in Hawaii? Then Paradise Hotel is the ideal destination. We have a total of 255 rooms including 40 suites. Each room has an individual balcony overlooking the Pacific Ocean. We also have 100 acres of tropical plants and flowers, first-class restaurants, large swimming pool, and luxurious spa. Paradise Hotel is your ultimate "home away from home".

▶ 대본 및 해설 5쪽

아쉬운 답변 😞

★★ 2점 이하

첨삭노트

❶ **잘못된 발음 정정** : paradise[pǽrədàis], destination[dèstənéiʃən], suite[swiːt], balcony[bǽlkəni], pacific[pəsífik], acre[éikər], tropical[trάpikəl], luxurious[lʌgʒúəriəs], ultimate [ʌ́ltəmit]

❷ 모음 앞의 정관사 the는 [ði]로 발음해야 한다.　예) the ideal destination

❸ 명사의 복수형에서 -s를 빠뜨리지 말자.　예) acres, plants, restaurants

❹ 'A, B, C, and D'의 나열식 문장에서는 억양을 전부 떨어뜨리지 말고 리듬을 타보자.

❺ 숫자 표현이 틀리지 않게 주의하자.　예) 40: forty (O), fourteen (X)

만점 답변 🎖

★★★ 3점 만점

Are you looking for a beautiful oceanfront getaway/ in Hawaii?// Then/ Paradise Hotel is the ideal destination.// We have a total of 255 rooms/ including 40 suites.// Each room has an individual balcony/ overlooking the Pacific Ocean.// We also have/ 100 acres of tropical plants and flowers,/ first-class restaurants,/ large swimming pool,/ and luxurious spa.// Paradise Hotel is your ultimate "home away from home".//

🎧 training-01-01.mp3

TOEIC Speaking

Question 2

Good afternoon, ladies and gentlemen. This is your captain, James Winston. I'd like to welcome you aboard Ace Flight 713 to Toronto. Our flight time will be approximately 5 hours and we will be arriving at Toronto Airport at 8:20 p.m. local time. Please fasten your seat belt and refrain from using cell phones, CD players, or FM radios in the cabin. Thank you for your cooperation and we hope you have a pleasant flight.

▶ 대본 및 해설 5쪽

아쉬운 답변 😞

★★ 2점 이하

첨삭노트

❶ **잘못된 발음 정정** : Toronto[tərántou], approximately[əpráksəmətli], seat[si:t], cooperation[kouàpəréiʃən], pleasant[plézənt]

❷ 발음이 꼬이면 문장 전체를 다시 읽지 말고, 틀린 부분의 단어만 고쳐 말하자.

❸ 'v'와 'f'가 'b'와 'p'처럼 들리지 않도록 정확하게 발음해야 한다. 📢 arri_v_ing, re_f_rain

만점 답변 🏅

★★★ 3점 만점

Good afternoon,/ ladies and gentlemen.// This is your captain,/ James Winston.// I'd like to welcome you aboard Ace Flight 713/ to Toronto.// Our flight time will be approximately 5 hours/ and we will be arriving at Toronto Airport/ at 8:20 p.m. local time.// Please fasten your seat belt/ and refrain from using cell phones,/ CD players,/ or FM radios in the cabin.// Thank you for your cooperation/ and we hope you have a pleasant flight.//

STEP 04

공략 포인트 01

광고 및 방송

상품이나 서비스에 대한 광고문, 그리고 기내 방송, 일기 예보, 라디오 쇼 등의 방송 대본은 매 회마다 빠지지 않고 등장하는 단골 출제 유형이다. 광고 및 방송에서 다루는 주요 표현들을 익혀 내용을 정확하고 생생하게 전달할 수 있도록 하자.

답변을 구성하는 필수 요소

🎧 mp3를 듣고 따라해 보세요.

1. 숫자 및 기호의 발음

🎧 training-01-02.mp3

유형의 특성상, 숫자와 기호를 포함하는 표현이 자주 나온다. 아래의 예를 연습하여 실수를 예방하자.

❶ 수 표현 읽기

전화번호, 제품 모델 번호, 비행기 편명, 버스 번호, 호텔 방 번호 등은 대개 한 자리씩 읽는다. 온도는 '기수+degrees'에 C(Celsius)나 F(Fahrenheit)를 붙여 읽는다. 또한, 분수의 분자는 기수로, 분모는 서수로 읽는데, 이때, 분자가 2 이상이면 분모에 '-s'를 붙여 읽는다. 소수는 소수점(point) 뒤로 한 자리씩 읽는다.

* 555-0925	five five five zero(o) nine two five
* SunTech TX 236	SunTech TX two three six
* Delta Flight 748	Delta Flight seven four eight
* room 215	room two one five or room two fifteen
* 29°C	twenty nine degrees Celsius
* $9.50	nine dollars (and) fifty cents
* 20%	twenty percent
* 1/3	one-third
* 3/4	three-fourths or three quarters
* 0.15	zero point one five

토익스피킹에서 자주 출제되는 유형들만 묶어 명쾌하게 설명한 토익스피킹의 핵심 정리!
파트별 2개씩, 총 12개의 공략 포인트만 익히면 토익스피킹이 만만해져요.

예문
- If you have any questions, please call us at 808-625-7139.
- Good morning! Welcome aboard flight 653 bound for New York.
- There's a 90% chance of rain tonight and the temperature will drop to 43 degrees Fahrenheit tomorrow morning.

궁금한 점이 있으시면, 808-625-7139 로 전화해 주세요.

안녕하세요! 뉴욕행 653편 비행기에 탑승하신 걸 환영합니다.

오늘 밤 강수 확률은 90%이며, 내일 아침 기온은 화씨 43도까지 떨어지겠습니다.

❷ 기호 읽기

웹사이트나 이메일 주소 등의 여러 기호 표현들을 익혀둔다.

* www.speaking.com   double u double u double u dot speaking dot com

* english.com/student   english dot com slash student

* dj_sam@email.com   dj underscore sam at email dot com

* Tom & Sue   Tom and Sue

* press #   press pound

예문
- Visit our website at www.HealingHands.com for more information!
- Should you need any help, please contact Megan at helpers@biz.org

저희 웹사이트 www.HealingHands.com에 방문하셔서 더 많은 정보를 얻어 가세요!

도움이 필요하시면 helpers@biz.org 로 메건에게 연락하세요.

❸ 날짜 읽기

날짜는 반드시 서수로 읽는다. 특히, 감점을 유도하기 위해 그냥 숫자만 써 놓은 경우라도 절대 기수로 읽어선 안 된다. 아울러 'in January'처럼 월명이 단독으로 등장하기도 하므로 정확한 발음을 익혀두자.

* February 1   February first

* April 2nd   April second

* on the 3rd of August   on the third of August

* September 10th   September tenth

＊ October 22　　　　　October twenty second

＊ on November 23　　　on November twenty third

＊ on the 31 of December　on the thirty-first of December

예문 ・ On the 5th of March, the movie "Happiness" will be released.

　　・ The Online Sale will start from Saturday, November 21!

3월 5일에는 영화 '행복'이 개봉될 예정입니다.
온라인 세일이 11월 21일 토요일에 시작됩니다!

2. 잘못 알고 있는 발음

외국어의 한글 표기와 실제 영어 발음에 차이가 있는 경우는 우리 주변에 의외로 많다. 다음의 빈출 어휘를 통해 그동안 잘못 알고 있었던 발음들을 바로잡아 보자.

영어 단어	한글 표기	올바른 발음
chocolate	초콜릿	[tʃɔ́ːkələt]
report	레포트	[ripɔ́ːrt]
camera	카메라	[kǽmərə]
comedy	코미디	[kɑ́mədi]
cafeteria	카페테리아	[kæ̀fətíəriə]
accent	악센트	[ǽksent]
buffet	뷔페	[bəféi]
vinyl	비닐	[váinl]
radio	라디오	[réidiòu]
sandwich	샌드위치	[sǽndwitʃ]
orange	오렌지	[ɔ́(ː)rindʒ]
anti	안티	[ǽntəi]
model	모델	[mɑ́dl]
vitamin	비타민	[váitəmin]
Washington	워싱턴	[wɔ́ːʃiŋtən]
Manhattan	맨해튼	[mænhǽtn]
Athens	아테네	[ǽθinz]
Rome	로마	[roum]
Paris	파리	[pǽris]
Toronto	토론토	[tərántou]
Belgium	벨기에	[béldʒəm]
Czech	체코	[tʃek]

Siberia	시베리아	[saibíəriə]
Moscow	모스크바	[máskou]
Chile	칠레	[tʃíli]
Argentina	아르헨티나	[àːrdʒəntíːnə]
Vietnam	베트남	[viètnáːm]
Asia	아시아	[éiʒə]

 예문
- We have multivitamins, herbs and various other supplements.
- You can find one of our shops in Paris, Rome, and Berlin.

저희는 멀티비타민과 허브, 그리고 다른 다양한 보충제를 갖추고 있습니다.

당신은 파리, 로마, 베를린에서도 저희 가게를 찾을 수 있습니다.

3. 약어(abbreviations)의 발음

파트 1 지문에는 약어 표현이 종종 등장한다. 이것을 원래의 단어로 바꾸어 읽지 못하면 감점이 주어지므로 정확한 표현을 익혀 실수를 예방하자.

약어	단어	약어	단어
Prof.	Professor	CA	California
dept.	department	NY	New York
Univ.	University	Corp.	Corporation
cm	centimeter	inc.	incorporated
m	meter	Ltd.	Limited
km	kilometer	Dr.	Doctor
kg	kilogram	Jr.	Junior
min	minute	Mr.	Mister
hr	hour	etc.	et cetera
Rd.	Road	Blvd.	Boulevard
Ave.	Avenue	Sta.	Station
St.	Street	F	Fahrenheit
No.	number	C	Celsius

예문
- Prof. Higgins and Dr. Jones will give a speech at Tribeca Corp. Headquarters.
- Our hotel is located on Park Ave. between 48th and 49th Streets in NY.

히긴스 교수와 존스 박사는 트라이베카 본사에서 연설을 할 예정입니다.

저희 호텔은 뉴욕시 파크 애비뉴 48번과 49번가 사이에 있습니다.

Question 1

🎧 training-01-03.mp3

TOEIC Speaking

Are you looking for a way to get fit? Sign up for a personal trainer at Sparks Fitness Center. We specialize in 30-minute personal training sessions using free weights, balls, and cardio equipment. Our trainers are all certified and you'll receive a unique fitness and nutrition program that will change your body. For more information, visit our website www.sparksfitness.com.

▶ 대본 및 해설 6쪽

Question 2

TOEIC Speaking

Good morning, folks. This is your local weather forecast. If you take a look at our weather chart, you can see that it is going to be a fairly cloudy day this morning. There will be highs of 10, and lows of 2 degrees Celsius. Later in the evening, there is a high chance of rain in the Los Angeles, San Francisco, and San Diego areas. So don't forget to bring your umbrellas.

▶ 대본 및 해설 6쪽

Question 3

TOEIC Speaking

Sending holiday gifts has never been so easy! Call Lily's Bakery or visit our website and then place an order for the perfect gift for your friends, family, and business associates. All gifts are attractively boxed and include a personalized gift card. Simply email or fax your mailing list with your selections and we do the rest!

▶ 대본 및 해설 7쪽

Question 4

🎧 training-01-03.mp3

TOEIC Speaking

Since 1998, 'Magnolia' has often been voted as the best restaurant in Thailand. Located poolside at the Sunshine Resort, this breezy spot serves lunch, dinner, and tropical drinks daily. The outdoor venue is relaxing and divine. Open for lunch and all-day dining from 11:30 a.m. to 10 p.m. For more information, call 714-6690.

▶ 대본 및 해설 7쪽

STEP 04 공략 포인트 02

공략 유형

안내 및 연설

안내 및 연설 유형의 소재는 매우 광범위하다. 안내의 경우에는 여행이나 관광, 회람, 행사 등, 일상생활 및 비즈니스 환경에서 접할 수 있는 소재들이 주를 이룬다. 또한, 연설은 수상 연설, 기조 연설, 특별 연설 등, 전문적인 소재들로 구성된다.

🔑 답변을 구성하는 필수 요소

🎧 mp3를 듣고 따라해 보세요.

1. 혼동하기 쉬운 발음

🎧 **training-01-04.mp3**

이 유형에서는 주로 호흡이 긴 서술문의 형태가 자주 등장하므로, 순간적으로 혼동하기 쉬운 발음들에 특히 주의하여 읽어야 한다.

advice[ədváis]	advise[ədváiz]	crash[kræʃ]	crush[krʌʃ]
country[kʌ́ntri]	county[káunti]	affect[əfékt]	effect[ifékt]
recipe[résəpìː]	receipt[risíːt]	dairy[déəri]	diary[dáiəri]
aboard[əbɔ́ːrd]	abroad[əbrɔ́ːd]	natural[nǽtʃərəl]	neutral[njúːtrəl]
loyal[lɔ́iəl]	royal[rɔ́iəl]	statue[stǽtʃuː]	status[stéitəs ; stǽtəs]
quite[kwait]	quiet[kwáiət]	through[θruː]	thorough[θɔ́ːrou]
adapt[ədǽpt]	adopt[ədápt]	wander[wándər]	wonder[wʌ́ndər]
desert[dézərt]	dessert[dizə́ːrt]	sweat[swet]	sweet[swiːt]
altitude[ǽltətjùːd]	attitude[ǽtitjùːd]	vacation[veikéiʃən]	vocation[voukéiʃən]
work[wəːrk]	walk[wɔːk]	corporate[kɔ́ːrpərət]	cooperate[kouápərèit]

예문

- Just follow the recipe, and you will have a perfect dessert!
- Are you looking for some advice on studying abroad?
- We've been providing milk, cheese, and other natural dairy products to your family for 10 years.

이 요리법대로만 따라 하시면 최고의 디저트를 맛보실 수 있습니다!

유학에 관한 조언이 필요하세요?

저희는 10년 동안 고객님의 가정에 우유, 치즈를 비롯한 자연 그대로의 유제품을 제공해 왔습니다.

2. 품사와 시제에 주의해야 하는 발음

문장을 구성하는 단어들의 품사와 그 문장의 시제를 올바르게 파악해야만 정확한 발음을 할 수 있다. 형태는 같지만 발음이 다르므로 주의하여 읽도록 하자.

품사 변화	**live**	형용사 : live[laiv] 생생한 동사 : live[liv] 살다
	tear	명사 : tear[tiər] 눈물 동사 : tear[tɛər] 찢다
	wind	명사 : wind[wind] 바람 동사 : wind[waind] 감기다
	record	명사 : record[rékərd] 기록 동사 : record[rikɔ́:rd] 기록하다
	address	명사 : address[ǽdres] 주소 동사 : address[ədrés] 연설하다
	present	명사 : present[préznt] 선물 동사 : present[prizént] 제출하다
시제 변화	현재 : read[ri:d]　과거 : read[red]　과거분사 : read[red]	

예문
- Welcome to our live show and here with us tonight is Ted Baker who set the world record in swimming.

- Have you read Eugene Wall's latest novel, "Present" yet?

저희 생방송에 오신 걸 환영합니다. 오늘은 수영 세계 신기록을 세운 테드 베이커 씨와 함께하겠습니다.

유진 월의 새 소설, '선물'을 읽어보셨습니까?

3. 끊어 읽기

정확한 발음과 자연스러운 억양을 가지고 있다 해도 끊어 읽기를 제대로 하지 않으면 내용이 잘 전달되지 않는다. 다음 부분에서 끊어 읽어, 영어의 맛을 살려보자.

❶ 긴 주어, 쉼표, 마침표, 물음표, 느낌표의 뒤

* The man who is playing the piano/ is my father.//

* They sell apples,/ oranges,/ and bananas.//

피아노를 치고 있는 분은 저의 아버지입니다.

그들은 사과, 오렌지, 바나나를 팝니다.

* You are not sick,/ are you?//

당신 아프지 않죠, 그렇죠?

❷ 관계대명사, 접속사, 전치사, 부정사, 동명사, 분사의 앞

* It's hard to find a job/ that you really like.//

당신이 정말 좋아하는 일을 찾기란 어렵습니다.

* Do you know the couple/ who live upstairs?//

당신은 위층에 사는 부부를 압니까?

* He ran so fast/ that he could barely breathe.//

그는 너무 빨리 달려서 거의 숨을 쉴 수 없었습니다.

* Call me/ if you need any help.//

도움이 필요하면 전화하세요.

* She took the books/ out of the box.//

그녀는 그 상자에서 책들을 꺼냈습니다.

* The restaurant will open/ at the end of the month.//

그 식당은 이번 달 말에 문을 열 것입니다.

* I went to the airport/ to see Amy off.//

저는 에이미를 배웅하러 공항에 갔습니다.

* Jack saw his girlfriend/ holding hands with another man.//

잭은 그의 여자친구가 다른 남자와 손을 잡고 있는 것을 봤습니다.

4. 연음 연습

영어가 다른 언어에 비해 부드럽게 들리는 이유는 연음이 발달되어 있기 때문이다. 물론 모든 부분에서 연음 처리를 해야 하는 것은 아니다. 그러나 연음을 살려 읽어야 하는 부분에서 연음 처리를 하지 않으면 그 문장이 매우 서툴고 어색하게 들릴 수 있다. 다음의 예를 읽어보면서 연음에 대한 감을 길러보자.

* You don't need to stop it.

당신은 그것을 멈출 필요가 없습니다.

* I dropped the ball and my cousin picked it up.

제가 공을 떨어뜨리자 제 사촌이 그것을 주웠습니다.

* She prepared a meal for them.

그녀는 그들을 위해 음식을 준비했습니다.

* They asked me to stay a bit longer.

그들은 제게 조금 더 머물라고 했습니다.

* Call me as soon as you get to the airport.

공항에 도착하자마자 제게 전화해 주세요.

* He was so tired because he had stayed up late last night.

그는 지난밤 한숨도 못 자서 매우 피곤했습니다.

* I have to finish it by the end of the day.

저는 오늘까지 그것을 끝내야 합니다.

* You seem to have a lot of questions about our project.

당신은 우리의 프로젝트에 궁금한 점이 많은 것 같군요.

* I don't understand what you are talking about.

저는 당신이 무슨 이야기를 하고 있는지 모르겠습니다.

5. 강세와 억양

영어는 단어마다 고유의 강세를 가지고 있기 때문에, 그 강세를 잘 지키기만 해도 문장 전체에 리듬이 살아나면서 자연스러운 억양이 형성된다. 따라서 각 구나 절마다 인위적으로 억양을 만들어 올리고 내리는 식의 훈련은 바람직하지 않다. 어차피 억양이란 건 화자의 의도에 따라 얼마든지 바뀔 수도 있기 때문에 스트레스를 받을 필요도 없다. 다음 몇 가지의 기본만 기억해도 충분하다.

❶ 평서문, 명령문, 청유문의 끝은 내려 읽는다.

* The new entertainment program will be broadcast twice a week on SBC.

  저희의 새 예능 프로그램은 SBC 채널에서 매주 두 번 방송됩니다.

* Come and enjoy summer at the Blooming Lake Resort.

  블루밍 레이크 리조트에서 여름을 즐기세요.

* Why don't you join us to celebrate this fantastic event?

  참여하셔서 이 멋진 행사를 함께 축하하면 어떨까요?

❷ 'A, B, and C' 식의 나열식 평서문에서는 C만 내려 읽는다.

* You can participate in many activities such as surfing, parasailing, and scuba diving.

  여러분은 서핑, 파라세일링, 스쿠버 다이빙 같은 활동에 참여하실 수 있습니다.

* Mr. Campbell provides business consulting services to small, medium, large sized firms throughout the west region.

  캠벨 씨는 서부 지역의 소, 중, 대규모 회사들에게 경영 자문을 제공합니다.

* Our lunch and dinner courses include an appetizer, main dish, and dessert.

  저희의 점심과 저녁 코스에는 전채요리, 주 메뉴, 그리고 후식이 포함돼 있습니다.

❸ 문장에 no, not, never 등의 부정어가 들어가면 그 부분을 강조한다.

* After the sale, you will never get our state-of-the-art computers at these prices again.

  세일 기간 후에는, 저희의 최첨단 컴퓨터를 이 가격에 다시 구입하실 수 없습니다.

* No shuttle service is currently available on the weekend.

  현재 주말에는 셔틀버스 이용이 불가능합니다.

❹ Be동사, 일반동사, 조동사가 쓰인 일반 의문문의 끝은 올려 읽는다.

* Are you a big fan of science fiction movies?

  공상 과학 영화를 좋아하세요?

* Do you enjoy jogging every day?

  매일 조깅하는 걸 즐기시나요?

* Can you tell me where the Grand Hotel is?

  그랜드 호텔이 어디에 있는지 알려주시겠어요?

❺ 의문사로 시작하는 의문사 의문문의 끝은 내려 읽는다.

* Who do you think is the best actor in Korea?

  한국 최고의 배우는 누구라고 생각하세요?

* When will the conference take place?

  회의가 언제 열립니까?

* How many times a day do you brush your teeth?

  하루에 양치질은 몇 번 합니까?

Question 1

training-01-05.mp3

TOEIC Speaking

Dear library patrons. The Lincoln Memorial Library will begin its summer hours. From Monday to Saturday, the library will be open from 9 a.m. to 8 p.m. The library will not be open to the public on Sundays. Three-day rental items such as DVDs, videos, and CDs taken out on Thursdays will now be due back on Mondays for the duration of the summer.

▶ 대본 및 해설 8쪽

Question 2

🎧 training-01-05.mp3

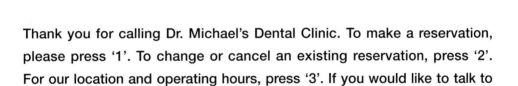

TOEIC Speaking

Thank you for calling Dr. Michael's Dental Clinic. To make a reservation, please press '1'. To change or cancel an existing reservation, press '2'. For our location and operating hours, press '3'. If you would like to talk to the receptionist, press '0' or stay on the line and one of our friendly staff members will assist you shortly.

▶ 대본 및 해설 8쪽

Question 3

🎧 training-01-05.mp3

TOEIC Speaking

Hello. My name is Cindy Moore. I will be your instructor in this course for the semester. I will cover some basic terms and common expressions in the business world. I look forward to working with you as you progress through the course. I welcome all questions, comments, and suggestions. You can contact me at cindy@delta.edu.

▶ 대본 및 해설 9쪽

Question 4

TOEIC Speaking

It is my pleasure to introduce the Summit Award recipient, Daniel Bennet. Daniel is my colleague, friend, and mentor. He has been working at our company for 10 years and he has recently been promoted to a manager of the Sales Department. Thanks to his hard work, the company productivity has increased significantly over the years. Please welcome, Daniel!

▶ 대본 및 해설 9쪽

Part 1 백전백승 필수 어휘!

★ cuisine 요리(법)	★ maintenance 관리	★ temporary 일시적인
★ journey 여행	★ adjacent 가까운	★ warranty 보증서
★ exhibition 전시회	★ determine 결심하다	★ statistics 통계(학)
★ career 직업	★ privilege 특혜	★ extremely 극히
★ appropriate 적절한	★ phenomenal 경이적인	★ valid 유효한
★ guarantee 보장하다	★ budget 예산	★ accommodate 수용하다
★ necessary 필요한	★ vacancy 공석	★ ancient 고대의
★ registration 등록	★ encourage 격려하다	★ rural 시골의
★ merchandise 상품	★ procedure 절차	★ exotic 이국적인
★ patient 환자	★ function 기능	★ scenic 경치가 좋은
★ resident 거주자	★ application 지원	★ guided 가이드 안내의
★ aisle 복도	★ permit 허용하다	★ complimentary 무료의
★ reputation 평판	★ estimate 견적	★ enjoyable 즐거운
★ advertisement 광고	★ analysis 분석	★ fragile 깨지기 쉬운
★ abroad 해외로	★ transfer 갈아타다	★ itinerary 여행 일정
★ policy 정책	★ coupon 쿠폰	★ wheel 바퀴
★ recently 최근에	★ candidate 후보자	★ renovation 수리
★ currently 현재	★ ingredient 재료	★ launch 착수하다
★ entrance 입구	★ recipe 요리법	★ assorted 여러 가지의
★ exit 출구	★ nutrition 영양	★ extraordinary 훌륭한
★ resume 이력서	★ experience 경험	★ efficient 효율적인
★ commute 통근하다	★ experiment 실험	★ patron 단골손님
★ reimburse 배상하다	★ appliance 기기	★ applause 박수
★ authentic 진짜의	★ belongings 소지품	★ certified 공인된

파트 1에서 감점 요인이 되는 어휘들 중 특히 틀리기 쉬운 어휘 144개를 따로 정리했다. 출제 비율이 매우 높은 단골 어휘들이므로, 정확하게 발음할 수 있을 때까지 반복하여 연습하자.

🎧 training-01-06.mp3

★ suitable 알맞은	★ government 정부	★ facility 시설
★ merger 합병	★ secretary 비서	★ banquet 연회
★ representative 대표자	★ vehicle 차량	★ superior 뛰어난
★ strategy 전략	★ definitely 확실히	★ convenience 편의
★ opportunity 기회	★ actually 실제로	★ appreciate 감사하다
★ purchase 구입하다	★ recommend 추천하다	★ apologize 사과하다
★ council 의회	★ reservation 예약	★ diverse 다양한
★ auditorium 강당	★ architect 건축가	★ interior 내부
★ decade 10년	★ emergency 비상	★ exterior 외부
★ executive 중역의	★ reasonable 합리적인	★ competition 경쟁
★ incredible 굉장한	★ specific 구체적인	★ environment 환경
★ session 기간	★ refrigerator 냉장고	★ athlete 운동선수
★ economy 경제	★ antique 골동품의	★ moderate 적당한
★ financial 금융의	★ contemporary 현대의	★ physical 육체의
★ Celsius 섭씨의	★ regulation 규정	★ adjust 조절하다
★ Fahrenheit 화씨의	★ purpose 목적	★ select 선택하다
★ identification 신분증	★ alternative 대안	★ release 공개하다
★ recruit 모집하다	★ regularly 규칙적으로	★ modern 현대의
★ cooperation 협력	★ occupy 차지하다	★ receipt 영수증
★ negotiation 협상	★ artifact 공예품	★ confidential 비밀의
★ appointment 약속	★ presentation 발표	★ anniversary 기념일
★ client 고객	★ furthermore 게다가	★ immediately 즉시
★ foreign 외국의	★ beneficial 유익한	★ agenda 의제
★ advantage 장점	★ approximately 대략	★ equipment 장비

PART 2

Describe a Picture

사진 묘사하기

오리엔테이션

TOEIC Speaking

Question 3 : Describe a picture

Directions : In this part of the test, you will describe the picture on your screen in as much detail as you can. You will have 30 seconds to prepare your response. Then you will have 45 seconds to speak about the picture.

1. 파트 2의 개요

문제 수	지문 독해 시간	답변 준비 시간	답변 시간	점수	평가 기준
1 Question 3	**X**	**30**초	**45**초	**3**점	발음, 억양 및 강세, 문법, 어휘, 내용의 일관성

시험을 보는 데 반드시 알아야 할 핵심 내용만을 뽑아 설명했습니다.
각 파트의 특징을 이해하는 데 딱 5분이면 충분해요.

2. 준비 및 답변 전략

1단계 파트 2의 Directions가 끝나면 화면에 컬러 사진 한 장이 뜨고, 답변을 준비하라는 안내와 함께 30초가 주어진다. 답변 준비 시간이 끝나면 45초 동안 사진을 묘사하면 된다.

2단계 파트 2에서는 주로 인물 위주의 사진이 많이 출제되고, 사물 위주의 사진이나 풍경 위주의 사진도 종종 등장한다. 이때, 중요한 것은 사진의 중심부로부터 시작하여 묘사를 전개해 나가야 한다는 것이다.

3단계 묘사를 할 때, 어휘력을 바탕으로 한 풍부한 표현력은 필수다. 그러므로 평소에 다양한 표현을 익혀, 이야기를 풀어나가듯 자연스럽게 묘사할 수 있도록 준비해야 한다.

4단계 다음 페이지부터 사진 묘사의 달인이 되는 본격적인 훈련을 시작해 보자!

3. 배점표

배점	평가 기준
3점	답변과 사진 간에 연관성이 있고 적절한 세부 사항이 포함되어 있다.
2점	답변과 사진 간에 연관성이 있지만 중요한 내용을 빠뜨리거나 그리 중요하지 않은 세부 사항들을 언급하는 데 시간을 보낸다.
1점	답변과 사진 간에 연관성이 있을 수 있지만 내용 전달에 한계가 있다.
0점	무응답이거나 답변과 사진 간의 연관성이 전혀 없다.

만점 노하우

1. 사진을 입체적으로 보자!

준비 시간이 주어지면 사진의 포커스부터 먼저 확인하자. 이 포커스는 대부분의 경우 사진의 앞쪽이나 중앙에 있다. 포커스를 찾았다면, 사진을 크게 포커스가 속해 있는 '중심부'와 나머지의 '변두리'로 나눌 수 있다. 그리고 다시 중심부와 변두리에서 중점적으로 묘사할 핵심 소재들을 골라 사진을 입체적으로 쪼개어 놓자. 답변 시간이 시작되면 가장 앞으로 튀어나와 있는 것부터 묘사를 시작하면 된다.

2. 묘사는 중심부로부터 방사형으로!

파트 2에서 묘사가 얼마나 짜임새 있게 이뤄졌는가는 중요한 채점 요소이다. 따라서 아무 장면이나 보이는 대로 무질서하게 묘사하는 것보다는, 일정한 방향성을 가지고 묘사하는 것이 바람직하다. 중심부의 핵심 장면들로부터 변두리로 뻗어나가는 방사형 묘사를 추천한다. 이는 중요도 순으로 효율적인 묘사가 가능하게 해 줄 뿐만 아니라, 듣는 입장에서도 전체 답변이 체계적으로 들릴 수 있게 하는 효과적인 방법이기 때문이다.

3. 앵무새식 반복 표현은 피하자!

사진 묘사에 익숙하지 않은 경우, 대개 자신이 알고 있는 몇 개의 표현들만 사용하여 말하게 된다. 대표적인 예가 처음부터 끝까지 'I can see ~.'와 'There is(are) ~.' 구문을 반복하는 것인데, 이렇게 답변할 경우, 유창성이 부족하다는 느낌을 주어 좋은 점수를 받을 수 없다. 따라서 기본적인 문법을 충분히 익혀 다양하고 풍부한 표현을 할 수 있도록 연습하자.

4. 어휘가 떠오르지 않으면 풀어서 설명하자!

간혹, 사진의 핵심 장면을 표현하는 영어 단어가 떠오르지 않는 경우가 있을 수 있다. 이럴 때는 당황하지 말고, 침착하게 그 단어를 풀어서 설명하도록 하자. 물론, 어휘력이 묘사에서 중요한 요소이긴 하지만, 생각이 나지 않는 단어를 가지고 시간을 보내다간 몇 마디 못하고 답변 시간이 종료될 수 있다. 꼭 그 단어를 말해야 할 필요는 없으므로, 이런 경우에는 사물이나 상황을 쉬운 표현으로 바꿔서 말하는 순발력을 발휘해 보자.

🄴 허수아비가 등장한 사진에서 'scarecrow'가 생각나지 않을 경우?
a mannequin that is put in a field to frighten birds away로 풀어서 설명!

5. 객관과 주관을 적절히 섞어 말하자!

단순히 눈에 보이는 객관적인 사실만 나열하기 보다는, 주관을 함께 곁들여 말하는 것이 바람직한 묘사 방법이다. 인물의 동작이나 사물의 상태 등을 묘사하면서 떠오르는 생각이나 느낌은 답변을 좀 더 맛깔나게 하는 양념과도 같기 때문이다. 억측만 아니라면, 사진을 보며 상황을 나름대로 추측해 보는 것 역시 좋은 방법이다. 또한, 파트 2에는 컬러 사진이 출제되므로 색감을 활용하여 외양 및 배경을 생동감 있게 묘사하는 것도 좋은 답변 방법이다.

6. 시간이 다 될 때까지 부지런하게 묘사하자!

파트 2의 답변은 짧을수록 불리하다. 왜냐하면 묘사란 보는 시각에 따라서 얼마든지 새롭게 내용을 덧붙여 나갈 수 있기 때문이다. 답변 준비 시간에 입체적으로 쪼개어 놓았던 부분들을 하나하나 짚어가며 45초 동안 계속 말을 하자. 시간 종료 전까지 필요한 내용이 전부 언급되었다면 설령 마지막 문장이 잘렸다고 해도 감점을 받지 않기 때문이다.

7. 토익의 파트 1 대본을 적극 활용하자!

토익의 파트 1 역시 토익스피킹의 파트 2와 마찬가지로 사진 묘사를 바탕으로 문제가 출제되므로, 토익 파트 1의 녹음 대본은 표현 연습을 하는 데 매우 유용하다. 더구나 복잡하고 어려운 것이 아닌, 간단하면서도 익히기 쉬운 표현들로 구성되어 있어 크게 부담되지도 않는다. 그러므로 방 안 어디에선가 뒹굴고 있을 리스닝 대본을 찾아 꾸준히 소리 내어 읽는 연습을 해 보자.

STEP 03 친절한 피드백

TOEIC Speaking

▶ 대본 및 해설 10쪽

아쉬운 답변 ☹
★ 1점 이하

Well, there are peoples...... seven peoples and...... it's a... birthday party... Uh...
Child is cone head and there are father and mother and grandmother... Also,
there are cake and cup and... present. Um............. Red, yellow, pink, blue......
balls...... She is giving wind to........ candle....../

첨삭노트

❶ people은 복수명사형이므로 -s를 붙이지 않는다. 또한, 위의 사진에서 아이들이 여러 명 등장하므로 child가 아닌 children이라고 해야 한다. cup과 present 역시 복수로 바꿔주고 cake는 하나이므로 앞에 부정관사 a를 붙여야 한다.

❷ cone head나 balls, giving wind to candle은 의도는 알겠으나 잘못된 표현이다.

❸ 'There are ~.' 구문과 접속사 and를 필요 이상으로 너무 자주 반복하고 있다.

❹ 막연히 She로 주어를 시작하면 사진 속 어떤 사람을 가리키는지 알 수 없으므로 외양 묘사 등을 통해 더 구체적으로 묘사해야 한다.

❺ 묘사가 충분히 이루어지지 않은 상태에서 시간이 다 되었다.

학원 강의보다 더 자세한 1 대 1 방식의 맞춤형 과외처럼 선생님과 함께 문제를 풀어보고, 현재 나의 수준을 진단해 만점을 받을 수 있는 확실한 전략을 세워보세요.

🎧 training-02-01.mp3

★★ 2점 이상

> This picture is taken at outdoors. I think they are having a birthday party. The girl is... She is... There is a birthday cake on the table. And the girl who is brown hair is looking at the cake. Her friends are watching her blowing out the candle. The father is wearing a red shirt and the mother is standing next to him. They look happy. I think she looks like her father. I can see many gift and balloons. The weather is very nice and.../

첨삭노트

❶ outdoors는 전치사 at을 필요로 하지 않는다.

❷ 무언가 묘사를 시작하려고 하다가 갑자기 포기하고 다른 주제로 넘어가면, 조금 미숙하다는 느낌을 줄 수 있다.

❸ 머리 모양을 묘사할 때에는 be동사가 아닌 have(has) 동사를 써야 한다.

❹ candle과 many의 수식을 받는 gift는 모두 복수로 한다.

❺ 비록 마지막 말이 끊기긴 했지만, 필요한 내용이 대부분 언급되었으므로 큰 지장은 없다.

만점 답변 🏅

★★★ 3점 만점

This is a picture of people having a birthday party. The main focus of the picture is a girl who is blowing out the candles. Around her are family and friends. The kids are all wearing party hats. The birthday girl has curly brown hair and she is wearing a checkered shirt. Her parents are standing behind her. And there are many things on the table such as presents, a birthday cake, plates and cups. Also, there is a bunch of multi colored balloons at the end of the table. The atmosphere of this picture is very joyful and I think they are having a good time.

공략 포인트 03

인물의 특징 및 동작 묘사

사진에 한 명 또는 두 명 이상의 사람이 등장하는 유형에서는 인물의 외양과 행동을 자세히 묘사할수록 높은 점수를 받을 수 있다. 또한, 사진 속의 인물이 처한 상황이나 인물들 간의 관계를 추측하여 말하는 것도 좋은 방법이다. 구체적인 인물 묘사를 위한 핵심 표현들을 연습해 보자.

🔑 답변을 구성하는 필수 요소

1. 구도 묘사

세부 묘사를 위한 사진의 구도를 파악해 보자. 사진 속에 등장하는 인물이나 사물, 배경의 위치는 다음과 같이 구도를 나누어 표현할 수 있다.

❶ 전후 구도

Back •--- (Background)

Front •--- (Foreground)

* In the foreground (of the picture), I can see two men wearing safety helmets.

사진 앞쪽에는 안전모를 쓴 두 명의 남자가 보입니다.

* In the background (of the picture), there is a tall building under construction.

사진 뒤쪽에는 공사 중인 높은 건물이 있습니다.

❷ 좌우 구도

Left •--- (Left side)

Right •--- (Right side)

* On the left side (of the picture), I can see many pedestrians walking by.

사진 왼쪽에는 지나가는 많은 행인들이 보입니다.

* On the right side (of the picture), there is a terrace of an outdoor cafe.

사진 오른쪽에는 노천 카페의 테라스가 있습니다.

2. 인물의 특징

인물의 특징은 크게 외모와 옷차림으로 나눌 수 있다. 파트 2에는 컬러 사진이 제시되므로 머리색은 물론, 옷의 색깔 및 무늬까지, 색감을 적극적으로 활용해야 한다. 외모를 묘사할 때에는 주로 동사 have와 be동사가 쓰이고, 옷차림을 묘사할 때에는 'be + wearing' 꼴이 자주 쓰인다는 점에 주목하여 연습하자.

❶ 외모

헤어스타일

* The man has short black hair.
그 남자의 머리는 짧고 검습니다.

* The woman has long blonde hair.
그 여자의 머리는 길고 금발입니다.

* He has curly brown hair.
그의 머리는 갈색 곱슬머리입니다.

* He is bald.
그는 대머리입니다.

* She has braided her hair.
그녀는 머리를 땋았습니다.

* She has a ponytail.
그녀는 머리를 뒤로 묶었습니다.

얼굴

* The man has a mustache.
그 남자는 콧수염이 있습니다.

* The man has a beard.
그 남자는 턱수염이 있습니다.

* He has white eyebrows.
그의 눈썹은 흰색입니다.

* She has big blue eyes.
그녀는 크고 파란 눈을 가졌습니다.

체격

* The man is a little chubby.
그 남자는 조금 뚱뚱합니다.

* The woman is tall and slender.
그 여자는 키가 크고 날씬합니다.

* He is short and thin.
그는 키가 작고 말랐습니다.

* He is well-built.
그는 체격이 좋습니다.

* She is in great shape.
그녀는 몸매가 좋습니다.

❷ 옷차림 및 장신구

* The man is wearing a black suit.
그 남자는 검은색 양복을 입고 있습니다.

* The woman is wearing jeans.
그 여자는 청바지를 입고 있습니다.

* The man is wearing a striped jacket.
그 남자는 줄무늬 재킷을 입고 있습니다.

* The woman is wearing a flower-printed dress.
그 여자는 꽃무늬 드레스를 입고 있습니다.

* The woman is wearing a polka dotted blouse.
그 여자는 물방울무늬 블라우스를 입고 있습니다.

* He is wearing a short-sleeved shirt. | 그는 반팔 셔츠를 입고 있습니다.
* He is wearing a sleeveless shirt and sweat pants. | 그는 민소매 셔츠와 운동복 바지를 입고 있습니다.
* She is wearing a swimsuit. | 그녀는 수영복을 입고 있습니다.
* She is wearing a raincoat. | 그녀는 비옷을 입고 있습니다.
* He is wearing a red tie and a vest. | 그는 빨간색 타이를 하고 조끼를 입고 있습니다.
* He is wearing a navy coat. | 그는 남색 코트를 입고 있습니다.
* They are wearing uniforms. | 그들은 유니폼을 입고 있습니다.
* They are wearing work suits. | 그들은 작업복을 입고 있습니다.
* He is wearing a gray hat. | 그는 회색 모자를 쓰고 있습니다.
* He is wearing a safety helmet. | 그는 안전모를 쓰고 있습니다.
* He is wearing a life jacket and flippers. | 그는 구명조끼와 오리발을 착용하고 있습니다.
* He is wearing an apron. | 그는 앞치마를 두르고 있습니다.
* He is wearing black sunglasses. | 그는 검은색 선글라스를 쓰고 있습니다.
* She is wearing glasses. | 그녀는 안경을 쓰고 있습니다.
* She is wearing a yellow headband. | 그녀는 노란색 머리띠를 하고 있습니다.
* She is wearing earrings and a necklace. | 그녀는 귀걸이와 목걸이를 하고 있습니다.
* She is wearing a ring on her index finger. | 그녀는 검지에 반지를 끼고 있습니다.
* She is carrying a bag on her shoulder. | 그녀는 어깨에 가방을 메고 있습니다.

3. 인물의 동작

인물의 동작 묘사는 그 행위가 이루어지고 있는 순간을 묘사하는 것이므로, 'be동사 + -ing' 형태의 현재진행형이 주로 쓰인다.

* He is pointing at something on the board. | 그는 칠판에 무언가를 가리키고 있습니다.
* She is talking on the phone. | 그녀는 통화를 하고 있습니다.
* He is folding his arms. | 그는 팔짱을 끼고 있습니다.
* She is resting her chin on her hand. | 그녀는 턱을 괴고 있습니다.
* He is crouching down in front of the cabinet. | 그는 캐비닛 앞에 웅크리고 앉아 있습니다.
* He is leaning against the wall. | 그는 벽에 기대어 있습니다.
* She is sitting on the bench with her legs crossed. | 그녀는 다리를 꼬고 벤치에 앉아 있습니다.
* She is reaching for a book on the shelf. | 그녀는 선반의 책을 꺼내고 있습니다.
* He is examining some blueprints. | 그는 몇 장의 설계도를 살펴보고 있습니다.
* She is taking a picture of the children. | 그녀는 아이들의 사진을 찍고 있습니다.

* He is putting some bread into a paper bag.	그는 빵을 종이봉투에 넣고 있습니다.
* She is handing over some change to the customer.	그녀는 손님에게 잔돈을 건네고 있습니다.
* He is using a scanner for the sweater.	그는 스웨터의 바코드를 찍고 있습니다.
* She is using the cash register.	그녀는 금전 등록기를 사용하고 있습니다.
* He is pushing a cart full of fruit.	그는 과일로 가득한 카트를 밀고 있습니다.
* She is playing the piano.	그녀는 피아노를 치고 있습니다.
* He is sweeping the snow with a broom.	그는 빗자루로 눈을 쓸고 있습니다.
* She is dusting the furniture in the room.	그녀는 방 안의 가구의 먼지를 털고 있습니다.
* He is wiping the window with a dry cloth.	그는 마른 천으로 창문을 닦고 있습니다.
* She is vacuuming the floor.	그녀는 바닥을 진공청소기로 청소하고 있습니다.
* He is walking down the street.	그는 거리를 따라 걷고 있습니다.
* She is holding a leash and walking her dog.	그녀는 끈을 잡고 개를 산책시키고 있습니다.
* He is serving food to the customers.	그는 손님에게 음식을 내놓고 있습니다.
* She is pouring water into a glass.	그녀는 잔에 물을 따르고 있습니다.
* He is holding a fishing rod in his hand.	그는 낚싯대를 들고 있습니다.
* She is making a copy.	그녀는 복사를 하고 있습니다.
* He is speaking into a microphone.	그는 마이크에 대고 말하고 있습니다.
* She is facing the monitor.	그녀는 모니터를 바라보고 있습니다.
* He is giving a lecture to his students.	그는 학생들에게 강의를 하고 있습니다.
* She is writing something down in the book.	그녀는 책에 무언가를 적고 있습니다.
* He is looking at the menu hanging on the wall.	그는 벽에 걸린 메뉴를 보고 있습니다.
* She is getting on the bus.	그녀는 버스를 타고 있습니다.
* People are getting off the train.	사람들이 기차에서 내리고 있습니다.
* People are getting out of the building.	사람들이 건물에서 나오고 있습니다.
* Some people are waiting at the crosswalk.	몇몇의 사람들이 횡단보도에 서 있습니다.
* Some people are crossing the intersection.	몇몇의 사람들이 교차로를 건너고 있습니다.
* They are taking a walk along the path.	그들은 길을 따라 산책하고 있습니다.
* They are sitting around the table.	그들은 테이블에 둘러 앉아 있습니다.
* They are sitting on the grass and having some food.	그들은 잔디밭에 앉아 음식을 먹고 있습니다.
* They are waiting in line.	그들은 줄을 서서 기다리고 있습니다.
* They are talking to each other.	그들은 서로 대화를 하고 있습니다.
* They are having a meeting.	그들은 회의를 하고 있습니다.
* They are holding umbrellas.	그들은 우산을 쓰고 있습니다.
* They are using microscopes.	그들은 현미경을 사용하고 있습니다.
* They are sitting in pairs and having a discussion.	그들은 둘씩 짝지어 앉아 토론하고 있습니다.

4. 특징과 동작의 결합

이제 인물의 외모와 옷차림에 동작을 결합해 보자. 어떤 외모를 가진 누군가가 어떤 동작을 하고 있다는 식으로 표현하면 좀 더 구체적인 묘사가 가능하다. 좀 더 쉽게 이 표현을 익히기 위해 간단한 공식을 만들어보면 다음과 같다.

❶ 활용 구문과 예시

활용 구문	The man(woman) who has 또는 is ~ is -ing ~.
예시	The woman is wearing a checkered shirt. ⊕ She is watering plants. ⓫ The woman who is wearing a checkered shirt is watering plants.

~한 남자(여자)가 ~를 하고 있습니다.

그 여자는 체크 셔츠를 입고 있습니다.

그녀는 식물에 물을 주고 있습니다.

체크 셔츠를 입은 여자가 식물에 물을 주고 있습니다.

❷ 표현 연습

앞에서 연습한 내용을 토대로, 다음 사진에 등장하는 인물을 묘사해 보자. 처음에는 외모와 동작을 따로 묘사해 보고, 익숙해지면 둘을 결합하여 한 문장으로 표현해 보자.

A.

외모 : _____

⊕

동작 : _____

⓫

결합 : _____

B.

외모 :
....
....

➕

동작 :
....
....

⏸

결합 :
....
....

C.

외모 :
....
....

➕

동작 :
....
....

⏸

결합 :
....
....

D.

외모 :
....
....

➕

동작 :
....
....

⏸

결합 :
....
....

E.

외모 : ....
....

➕

동작 : ....
....

⏸

결합 : ....
....

F.

외모 : ....
....

➕

동작 : ....
....

⏸

결합 : ....
....

G.

외모 : ....
....

➕

동작 : ....
....

⏸

결합 : ....
....

정답 **A. 외모** She has long blonde hair. / She has a ponytail. / She is wearing a pink sleeveless shirt.

동작 She is sitting at the desk. / She is facing the monitor.

결합 The woman who has long blonde hair is facing the monitor.

B. **외모** He has short gray hair. / He has a mustache and a beard. / He is wearing a black suit and a red tie.

동작 He is reading a newspaper. / He is sitting at a desk.

결합 The man who is in a black suit is reading a newspaper.

C. **외모** She has curly brown hair. / She is wearing a yellow headband. / She is wearing a striped shirt and jeans.

동작 She is talking on the phone. / She is smiling. / She is kneeling down on the sofa. / She is petting her dog.

결합 The woman who is wearing a striped shirt and jeans is talking on the phone.

D. **외모** She has a ponytail. / She is wearing a long-sleeved shirt. / He is wearing a blue shirt and jeans.

동작 She is vacuuming the floor. / She is looking at the man. / He is crouching down on the floor. / He is wiping off the dust with a dry cloth.

결합 The woman who has a ponytail is vacuuming the floor. / The man who is wearing a blue shirt and jeans is crouching down on the floor.

E. **외모** She is wearing safety goggles and gloves. / She is in a white lab coat. / He is wearing a black tie and a lab coat.

동작 She is bending over to help him with the experiment. / He is looking into a microscope.

결합 The woman who is wearing safety goggles and gloves is bending over to help the man with the experiment. / The man in a white lab coat is looking into a microscope.

F. **외모** The woman is wearing a green apron. / The girl is wearing a striped dress. / The girl has curly brown hair.

동작 The woman is holding a cereal box in her hands. / The girl is reaching for the box.

결합 The woman in a green apron is holding a cereal box in her hands. / The girl who has curly brown hair is reaching for the box.

G. **외모** She is wearing a necklace and a white blouse. / He is wearing a black cape.

동작 She is trimming his hair. / She is sitting next to him. / He is getting a haircut.

결합 The woman in a white blouse is sitting next to the man. / The man who is wearing a black cape is getting a haircut.

1. This picture was taken in(at) 장소 .

이 사진은 (장소)에서 찍혔습니다.

예문 I think this picture was taken at a construction site.

제 생각엔 이 사진은 공사장에서 찍혔습니다.

해설 • 묘사의 도입부에서 유용하게 쓰이는 틀이다. 장소를 표현하는 명사를 정확하게 알 때 쓸 수 있다.

• 장소 앞에는 전치사 in 또는 at을 상황에 맞게 써야 한다. 단, 장소 자리에 outdoors 같은 부사가 올 때에는 전치사를 쓰지 않는다. 예 This picture was taken outdoors.(이 사진은 야외에서 찍혔습니다.)

2. This is a picture of 인물 -ing.

이것은 (인물)이 (동작)하고 있는 사진입니다.

예문 This is a picture of a woman shopping for some groceries.

이것은 한 여자가 식료품을 사고 있는 사진입니다.

해설 • 사진 묘사를 시작할 때, 사진의 주제를 포괄적으로 요약하는 도입부 문장이다.

• 동작에는 반드시 '-ing'를 붙여야 한다.

3. There is(are) 인물 -ing in this picture.

이 사진에는 (동작)을 하고 있는 (인물)이 있습니다.

예문 There is a man playing the guitar in this picture.

이 사진에는 기타를 연주하고 있는 남자가 있습니다.

해설 • 인물의 수가 단수일 때에는 is, 복수일 때에는 are를 쓴다.

• There is(are) 대신 I can see ~를 사용해도 무방하다.

4. The main focus of this picture is 인물 -ing.

이 사진의 중심은 (인물)이 (동작)을 하고 있는 부분입니다.

예문 The main focus of this picture is five people sitting on the lawn.

이 사진의 중심은 다섯 사람이 잔디 위에 앉아 있는 부분입니다.

해설 • 사진을 위치별로 나누고자 할 때에는, 전경(in the foreground) 및 후경(in the background), 그리고 왼쪽(on the left) 및 오른쪽(on the right)의 표현을 쓰면 된다.

5. In the foreground(background), I can see 인물 또는 사물 .

예문 In the background, I can see several cars parked in a row.

해설 • 사진의 구도를 앞이나 뒤, 왼쪽이나 오른쪽으로 나누면 묘사하기 훨씬 수월하다. 'I can see ~.'는 'There is(are) ~.'로 바꿔 써도 좋다.

전경(후경)에는, (인물 또는 사물)이 보입니다.

후경에는 일렬로 주차된 차들이 보입니다.

6. The 인물 who have(has) 또는 be동사 ~ is(are) -ing.

예문 The man who has curly hair is walking his dog.

해설 • 주격 관계대명사 who를 사용하여 주어에 대한 설명을 자세히 덧붙일 수 있다. 이때 관계대명사 절의 동사는 선행사(주어)의 인칭과 수에 일치시켜야 한다.

• 현재진행형의 be동사 역시 주어의 인칭과 수에 일치시켜야 한다.

~인 (인물)이 (동작)을 하고 있습니다.

곱슬머리의 남자가 개를 산책시키고 있습니다.

7. It looks like ~.

예문 It looks like they are having a good time.

해설 • 사진을 보고 추측을 하거나 주관을 덧붙일 때 사용하는 표현이다.

• It seems that ~, Perhaps ~, I think ~ 등의 표현으로 대체가 가능하며 반드시 절이 뒤따른다.

마치 ~인 것 같습니다.

그들은 즐거운 시간을 보내고 있는 것 같습니다.

8. 인물 seem(s) 형용사.

예문 The woman on the left seems very excited.

해설 • 인물의 감정을 묘사할 때 쓸 수 있는 표현으로, seem(s) 대신 look(s)을 써도 무방하다. 이때, 주어 다음에 주격 관계대명사절을 쓰면, 'The boy who is wearing a blue cap seems happy.(파란 모자를 쓰고 있는 소년은 행복해 보입니다.)'처럼 외모나 동작도 함께 묘사할 수 있다.

• '인물 seem(s) to be 명사.'는 '인물은 ~인 것 같다.'라는 뜻으로, 신분이나 직업을 추측하는 표현이다. 'They seem to be customers.(그들은 손님인 것 같습니다.)'처럼 활용해 보자.

(인물)은 ~해 보입니다.

왼쪽에 있는 여자는 매우 신이 난 것처럼 보입니다.

Question 1

🎧 training-02-02.mp3

TOEIC Speaking

▶ 대본 및 해설 10쪽

Question 2

🎧 training-02-02.mp3

TOEIC Speaking

▶ 대본 및 해설 11쪽

Question 3

🎧 training-02-02.mp3

TOEIC Speaking

▶ 대본 및 해설 12쪽

Question 4

🎧 **training-02-02**.mp3

TOEIC Speaking　　　　　

▶ 대본 및 해설 12쪽

공략 포인트 04

배경 묘사 및 느낌 표현

파트 2에서는 인물 중심의 사진 외에, 배경 중심의 사진이 출제되기도 한다. 이런 유형에서는 사물의 위치와 풍경, 날씨 묘사에 주관적인 느낌을 곁들여 답변하면 된다. 또한, 배경은 모든 종류의 사진에 항상 존재하므로, 이 부분의 표현들을 충분히 숙지하여 앞서 연습한 인물 중심의 사진에서도 활용할 수 있도록 하자.

답변을 구성하는 필수 요소

1. 전치사를 이용한 위치 묘사

사물의 위치를 묘사할 때 전치사 표현을 잘못하면 전체의 의미가 불명확해진다. 다음의 전치사를 예문과 함께 연습해 보자.

* **in ~에**

There are many cars in the parking lot.

주차장에 차가 많이 있습니다.

* **at ~에**

Many sculptures are on display at the exhibition.

전시회에 많은 조각들이 전시되어 있습니다.

* **on ~위에**

Some books are stacked on the table.

책 몇 권이 테이블 위에 쌓여 있습니다.

* **under ~아래에**

The stream flows under the bridge.

다리 아래로 개울이 흐르고 있습니다.

* **beneath ~아래에**

The cat is sleeping beneath the table.

고양이가 테이블 밑에서 자고 있습니다.

* **in front of ~앞에**

Some boxes are piled up in front of the store.

가게 앞에 박스가 쌓여 있습니다.

* **behind ~뒤에**

There is a big tree behind the building.

그 건물 뒤에는 큰 나무가 한 그루 있습니다.

* **along ~를 따라**

A lot of cars are parked along the street.

많은 차들이 길을 따라 주차되어 있습니다.

*   **between ~사이에**

There is a path between the buildings.

건물들 사이에 길이 나 있습니다.

*   **next to ~옆에**

The lamp is placed next to the vase.

꽃병 옆에 램프가 놓여 있습니다.

아래 사진을 보면서 전치사 표현을 익혀보자.

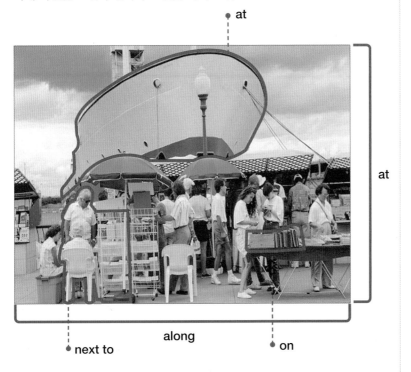

예문
- This picture was taken at the pier.

- The ship is moored at the pier.

- An old man is standing next to a newsstand.

- Some books are displayed on the table.

- Some people are walking along the pier.

이 사진은 부두에서 찍혔습니다.

배가 부두에 정박해 있습니다.

한 노인이 신문 가판대 옆에 서 있습니다.

테이블 위에 책들이 전시되어 있습니다.

몇몇 사람들이 부두를 따라 걷고 있습니다.

2. 반드시 익혀야 할 어휘

배경이 중심이 되는 사진에서는 그 장소가 어디인지 밝히는 것이 좋다. 이때, 장소나 상황을 나타내는 정확한 어휘를 사용하면 동작 묘사와의 연계성을 더욱 높일 수 있다. 단어가 떠오르지 않아 시간을 낭비하는 일이 없도록, 아래의 표현만큼은 확실하게 짚고 넘어가자.

amusement park	놀이 공원	vending machine	자동판매기
scarecrow	허수아비	newsstand	신문 가판대
merry-go-round	회전목마	pier	부두
fountain	분수	carriage	마차
bus stop	버스 정류장	gas station	주유소
crosswalk	횡단보도	traffic light	교통 신호등
parking lot	주차장	construction site	공사장
parking meter	주자 미터기	skyscraper	고층건물
windmill	풍차	waterwheel	물레방아
stroller	유모차	revolving door	회전문

3. 풍경 및 날씨 묘사

* There are a couple of boats floating on the river.

  강 위에 몇몇의 보트가 떠 있습니다.

* Some sailboats are docked in the harbor.

  몇몇의 돛단배가 항구에 정박해 있습니다.

* The ocean is very clean and blue.

  바다는 매우 깨끗하고 파랗습니다.

* The bridge spans the river.

  다리가 강을 가로질러 있습니다.

* The surface of the river is glittering.

  강의 표면이 반짝이고 있습니다.

* Many tables are set up outdoors.

  많은 테이블이 야외에 설치되어 있습니다.

* There is a huge statue in the center of the square.

  광장 한가운데에 큰 동상이 있습니다.

* There are many cars on the street.

  도로에는 많은 차들이 있습니다.

* Several cars are parked along the street.

  몇몇의 차들이 길을 따라 주차되어 있습니다.

* There is a large signboard on the roof of the building.

  건물의 옥상에 큰 간판이 있습니다.

* The exterior of the building looks quite unique.

  건물의 외부는 꽤 독특해 보입니다.

* There is a sign that says "Garage Sale" in front of the house.

  집 앞에 '창고 세일'이라고 쓰인 표지가 있습니다.

* There is a rocking chair by the doorway.

  현관 옆에 흔들의자가 있습니다.

* There are some two-story buildings in a row.

2층짜리 건물이 줄지어 있습니다.

* The sun shines through the window.

창문으로 햇빛이 비칩니다.

* Some trees are planted along the shore.

몇몇의 나무들이 해안을 따라 심어져 있습니다.

* The mountains are covered with snow.

산이 눈으로 덮여 있습니다.

* It is a nice sunny day outside.

밖의 날씨가 매우 화창합니다.

* The weather is perfect for a picnic.

소풍을 가기에 좋은 날씨입니다.

* It is raining and people are holding umbrellas.

비가 와서 사람들이 우산을 쓰고 있습니다.

* It must be hot since the beach is packed with people.

해변에 사람들이 꽉 찬 것으로 보아 날씨가 무더울 것입니다.

* It might be spring because there are a lot of green leaves on the trees.

나무에 푸른 잎이 무성하므로 봄일 것 같습니다.

* It might be summer because people are wearing short-sleeved shirts.

사람들이 반팔 셔츠를 입고 있으므로 여름일 것 같습니다.

* It might be fall because the leaves are scattered on the ground.

낙엽들이 땅에 흩어져 있으므로 가을일 것 같습니다.

* It might be winter because many people are wearing coats.

많은 사람들이 코트를 입고 있으므로 겨울일 것 같습니다.

4. 느낌 및 의견 표현

* The restaurant must be very popular since all the tables are occupied.

모든 테이블에 손님이 꽉 찬 것으로 보아 그 레스토랑은 인기가 있을 것입니다.

* It doesn't look very busy in the shopping mall.

쇼핑몰은 한가해 보입니다.

* It must be a busy time of the day since the sidewalks are crowded with people.

인도가 사람들로 붐비는 것으로 보아 하루 중 바쁜 시간일 것입니다.

* This picture reminds me of my hometown.

이 사진은 저의 고향을 떠올리게 합니다.

* I believe they are having a great time.

그들은 즐거운 시간을 보내고 있는 것 같습니다.

* It is probably sometime in the afternoon and they all look happy.

아마도 오후의 한 때인 것 같고, 그들은 모두 행복해 보입니다.

* The atmosphere of the picture is calm and peaceful.

이 사진의 느낌은 고요하고 평화롭습니다.

Question 1

🎧 training-02-03.mp3

TOEIC Speaking

▶ 대본 및 해설 13쪽

Question 2

🎧 training-02-03.mp3

TOEIC Speaking

▶ 대본 및 해설 14쪽

Question 3

♪ training-02-03.mp3

TOEIC Speaking

▶ 대본 및 해설 14쪽

Question 4

🎧 training-02-03.mp3

TOEIC Speaking

▶ 대본 및 해설 15쪽

Part 2 백전백승 답변틀!

1. This is a picture of   -ing .

   이것은 _____ 가 _____하는 사진입니다.

2. And I think this picture was taken in(at)   .

   그리고 이 사진은 _____에서 찍힌 것 같습니다.

3. The main focus of the picture is   -ing .

   사진의 중심은 _____가 _____하고 있는 부분입니다.

4. In the foreground, I can see   .

   전경에는 _____가 보입니다.

5. On the left(right),   is(are)   -ing .

   왼쪽(오른쪽)에는, _____가 _____를 하고 있습니다.

6. And   seem(s)   .

   그리고 _____는 _____해 보입니다.

7. The man/woman who is/has   is   -ing .

   _____인 남자/여자는 _____하고 있습니다.

8. In the background, there is/are   .

후경에는 _____가 있습니다.

9. It looks like   .

마치 _____인 것처럼 보입니다.

10. It might be spring/summer/fall/winter because   .

_____인 것으로 보아 봄/여름/가을/겨울인 것 같습니다.

11. The weather is   and I think they are having a good time.

날씨는 _____고, 그들은 즐거운 시간을 보내고 있습니다.

12. And the atmosphere of this picture is   .

그리고 이 사진의 느낌은 _____입니다.

PART 3

Respond to Questions

듣고, 질문에 답하기

STEP 01

오리엔테이션

Questions 4-6 : Respond to questions

Directions : In this part of the test, you will answer three questions. For each question, begin responding immediately after you hear a beep. No preparation time is provided. You will have 15 seconds to respond to Questions 4 and 5 and 30 seconds to respond to Question 6.

1. 파트 3의 개요

문제 수	지문 독해 시간	답변 준비 시간	답변 시간	점수	평가 기준
3 Questions 4-6	**X**	**0**초	Question 4: 15초 Question 5: 15초 Question 6: 30초	**3**점	발음, 억양 및 강세, 문법, 어휘, 내용의 일관성과 완성도

시험을 보는 데 반드시 알아야 할 핵심 내용만을 뽑아 설명했습니다.
각 파트의 특징을 이해하는 데 딱 5분이면 충분해요.

2. 준비 및 답변 전략

1단계 파트 3의 Directions가 끝나면 화면 상단에 짧은 안내문이 나타난다. 이것은 질문이 시작되기 전, 한 마케팅 회사가 실시하는 어떤 소재에 관한 전화 설문에 응시자가 참여했다고 가정, 또는 응시자가 지인과 어떤 화제에 대해 통화를 한다고 가정하기 위한 것이다. 후자의 경우 신유형(2015년 5월 기준)으로, 매 시험마다 이 두 가지 가정 중 무작위로 출제되고 있다. 그러나 파트 3에서는 안내문과 질문을 성우가 읽어주는 동시에 그 내용이 화면에 나타나기 때문에, 생소한 억양이 나와 잘 듣지 못하였다고 하더라고 큰 문제가 되지는 않는다.

2단계 안내문이 끝나면 3개의 문제가 차례로 등장하는데, 처음의 두 문제는 15초 동안 간단하게 답할 수 있는 문제이고, 나머지 한 문제는 30초 동안 의견을 표현하는 문제이다. 파트 3의 질문은 일상의 소재를 바탕으로 하기 때문에 그다지 어렵지 않지만, 답변을 준비하는 시간이 따로 주어지지 않으므로 무엇보다도 순발력이 필요하다.

3단계 긴장을 풀고, 친한 친구와 대화한다는 느낌으로 파트 3을 공략하자!

3. 배점표

배점	평가 기준
3점	질문에 대해 적절하게 답변한다.
2점	질문에 대해 연관성 있는 답변을 하지만 의미가 때때로 모호할 수 있다.
1점	질문에 대해 적절하게 답변하지 못한다.
0점	무응답이거나 답변과 과제 간의 연관성이 전혀 없다.

만점 노하우

1. 신유형에서 바뀐 점을 파악하자!

2015년 5월 기준으로 추가된 신유형은 응시자에게 한 지인이 전화를 걸어 어떤 소재에 대해 대화를 나눈다는 가정을 기본으로 하고 있다. 기존의 유형 역시 응시자가 특정한 소재에 관련된 전화 설문에 응한다는 가정에서 출제되므로, 결국 신유형을 통해 질문을 하는 상황에만 변화를 줬을 뿐 답변 방식이 변한 건 거의 없다고 봐도 무방하다. 단, 신유형은 기존 유형에 비해 광범위하고 좀 더 개인적인 내용을 다루기 때문에 답변 내용 역시 마치 친구와 실제로 대화하듯 자연스럽게 표현해야 좋은 점수를 받을 수 있다.

2. 안내문에 힌트가 숨어 있다!

> **★기존 유형★**
>
> Imagine that a British marketing firm is doing research in your country. You have agreed to participate in a telephone interview about (   )

> **★신유형★**
>
> Imagine that you are talking to a friend on the telephone. You are having a conversation about (   ).

위의 안내문에서 about 뒤의 괄호 안에 들어갈 말이 바로 이어지는 질문들의 소재임을 기억하자. 안내문은 대부분 위와 똑같이 출제되지만, 가끔 형식만 조금 다를 뿐 비슷한 내용으로 출제되기도 한다. 중요한 점은 녹음된 음성과 동일한 속도로 안내문을 읽으면 안 된다는 것이다. 더군다나 파트 3에서는 답변 준비 시간이 없기 때문에, 성우가 안내문을 읽어 줄 때 about 뒤의 단어만 빠르게 확인한 뒤, 그 소재에서 연상되는 질문들을 미리 예상해 보자.

3. 질문은 귀보다는 눈으로 파악하자!

파트 3의 질문들은 전부 화면에 표시된다. 따라서 질문을 읽어주는 성우의 음성에 일일이 귀를 기울이기보다는 눈으로 빠르게 질문을 읽어 답변을 생각할 시간을 벌자. 이때, 첫 두 질문은 의문사에 집중하여 의문문을 평서문으로 바꿔 답변을 만들고, 나머지 하나의 질문은 중심 생각에 대한 부연 설명을 위해 어떤 소재를 선택할 것인지 정하여 개요를 미리 구성해야 한다.

4. 질문이 요구하는 사항은 하나라도 빼먹지 말자!

질문 하나에 두 가지 내용(what과 where 등)을 묻는 경우가 있다. 이때, 둘 중 하나만 말했거나 미처 말을 끝맺기도 전에 시간이 다 되었다면, 빠진 내용만큼 감점을 받게 된다. 특히, 자주 지나치는 질문 중 하나가 '~ and why?'인데, 이 경우에는 반드시 이유를 언급해야 한다. 또한, 질문에 favorite이 나왔을 때에는 좋아하는 대상만 말하고 답변을 끝낼 것이 아니라, 왜 그것을 좋아하는지에 대한 설명을 간단히 덧붙이는 것이 바람직하다.

5. 답변은 친절하게!

아무리 질문의 내용을 잘 파악했어도 답변을 Yes나 No 등의 단답 위주로 퉁명스럽게 한다면 좋은 점수를 받을 수 없다. 똑같은 내용이라도 완성된 문장으로 조금 더 정성껏 말한 사람에게 가산점이 주어진다는 사실을 기억하자.

6. 답변 소재 선택은 현명하게!

파트 3에 등장하는 질문은 누구나 한 번쯤은 생각해 봤을 평이한 내용으로 구성된다. 그런데 문제는 이에 대한 답변을 영어로 구성해 볼 시간이 주어지지 않는다는 것이다. 그렇다고 답변을 포기하거나 머뭇거리다가 시간을 다 보낼 수는 없다. 여기에서 기억할 점은, 토익스피킹은 답변의 진위 여부를 확인하지도 않고, 답변 소재의 수준을 따지지도 않는다는 것이다. 따라서 말하고자 하는 내용이 사실과는 다르더라도, 일단은 표현하기 쉽고 빠르게 생각해 낼 수 있는 소재를 선택하는 것이 현명하다. 또한, 파트 3의 문제들은 하나의 소재를 바탕으로 연계되어 있는 경우가 대부분이므로 답변은 긍정적으로 하는 것이 좋다. 특히 신유형에서는 응시자의 답변에 더해서 구체적인 질문을 하는 등, 세 문제가 실제 대화처럼 유기적으로 연결되기 때문에 다음 질문을 차단할 만한 내용의 답변은 피해야 한다.

7. 시간을 두려워하지 말자!

첫 두 질문은 문제가 간단하므로 긴장하지만 않으면 시간 내에 충분히 답변할 수 있다. 물론, 답변을 정확하게 했다면 그 뒤에 시간이 조금 남는 것은 문제가 되지 않는다. 마지막 문제의 경우, 답변을 하는 도중에 시간이 다 되었거나 시간이 너무 많이 남았을 때 감점이 주어진다. 그러므로 답변 서두에서 중심 문장부터 말하고, 예를 들어가며 부연 설명을 하는 두괄식 구성으로 답변하는 것이 바람직하다. 또한, 답변 중간에 표현이 잘 생각나지 않을 땐, 'Let me see., Well, Um…' 등의 필러(filler) 표현을 쓰면서 흐름을 자연스럽게 이어나가자. 단, 이런 표현은 습관적으로 너무 자주 쓰면 안 된다는 점을 명심하자.

STEP 03 친절한 피드백 1

Imagine that an American marketing firm is doing research in your country. You have agreed to participate in a telephone interview about transportation.

Q4. How do you go to school or work and how long does it take to get there?

▶ 대본 및 해설 16쪽

★ 1점 이하

Um... I am go to school or work... with bus... and... it's......./

첨삭노트

❶ 동사의 현재형 go 앞에 be동사 am을 쓸 수 없다. 문법적 오류 역시 감점 대상이다.

❷ 질문의 or는 school과 work 중 해당 사항 하나를 고르라는 뜻이므로 둘 다 말할 필요가 없다.

❸ 교통수단 앞에는 전치사 by를 써야 한다.

❹ 두 개의 질문 중 뒤의 것을 미처 말하지 못했으므로 감점을 받는다.

★★ 2점 이상

I go to school by the bus and... and it takes half hour.

첨삭노트

❶ 'by+교통수단'에서 불필요한 정관사는 빼야 한다.

❷ 30분은 'half an hour' 또는 '30 minutes'로 표현한다.

만점 답변 ◎

★★★ 3점 만점

I take the subway to work and it takes about 20 minutes to get there.

학원 강의보다 더 자세한 1 대 1 방식의 맞춤형 과외처럼 선생님과 함께 문제를 풀어보고,
현재 나의 수준을 진단해 만점을 받을 수 있는 확실한 전략을 세워보세요.

 training-03-01.mp3

TOEIC Speaking

MAIN　VOLUME　BACK　PAUSE　NEXT

Imagine that an American marketing firm is doing research in your country.
You have agreed to participate in a telephone interview about transportation.

Q5. How much is the subway fare in your country?

▶ 대본 및 해설 16쪽

아쉬운 답변

★ 1점 이하

My country...... my country is 천,... oh, sorry. Ten... no, no. Thousand!

첨삭노트

❶ 같은 말을 특별한 이유 없이 반복하면 유창성이 부족하게 들린다.

❷ 설령 실수를 했더라도 'Sorry.'와 같이 사과하는 표현은 할 필요가 없다.

❸ 숫자 표현을 자연스럽게 할 수 있도록 연습하자. 금액 뒤에는 통화 단위를 붙여야 한다.

좋은 답변

★★ 2점 이상

Well, the subway fare is one thousand two hundred fifty wons. So I pay one thousand two hundred fifty wons every day. And... it's different... according to the zones.

첨삭노트

❶ ₩(Won)이나 ¥(Yen)에는 앞에 복수 표현이 오더라도 s를 붙이지 않는다.

❷ 두 번째 문장은 내용상 앞의 문장을 반복하는 표현이므로 사실상 불필요하다.

📎 **만점 답변** ◎

★★★ 3점 만점

Subway fares are based on distance traveled. But the basic fare is one thousand two hundred fifty won in Korea.

친절한 피드백 1

TOEIC Speaking

Imagine that an American marketing firm is doing research in your country.
You have agreed to participate in a telephone interview about transportation.

Q6. What are the advantages of using public transportation?

▶ 대본 및 해설 16쪽

아쉬운
답변

★ 1점 이하

Public transportation is... very good... um... Public transportation is advantage
and I think... I like subway.

첨삭노트

❶ 전체적으로 질문에 적절하지 못한 답변이며 유창성이 부족하다는 느낌이 강하게 든다.

❷ 같은 주어를 여러 번 반복하는 것은 바람직하지 않다.

❸ advantage는 명사이므로 위의 문장은 뜻이 통하지 않는다.

❹ 어떤 교통수단을 선호하는가에 관한 문제가 아니므로 'I like subway.'는 필요 없는 답변이다.

★★ 2점 이상

Well, there are some advantages of using transportation. For example, if you take the subway, we don't have to... stuck in traffic jam. Also, you always can be on time. And... using transportation does not cost many money. For example,/

첨삭노트

❶ 가정법 if절의 주어와 뒤의 절의 주어가 달라 조금 어색하다.

❷ '교통 체증으로 꼼짝 못하다'는 be stuck in traffic으로 표현한다.

❸ always와 같은 빈도부사의 위치는 be동사나 조동사의 뒤, 일반 동사의 앞이다.

❹ money는 셀 수 없는 명사이므로 many가 아닌 a lot of 등이 적절하다.

❺ 답변을 마무리하기 전에 시간이 다 되긴 했지만, 표현하고자 하는 내용이 어느 정도 언급되었다.

★★★ 3점 만점

I can think two main advantages of using public transportation. First of all, it is significantly cheaper than traveling by car. These days, gas is expensive so public transportation is cost-efficient. More importantly, it reduces air pollution and other harmful emissions. In short, public transportation is not only cheap but eco-friendly.

TOEIC Speaking

친절한 피드백 2

TOEIC Speaking

★신유형

Imagine that you are talking on the telephone with a friend. You are talking about healthy food.

Q4. How often do you eat healthy food?

▶ 대본 및 해설 16쪽

아쉬운 답변

★ 1점 이하

Yes. I often do... I often eat... healthy food.

첨삭노트

❶ 의문사 의문문에서 'Yes/No'로 대답하면 감점이다.

❷ 빈도를 묻는 'How often ~?' 의문문에 대한 이해가 부족하다. 구체적인 빈도를 제시해야 좋은 점수를 받을 수 있다.

좋은 답변

★★ 2점 이상

I eat the healthy food every other days.

첨삭노트

❶ 불필요하게 관사를 붙이는 습관을 버려야 한다. 특히, 복수명사 앞에 부정관사를 붙이는 실수는 절대 금물이다.

❷ '격일로'는 'every other day'이다.

❸ 발음은 전 유형에 걸쳐 채점되므로 'healthy'의 'th'와 'food'의 'f' 같은 취약 발음에 유의하자.

📎 만점 답변 ⚙

★★★ 3점 만점

I eat healthy food almost every day. I usually have fresh vegetables for breakfast.

TOEIC Speaking

★ **신유형**

Imagine that you are talking on the telephone with a friend. You are talking about healthy food.

Q5. What kinds of healthy food do you eat?

▶ 대본 및 해설 17쪽

 아쉬운 답변

★ 1점 이하

My health food is... um...... begi, vegi, begetable?

첨삭노트

❶ 의문문을 평서문으로 빠르게 바꾸는 연습이 필요하다.

❷ 이미 제시된 단어를 'health food'처럼 잘못 활용했을 경우에 감점이 주어진다.

❸ 'vegetable(s)'를 말하려다가 발음에 확신이 안 선 모습이다. 답변 중 한 단어가 생각이 안 나면 얼른 다른 정확한 단어를 떠올려야 한다.

 좋은 답변

★★ 2점 이상

I eat fresh fruits and apples, bananas, strawberries,... yeah.

첨삭노트

❶ fruits에 나머지 과일이 다 포함되므로 'and' 보다는 'such as'가 더 어울린다.

❷ 'yeah.' 같은 사족은 불필요하다.

 만점 답변 ◎

★★★ 3점 만점

I love eating vegetables so I make fresh salad every morning. And I try to eat an apple with every meal.

친절한 피드백 2

TOEIC Speaking

★ 신유형

Imagine that you are talking on the telephone with a friend. You are talking about healthy food.

Q6. What food do you think a healthy diet should include?

▶ 대본 및 해설 17쪽

아쉬운
답변
★ 1점 이하

I think...... people diet because people think... not healthy. and... fat. So I think we... um...... people should include the... ...... the diet is good because it is healthy.

첨삭노트

❶ 질문의 내용을 이해하지 못한 인상이 강하다. 'diet'를 '식단'이 아닌 '다이어트를 하다'로 해석하여 처음부터 답변이 엇나갔다.

❷ 일반적인 현상을 설명할 때 주어를 'people'로 두는 건 좋지만, 위와 같은 경우에는 질문에 'you'라고 지목을 했으므로 일단 개인의 의견부터 말해야 한다.

❸ 답변 곳곳에 공백이 많아 유창성이 떨어지는 느낌을 준다.

좋은 답변 ☺
★★ 2점 이상

I think a healthy diet should include milk, fruits and vegetables. In my opinion, milk is perfect because it has a lot of calcium and protein. And I think... vegetable, oh, fruits, eating fruits is good for your body because it has a lot of vitamin C. And... so I believe a healthy diet should include these kinds of food.

첨삭노트

❶ 'I think ~', 'In my opinion, ~' 같은 표현은 답변 중 여러 번 쓸 필요가 없다.

❷ 답변의 논리 구조가 뒤로 갈수록 약해지는 것이 느껴진다.

❸ 수일치의 오류가 눈에 띄고, 비슷한 구문을 반복해서 쓴 것이 아쉽다.

❹ 결론 문장이 위의 경우처럼 빈약하거나 서론 문장을 그저 반복하는 것에 지나지 않는다면 과감히 빼고 부연 설명을 좀 더 하도록 하자.

만점 답변 ◎
★★★ 3점 만점

In my opinion, a healthy diet means consuming from all the different food groups in the right quantities so it should include fresh fruits, vegetables, whole grains, milk, and so on. These foods have essential nutrients that help improve our health and prevent disease.

STEP 04 공략 포인트 05

간단하게 답하는 문제

파트 3의 첫 두 문제는 주어진 질문에 간단하게 답하는 유형이다. 이 유형을 정복하려면 주어진 의문문을 평서문으로 빠르게 바꿀 수 있는 순발력을 길러야 한다. 그러면 답변을 구성하는 훈련을 시작해 보자.

🔑 답변을 구성하는 필수 요소

1. 의문문에서 평서문으로의 전환

문제가 화면에 나타나면 머릿속으로 체크리스트를 만들어 다음을 확인하자.

---

1. 의문사 유무 파악

• 의문사가 있는 경우 : 질문의 핵심을 파악할 수 있다. Yes나 No로 답할 수 없다.

• 의문사가 없는 경우 : Yes나 No로 답할 수 있다.

2. 주어 확인 : You로 물었으면 I로 답한다.

3. 동사의 시제 파악 : 문제의 동사 시제를 확인한다. '현재(문제) – 현재(답변)', '과거(문제) – 과거(답변)'로 답한다.

4. 부사구 정보 파악 : 문제의 부사구에서 시간과 장소에 대한 정보를 확인한 후, 그대로 쓰거나 비슷한 말로 바꿔 답한다.

위의 사항들을 꼼꼼히 확인한 후, 의문문의 '동사 + 주어'의 어순을 평서문의 '주어 + 동사'의 어순으로 바꿔주면 답변이 완성된다.

보기1   Q. Did you have dinner last night?

당신은 어제 저녁 식사를 하셨습니까?

체크리스트 :

1. 의문사 유무 파악

    의문사가 없으므로 Yes나 No로 답할 수 있다.

2. 주어 확인

    주어가 you이므로 I로 대답한다.

3. 동사의 시제 파악

    과거시제(Did)이므로 과거시제로 답한다.

4. 부사구 정보 파악

    시간에 대한 정보(last night)를 확인하여 그대로 답변한다.

A. Yes, I had dinner last night.

의문사 없음 / You → I / 동사시제 과거 / 부사구 정보

네, 저는 어제 저녁 식사를 했습니다.

보기2   Q. How often do you go to the movies?

당신은 얼마나 자주 영화를 보러 갑니까?

체크리스트 :

1. 의문사 유무 파악

    의문사(How often)가 있으므로 Yes나 No로 답할 수 없으며, 빈도수를 물어

    보고 있다.

2. 주어 확인

    주어가 you이므로 I로 대답한다.

3. 동사의 시제 파악

    현재시제(go)이므로 현재시제로 답한다.

4. 부사구 정보 파악

    부사구 정보 없음

A. I go to the movies twice a month.

You → I / 동사시제 현재 / 의문사 있음, 빈도를 묻는 질문에 대한 답변

저는 한 달에 두 번 영화를 보러 갑니다.

2. 브레인스토밍 연습

처음에 나오는 안내문에서 about 뒤의 소재를 파악했다면, 어떤 질문이 이어질지 예상해 보는 브레인스토밍을 시작해야 한다. 파트 3가 좋아하는 질문은 따로 있기 때문에, 브레인스토밍이라고 해서 부담을 느낄 필요는 없다. 아래 5개 항목은 간단하게 답하는 유형에서 단골처럼 등장하는 질문 형식으로, 이것만 가지고도 거의 모든 소재의 질문을 미리 파악할 수 있다.

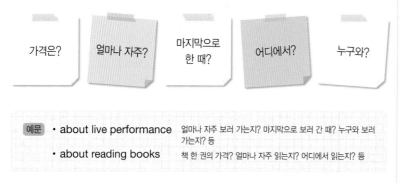

예문	• about live performance	얼마나 자주 보러 가는지? 마지막으로 보러 간 때? 누구와 보러 가는지? 등
	• about reading books	책 한 권의 가격? 얼마나 자주 읽는지? 어디에서 읽는지? 등

3. 횟수 및 빈도 표현

파트 3에는 개인의 경험에 비추어 횟수나 빈도를 묻는 질문이 자주 등장한다. 이런 질문에 대한 답변은 간단한 공식과 빈도부사만 확실하게 익혀 놓으면 쉽게 만들 수 있다.

❶ 기준을 정해 놓고 횟수를 표현할 때

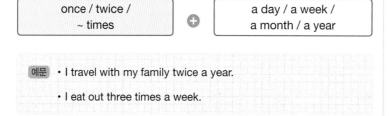

예문	• I travel with my family twice a year.
	• I eat out three times a week.

저는 1년에 두 번 가족과 여행을 합니다.

저는 1주일에 세 번 외식을 합니다.

❷ 일정한 규칙과 습관을 표현할 때

every day 매일	every week 매주	every month 매달	every year 매년
every other day 격일로	every other week 격주로	every other month 격월로	every other year 격년으로

• I drink milk every day.

• I write a letter to my friend every other week.

저는 매일 우유를 마십니다.

저는 격주로 친구에게 편지를 씁니다.

❸ 빈도부사를 사용해 표현할 때

100%	always 항상	I always get up early.
80-90%	usually 보통	I usually get up early.
60-80%	often 자주	I often get up early.
20-60%	sometimes 때때로	I sometimes get up early.
10-20%	seldom 드물게	I seldom get up early.
1-10%	rarely 거의 ~하지 않는	I rarely get up early.
0%	never 절대 ~하지 않는	I never get up early.

4. 질문 유형 공략

지피기기면 백전백승! 질문 유형에 익숙해지면 이미 답변은 반 이상 만들어 놓은 것이나 다름없다. 모범 답변을 적어 놓긴 했지만, 무엇보다 중요한 것은 학습자가 직접 문장을 만들어보는 과정이다. 앞에서 익힌 평서문 전환 전략을 활용하여 다음의 예상 질문에 스스로 답해 보자.

❶ 의문사가 없는 의문문 : Yes/No로 대답 O

* Do you often go jogging?

→ Yes, I do. Actually, I go jogging almost every day.

* Do you have a computer?

→ Yes, I have a laptop computer.

* Have you ever been abroad?

→ Yes, I have. I've been to Europe last year.

당신은 자주 조깅을 합니까?

네, 사실 저는 거의 매일 조깅을 합니다.

당신은 컴퓨터를 가지고 있습니까?

네, 저는 노트북을 하나 가지고 있습니다.

당신은 해외에 가 본 적이 있습니까?

네, 저는 작년에 유럽에 가봤습니다.

❷ 의문사가 있는 의문문 : Yes/No로 대답 X

Who

* Who do you admire the most?

→ I admire my father the most.

* Who do you usually go shopping with?

당신은 누구를 가장 존경합니까?

저는 아버지를 가장 존경합니다.

당신은 보통 누구와 함께 쇼핑을 합니까?

→ I usually go shopping with my friends.

When

∗ When did you buy your cell phone?

→ I bought my cell phone 3 months ago.

∗ When was the last time you were on vacation?

→ The last time was about 2 years ago, and I went to Hawaii.

Where

∗ Where do you usually eat lunch?

→ I usually eat lunch in the park.

∗ Where is your hometown?

→ My hometown is Seoul, the capital of South Korea.

Why

∗ Why do you think children like watching TV?

→ Because watching TV is very entertaining for kids.

∗ Why is that person special to you?

→ My grandfather is special to me because he taught me a lot of lessons and made me a better person.

What

∗ What is your favorite movie genre?

→ My favorite movie genre is romantic comedy.

∗ What do you do in your leisure time?

→ In my free time, I usually go to the gym and work out.

∗ What kind of music do you usually listen to?

→ I usually listen to rock music.

∗ What musical instrument can you play?

→ I can play the piano and the violin.

How

∗ How do you commute to school or work?

→ I take the bus to work.

저는 보통 친구들과 함께 쇼핑을 합니다.

당신은 휴대폰을 언제 샀습니까?

저는 3개월 전에 휴대폰을 샀습니다.

마지막 휴가는 언제였습니까?

저는 2년 전 쯤, 하와이로 마지막 휴가를 다녀왔습니다.

당신은 보통 어디에서 점심을 먹습니까?
저는 보통 공원에서 점심을 먹습니다.

당신의 고향은 어디입니까?

한국의 수도인 서울이 제 고향입니다.

당신은 왜 아이들이 TV 보기를 좋아한다고 생각합니까?
왜냐하면 아이들에게 TV 시청은 매우 즐거운 일이기 때문입니다.
그 사람이 당신에게 왜 특별한 존재입니까?
제게 많은 교훈을 주시고 제가 더 나은 사람이 될 수 있게 도와주셨기 때문에 할아버지는 제게 소중한 사람입니다.

당신이 좋아하는 영화 장르는 무엇입니까?
제가 좋아하는 영화 장르는 로맨틱 코미디입니다.
당신은 여가 시간에 무엇을 합니까?

여가 시간에 저는 체육관에 가서 운동을 합니다.
당신은 보통 어떤 종류의 음악을 듣습니까?
저는 보통 록 음악을 듣습니다.

당신은 어떤 악기를 연주할 수 있습니까?
저는 피아노와 바이올린을 연주할 수 있습니다.

당신은 학교나 직장에 어떻게 갑니까?

저는 직장에 버스를 타고 갑니다.

＊ How do you like your job?

→ I like my job because it pays a lot of money.

How often

＊ How often do you drink coffee?

→ I drink coffee at least twice a day.

＊ How often do you call your parents?

→ I call my parents three times a week.

＊ How often do you check your email?

→ I check my email at least once a day.

＊ How often do you send text messages?

→ I send text messages several times a day.

How much

＊ How much does a magazine cost in your country?

→ In my country, it costs about 6 dollars for a magazine.

＊ How much money do you spend on clothes per month?

→ I spend about 100 dollars on clothes every month.

How many (times)

＊ How many credit cards do you have?

→ I have only one credit card.

＊ How many times a day do you brush your teeth?

→ I brush my teeth 3 times a day.

How long

＊ How long does it take to get to the nearest station from your house?

→ It takes about 10 minutes on foot.

＊ How long do you use the Internet a day?

→ I use the Internet for 3 hours a day.

당신은 당신의 직업에 대해 어떻게 생각합니까?
제 직장은 연봉이 높아서 좋습니다.

당신은 얼마나 자주 커피를 마십니까?
저는 적어도 하루에 두 번 커피를 마십니다.

당신은 얼마나 자주 부모님께 전화합니까?
저는 일주일에 세 번 부모님께 전화합니다.

당신은 얼마나 자주 이메일을 확인합니까?
저는 최소한 하루에 한 번 이메일을 확인합니다.

당신은 얼마나 자주 문자를 보냅니까?
저는 하루에 여러 번 문자를 보냅니다.

당신의 나라에서 잡지 한 권은 얼마입니까?
우리나라에서 잡지 한 권은 약 6달러입니다.

당신은 옷을 사는 데 한 달에 얼마나 씁니까?
저는 옷을 사는 데 한 달에 약 100달러를 씁니다.

당신은 몇 개의 신용카드를 갖고 있습니까?
저는 단 한 개의 신용카드를 갖고 있습니다.

당신은 하루에 몇 번 양치질을 합니까?
저는 하루에 세 번 양치질을 합니다.

당신의 집에서 가장 가까운 역에 가려면 얼마나 걸리나요?
걸어서 10분 정도 걸립니다.

당신은 하루에 인터넷을 얼마나 오래 사용합니까?
저는 하루에 3시간 인터넷을 사용합니다.

Question 1

training-03-02.mp3

TOEIC Speaking

Imagine that a Canadian marketing firm is doing research in your country.
You have agreed to participate in a telephone interview about exercise.

How often do you work out?

training-03-02.mp3

TOEIC Speaking

Imagine that a Canadian marketing firm is doing research in your country.
You have agreed to participate in a telephone interview about exercise.

Who do you usually work out with?

▶ 대본 및 해설 17쪽

Question 2

🎧 training-03-02.mp3

TOEIC Speaking

Imagine that a British marketing firm is doing research in your country.
You have agreed to participate in a telephone interview about reading
newspaper.

How often do you read the newspaper?

🎧 training-03-02.mp3

TOEIC Speaking

Imagine that a British marketing firm is doing research in your country.
You have agreed to participate in a telephone interview about reading
newspaper.

Where is your favorite place to read the newspaper?

▶ 대본 및 해설 18쪽

Question 3

🎧 training-03-02.mp3

TOEIC Speaking

Imagine that someone wants to open a new restaurant in your neighborhood.
You have agreed to participate in a telephone interview about breakfast.

Did you have breakfast this morning? What did you have?

🎧 training-03-02.mp3

TOEIC Speaking

Imagine that someone wants to open a new restaurant in your neighborhood.
You have agreed to participate in a telephone interview about breakfast.

What time do you usually eat breakfast?

▶ 대본 및 해설 18쪽

Question 4

🎧 training-03-02.mp3

TOEIC Speaking

 ★ 신유형

Imagine that one of your friends is planning to open a bicycle store in your area. You are having a telephone conversation about riding bicycles.

How far is the nearest bicycle store from your house?

🎧 training-03-02.mp3

TOEIC Speaking

 ★ 신유형

Imagine that one of your friends is planning to open a bicycle store in your area. You are having a telephone conversation about riding bicycles.

Are there any good places to ride a bicycle in your neighborhood?

▶ 대본 및 해설 18쪽

공략 포인트 06

 경험 및 의견을 묻는 문제

파트 3에서 마지막 문제로 출제되는 이 유형은 논리적으로 말하는 능력을 평가하는 부분으로, 파트 6의 축소판이라 할 수 있다. 차이점이라면 답변 시간이 파트 6의 절반인 30초라는 것과 다루는 소재가 조금은 일상적이라는 것뿐이다. 답변을 구성하는 방식은 두괄식 구성으로 파트 6와 매우 비슷한데, 아무래도 시간 제약이 있으므로 파트 3에서는 부연 설명을 간단하게 하는 전략을 쓰자.

🔑 답변을 구성하는 필수 요소

1. 답변 구성 연습

문제를 보는 순간, 답변에 쓸 두 가지 키워드를 정하자. 키워드가 하나일 경우에는 설득력이 다소 떨어질 수 있고, 세 개 이상일 경우에는 시간 안에 다 말하지 못할 위험이 있어서 두 개가 가장 이상적이다. 답변은 이 키워드를 토대로 간단한 설명을 덧붙여 나가는 식으로 완성하면 된다.

보기1 **Q. What are the advantages of on-line education?**   온라인 교육의 장점은 무엇입니까?

키워드 : 1. save time and money   /   2. flexible study schedule

도입	There are some advantages of on-line education.	온라인 교육에는 몇 가지 장점이 있습니다.
주장 1	First of all, I can save time and money because I don't have to go to school.	먼저, 학교에 가지 않아도 되기 때문에 시간과 돈을 절약할 수 있습니다.
주장 2	Not only this, thanks to a flexible study schedule, I can study whenever I want.	또한, 유동적인 학습 일정 덕분에 제가 원하는 때에 공부할 수 있습니다.
마무리	These are the good points of on-line learning.	이것이 온라인 교육의 장점들입니다.

* 마무리 문장은 도입부의 내용을 적절하게 변환하여 구성한다.

보기 2 **Q. Which do you prefer : cooking at home or eating out?**

당신은 집에서 요리하는 것과 외식 중 어느 것을 선호합니까?

키워드 : 1. less expensive / 2. fresh and healthy

도입	I prefer to cook at home.	저는 집에서 요리하는 것을 선호합니다.
주장 1	Most of all, cooking at home is less expensive than eating out. It usually costs at least 10 dollars to eat out. But I don't have to spend a lot of money if I eat at home.	무엇보다도 집에서 요리하는 것은 외식보다 덜 비쌉니다. 보통 외식을 하는 데에는 적어도 10달러가 드는데, 집에서 식사를 하면 많은 돈을 쓰지 않아도 됩니다.
주장 2	Besides, I can use fresh and healthy ingredients when I cook. So it will be good for my health, as well.	게다가 집에서 요리할 땐 신선하고 건강한 재료들을 쓸 수 있습니다. 그러면 건강에도 좋겠죠.
마무리	For these reasons, I prefer to cook at home.	이런 이유들 때문에 저는 집에서 요리하는 것을 선호합니다.

보기 3 **Q. What factors do you consider when buying shoes?**

당신이 구두를 살 때 고려하는 것들은 무엇입니까?

키워드 : 1. design / 2. price

도입	When I buy shoes, I consider design and price.	저는 구두를 살 때, 디자인과 가격을 고려합니다.
주장 1	I believe shoes are an important fashion item and I want to look good wearing them.	저는 구두가 중요한 패션 아이템이라고 생각하기 때문에, 구두를 신고 멋져 보이고 싶습니다.
주장 2	However, if they are too expensive, I can't even afford them. So I have to watch my budget when shopping for shoes.	하지만 구두가 너무 비싸다면 저는 그것을 살 여유가 없습니다. 그러므로 저는 구두를 살 때 예산을 고려해야 합니다.

＊시간이 부족하거나 도입부 내용과 겹칠 경우, 마무리는 생략해도 무방하다.

2. 질문 유형 공략

이 유형의 질문은 어려운 소재로 구성되지 않기 때문에 긴장을 풀고 쉽게 생각하면 얼마든지 자신만의 키워드를 찾아낼 수 있다. 게다가 생각이 잘 나지 않을 때에는 지어서 말해도 상관없다. 앞에서 익힌 키워드 전략을 활용하여 다음 예상 질문에 스스로 답해 보자.

❶ 개인의 경험을 묻는 질문

* When was the most memorable birthday you had? Describe it.

  `16th birthday`

  키워드 during a school trip, surprise party, a lot of gifts

  > 가장 기억에 남는 생일은 언제였습니까? 묘사해 보세요.
  > 16번째 생일
  >
  > 수학여행 중, 깜짝 파티, 많은 선물

* What country do you want to visit? Explain why.

  `Egypt`

  키워드 interested in the ancient Egypt civilization, visit the Pyramids

  > 어느 나라를 방문해 보고 싶습니까? 이유를 설명하세요.
  > 이집트
  >
  > 고대 이집트 문명에 대한 관심, 피라미드 방문

* Describe your most memorable class from school.

  `English class in middle school`

  키워드 first time to learn English, American teacher

  > 가장 기억에 남는 학교 수업에 대해 묘사해 보세요.
  > 중학교 영어 시간
  >
  > 처음 배우는 영어, 미국인 선생님

* Describe the most challenging experience you had.

  `Skydiving`

  키워드 have fear of heights, thrilling and exciting experience

  > 가장 도전적인 경험에 대해 묘사해 보세요.
  > 스카이다이빙
  >
  > 고소공포증, 스릴이 넘치고 즐거운 경험

❷ 의견을 묻는 질문

* What are the factors you consider when choosing a job?

  `working environment`

  키워드 have a good relationship with others, supportive and motivating atmosphere

  > 당신은 직업을 선택할 때, 어떤 요소를 고려합니까?
  > 근무 환경
  >
  > 다른 동료들과 좋은 관계 유지, 우호적이고 동기 부여가 되는 분위기

* What is the most important feature you look for in a cell phone?

  `design`

  키워드 looks good, stands out, an effective way to express myself

  > 휴대폰에서 당신이 가장 중요하게 여기는 특징이 무엇입니까?
  > 디자인
  >
  > 보기 좋고, 눈에 띄고, 자신을 표현하는 효과적인 방법

* What do you think is the best way of communication?

  `talk in person`

  키워드 direct, fast, friendly

  > 당신이 생각하는 가장 좋은 의사소통 방법은 무엇입니까?
  > 직접 대면하여 말하는 것
  >
  > 직접적이고, 빠르고, 친근함

* What are the characteristics needed to be a good teacher?

> **키워드** leadership, good conversation skills, open mind

좋은 선생님이 되기 위해서는 어떠한 자질이 필요합니까?
지도력, 좋은 대화 능력, 열린 사고

❸ 장점 또는 단점을 묻는 질문

* What are the advantages of eating out?

> **키워드** convenient, variety of choices, no need to do the dishes

외식의 장점은 무엇입니까?
편리하고, 선택의 폭이 넓으며, 설거지를 할 필요가 없음

* What are the advantages of eating breakfast?

> **키워드** good for health, live a well-regulated life

아침을 먹는 것의 장점은 무엇입니까?
건강에 이롭고, 규칙적인 생활이 가능함

* What are the disadvantages of smoking?

> **키워드** can cause many health problems, second-hand smoke

흡연의 단점은 무엇입니까?
많은 건강 문제를 야기하고, 간접흡연 피해를 줄 수 있음

* What are the disadvantages of living alone?

> **키워드** get lonely, do all the chores

혼자 사는 것의 단점은 무엇입니까?
외롭고, 모든 집안일을 혼자 해야 함

❹ 선호를 묻는 질문

* Which do you prefer: live in a big city or in a small town?

Big city

> **키워드** convenient transportation, various cultural events

도시와 시골 중 당신은 어디에서 사는 것을 선호합니까?
대도시
편리한 대중교통, 다양한 문화 행사

* Which do you prefer: go to a concert on weekdays or on the weekend?

on the weekend

> **키워드** busy during weekdays, go to a concert with friends

콘서트를 보러 갈 때 당신은 주중과 주말 중 언제를 선호합니까?

주말에

주중에는 바쁨, 친구들과 함께 공연에 갈 수 있음

* Which do you prefer: go to work on foot or by car?

on foot

> **키워드** good exercise, avoid traffic jam, punctual

당신은 출근할 때 걷는 것과 운전하는 것 중 무엇을 선호합니까?
걸어서
좋은 운동이 되고, 교통체증을 피할 수 있으며, 제시간에 도착할 수 있음

* Which do you prefer: one long vacation or several short vacations?

one long vacation

> **키워드** love traveling abroad, need enough time to relax

당신은 한 번의 긴 휴가와 몇 번의 짧은 휴가 중 무엇을 선호합니까?

한 번의 긴 휴가

해외로 여행할 수 있고, 휴식을 취하기에 충분한 시간이 필요함

1. There are some reasons why I think 주장 .

제가 (주장)이라고 생각하는 데에는 몇 가지 이유가 있습니다.

예문 There are some reasons why I think on-line shopping is convenient.

제가 온라인 구매가 편리하다고 생각하는 데에는 몇 가지 이유가 있습니다.

해설 • 도입부에서 유용하게 쓸 수 있는 표현이다.

• 키워드를 두 개 이상 생각했을 때에만 some reasons라고 말하자.

2. I believe that 방안 is(are) the best way to 결과 .

저는 (방안)이 (결과)하기 위한 가장 좋은 방법이라고 생각합니다.

예문 I believe that the subway is the best way to travel in the city.

저는 지하철이 도시에서 이동하기에 가장 좋은 수단이라고 생각합니다.

해설 • 역시 도입부에서 주장을 강하게 표현할 때 쓸 수 있는 표현이다.

• the best way 다음에는 to부정사를 써도 되고, 전치사 of를 써도 된다.

3. 항목 is the most important thing to consider when -ing.

~할 때 고려해야 할 가장 중요한 요소는 (항목)입니다.

예문 Salary is the most important thing to consider when choosing a job.

직업을 선택할 때 고려해야 할 가장 중요한 요소는 봉급입니다.

해설 • 최상급의 수식을 받는 명사 thing은 질문에 따라 factor, feature 등으로 바꿔 쓸 수 있다.

4. I think it is a great idea to 방안 .

저는 (방안)을 하는 것이 좋은 아이디어라고 생각합니다.

예문 I think it's a great idea to grow houseplants in the living room.

저는 거실에서 화분을 키우는 것이 좋은 아이디어라고 생각합니다.

해설 • 의견을 물어볼 때 직접적으로 아이디어를 제시하는 표현으로 강한 어조를 풍긴다.

• to부정사 자리에 동사의 원형만 올 수 있다는 점에 유의하자.

5. One reason is that 주장1 . Another reason is that 주장2 .

한 가지 이유는 (주장 1)입니다. 또 다른 이유는 (주장 2)입니다.

예문 One reason is that it is easy to use. Another reason is that it is cheap.

한 가지 이유는 그것이 사용하기 쉽다는 것이고, 또 다른 이유는 가격이 싸다는 것입니다.

해설 • 본론에서 이유나 주장을 나열할 때 쓸 수 있는 또 다른 표현들은 다음과 같다. First of all, Not only this, 또는 To begin with, In addition

6. For example, 예시 .

예를 들면, (예시)입니다.

예문 For example, if I listen to music while studying, I won't be able to focus on my work.

예를 들어, 공부하는 중에 음악을 듣는다면, 공부에 집중하기 힘들 것입니다.

해설 • 주장을 효과적으로 뒷받침하기 위해서는 그와 관련된 예를 드는 것이 좋다. 이때, 어렵고 복잡한 예보다는 간단하고 쉽게 떠올릴 수 있는 예를 위주로 구성해야 한다.

• 예시를 통해 부연 설명을 할 때, 직접적인 경험이 없다면 if절로 시작하는 가정법을 쓰도록 하자.

7. I will take my experience as an example. When I was ~, I ~.

저는 제 경험을 예로 들겠습니다. 제가 ~일 때, 저는 ~했습니다.

예문 I will take my experience as an example. When I was in high school, I took violin lessons.

저는 제 경험을 예로 들겠습니다. 저는 고등학교 시절에 바이올린 레슨을 받았습니다.

해설 • 구체적인 예를 들 때에는 For example이나 For instance를 쓸 수도 있다.

• 경험은 주로 과거를 토대로 하므로 동사의 시제 역시 과거에 맞춰야 한다.

8. In short, I think 주장 .

요약하여 말하면, 저는 (주장)이라고 생각합니다.

예문 In short, I think the computer is the greatest invention.

요약하여 말하면, 저는 컴퓨터가 가장 위대한 발명품이라고 생각합니다.

해설 • 마무리 문장으로 쓸 수 있는 표현이다.

• 비슷한 표현으로 To sum up이나 Succinctly 등이 있다.

Question 1

🎧 training-03-03.mp3

TOEIC Speaking

★신유형

Imagine that you are talking on the telephone with a colleague. You are talking about travel.

If you could travel abroad, where would you like to go? Explain why.

▶ 대본 및 해설 19쪽

Question 2

🎧 training-03-03.mp3

TOEIC Speaking

Imagine that a Canadian marketing firm is doing research in your country. You have agreed to participate in a telephone interview about watching movies.

What are the advantages of watching movies at home?

▶ 대본 및 해설 19쪽

Question 3

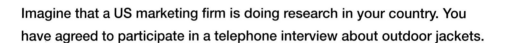

🎧 training-03-03.mp3

TOEIC Speaking

Imagine that a US marketing firm is doing research in your country. You have agreed to participate in a telephone interview about outdoor jackets.

What is the most important thing you consider when buying an outdoor jacket? Explain why.

▶ 대본 및 해설 20쪽

Question 4

TOEIC Speaking

Imagine that a British town planning firm is doing research in your area.
You have agreed to participate in a telephone interview about parks.

Do you think there should be more parks in your area? Why or why not?

▶ 대본 및 해설 20쪽

Part 3 백전백승 답변틀!

⭐ **간단하게 답하는 문제 유형**

1. I usually ＿＿＿＿＿＿ once/twice/three times a week/month.
   저는 보통 일주일에/한 달에 한 번/두 번/세 번 ＿＿＿＿＿＿를 합니다.

---

1. My favorite ＿＿＿＿＿＿ is/are ＿＿＿＿＿＿.
   제가 가장 좋아하는 ＿＿＿＿＿는 ＿＿＿＿＿＿입니다.

2. Because ＿＿＿＿＿＿＿＿＿＿＿＿＿＿＿＿＿.
   왜냐하면 ＿＿＿＿＿＿＿＿＿＿＿＿＿＿＿이기 때문입니다.

---

1. The first/last time I ＿＿＿＿＿＿ was ＿＿＿＿＿＿.
   제가 처음으로/마지막으로 ＿＿＿＿＿＿＿한 때는 ＿＿＿＿＿였습니다.

⭐ **경험 및 의견을 묻는 문제 유형**

1. In my opinion, ＿＿＿＿＿＿ has many advantages.
   저는 ＿＿＿＿＿＿가 많은 장점을 가지고 있다고 생각합니다.

2. First of all, I like ＿＿＿＿＿＿ because ＿＿＿＿＿＿.
   먼저, 저는 ＿＿＿＿＿＿ 때문에 ＿＿＿＿＿＿를 선호합니다.

3. Not only this,   . So,   .

이뿐만 아니라, _____이기도 합니다. 그래서 _____입니다.

4. In short,   .

요약하면, _____입니다.

---

1. I prefer/consider   .

저는 _____를 선호/고려합니다.

2. Most of all,   is very   . For example,   .

무엇보다도, _____는 매우 _____합니다. 예를 들면, _____입니다.

3. Also,   . Therefore,   .

또한, _____이기도 합니다. 그러므로 _____입니다.

4. For these reasons,   .

이런 이유들 때문에 _____합니다.

PART 4

Respond to Questions
Using Information Provided

제공된 정보를 사용하여 질문에 답하기

STEP 01

오리엔테이션

Questions 7-9 : Respond to questions using information provided

Directions : In this part of the test, you will answer three questions based on the information provided. You will have 30 seconds to read the information before the questions begin. For each question, begin responding immediately after you hear a beep. No additional preparation time is provided. You will have 15 seconds to respond to Questions 7 and 8 and 30 seconds to respond to Question 9.

---

1. 파트 4의 개요

문제 수	지문 독해 시간	답변 준비 시간	답변 시간	점수	평가 기준
3 Questions 7–9	**30**초	**0**초	Question 7: 15초 Question 8: 15초 Question 9: 30초	**3**점	발음, 억양 및 강세, 문법, 어휘, 내용의 일관성과 완성도

2. 준비 및 답변 전략

1단계 파트 4의 Directions가 끝나면 자동으로 화면에 한 개의 실용문이 지문으로 뜨게 된다. 별도의 필기를 할 수 없으므로, 어느 부분에 어떤 정보가 있는지 주어진 30초 동안 빠르게 파악해 두자.

2단계 독해 시간이 끝나면 짧은 녹음 내용이 나오는데, 지문과 관련된 문의 사항에 대한 안내를 해달라는 내용이니 크게 신경 써 들을 필요는 없다. 이 녹음 내용 이후에 차례로 3개의 질문이 등장하는데, 그 중 첫 두 질문은 간단한 정보를 찾아 15초 안에 답을 해야 하는 것이고, 나머지 하나는 특정 정보를 상세히 설명하거나 요약하여 30초 안에 답을 해야 하는 것이다.

3단계 이때, 파트가 끝날 때까지 화면에 지문은 계속 나타나 있으나, 각각의 질문은 화면에 표시되지 않고 듣기로만 제공되니 주의 깊게 들어야 한다.

4단계 자, 이제 자신을 친절한 안내원이라 생각하고 파트 4를 시작해 보자!

3. 배점표

배점	평가 기준
3점	질문에 적절하게 답변하며 표에서 얻어낸 정보가 정확하다.
2점	질문과 연관성 있는 답변을 하지만 표에서 얻어낸 정보가 간혹 부정확하다.
1점	질문에 적절하게 답변하지 못하며 표에서 관련된 정보를 찾아내지 못했다.
0점	무응답이거나 답변과 과제 간의 연관성이 전혀 없다.

만점 노하우

1. 독해 시간 30초를 활용하자!

최근 지문이 점점 길어지고 있으므로, 30초 동안 내용을 일일이 해석하는 것은 이제 시간 낭비다. 지문을 다음의 세 부분으로 나누어 빠르게 정보의 위치를 파악하자.

본문(표)의 상단   제목, 시간, 장소, 발신인, 수신인 등

본문(표)의 내용   ❶ 항목별 기준이 무엇인지 파악할 것
   🆎 시간, 행사 내용, 종류, 장소, 가격별 구분
   ❷ 전체 내용을 나누는 기준이 있는지 확인할 것
   🆎 점심시간을 기준으로 오전 / 오후
   ❸ 고유명사는 한 번 더 확인하여 나중에 찾기 쉽도록 할 것
   🆎 사람 이름, 장소명, 상품명, 교통편 번호

본문(표)의 하단   부가 정보(입장료, 준비물, 영업시간, 연락처, 복장규정 등)

2. 질문을 미리 예상하자!

파트 4가 좋아하는 질문 유형은 따로 있다! 답변 준비 시간이 없으므로, 독해와 동시에 대강의 질문을 예상하여 시간을 최대한 활용하자.

유형별 단골 질문   ❶ 정보의 확인(Confirm) – 질문자가 올바른 정보를 가지고 있는 경우
   ❷ 정보의 정정(Correct) – 질문자가 잘못된 정보를 가지고 있는 경우
   ❸ 정보의 안내(Inform) – 질문자가 아무런 정보를 가지고 있지 않은 경우

내용별 단골 질문   ❶ 기본 정보 문의 – 주로 시간 및 장소
   ❷ 숙지할 사항 문의 – 입장료, 준비물, 영업시간, 연락처, 교통수단, 담당자
   ❸ 특정 이벤트(순서) 문의 – 기조 연설, 초청 연설, 특별 공연
   ❹ 시간 및 기간 문의 – 행사 진행 시간, 여행 시간, 배송일
   ❺ 기타 문의 – 특정 순서 후의 일정, 상품 및 여행 정보 요약

3. 답이 되는 정보는 지문 안에 전부 있다!

가끔씩 이런 질문을 하는 학생들이 있다. "질문에서 요구하는 내용을 아무리 찾아봐도 보이지가 않아요." 파트 4의 질문은 100% 지문에 제시된 객관적 정보를 토대로 주어진다. 긴장을 풀고 조금만 더 침착하게 찾아보면 반드시 해당 정보가 보일 것이다. 단, 답변 시간에 정보를 찾는 것은 곤란하다. 정보의 위치를 독해 시간에 미리 확인해 두었다가, 질문을 듣는 동시에 답이 되는 정보를 골라내야 한다. 부득이한 경우엔, "One moment, please."나 "Let me check."과 같은 필러(filler) 표현을 사용하여 자연스러운 흐름을 만들자.

4. 반드시 문장으로 답하자!

정보 전달형의 문제에서 가장 범하기 쉬운 실수 중 하나가 바로, 찾아낸 정보를 문자 그대로 읽는 것이다. 실용문, 특히 표가 제시되어 있는 경우, 대개의 정보는 단어별로 끊어서 표기되어 있다. 이를 매끄럽게 연결하여 문장으로 답하는 것과 단어만 짧게 답하는 것의 점수 차이는 상당하다. 기본 문법을 숙지하여 문장을 만드는 연습을 충분히 해 두어야 한다.

5. 답변 시간에 주목하자!

답변 시간이 15초인 질문 이 경우, 다음의 두 가지 상황을 예상해 볼 수 있다.
– 답변 시간이 시작된 후 7~8초 동안 지문을 보며 헤매다 겨우 해당 정보를 찾아 답을 시작했으나, 미처 끝을 맺지 못한 경우
– 문제를 들으며 해당 정보를 찾아내어 10초 안에 이미 답변을 끝낸 경우
물론, 두 번째의 경우가 바람직하며, 이 경우엔 나머지 약 5초 동안 다음 문제를 대비하여 한 번 더 지문을 훑어볼 수 있다.

답변 시간이 30초인 질문 이 경우엔 주로 내용의 요약을 요구하므로, 답변 시간 내에 해당 정보가 전부 언급이 될 수 있도록 하는 데에 집중하자. 예를 들어, 세 개의 정보를 요구했는데, 두 개만 요약을 했다면 빠진 정보만큼 감점이 된다.

친절한 피드백

The Greenbay Arts Club
Annual Banquet

Monday, December 10
Royal Palace Hotel, Millennium Hall

5:00 P.M.	Welcoming Speech
5:30 P.M.	Social Hour and Auction
7:00 P.M.	Buffet Dinner
8:00 P.M.	Performance: Country Singer Sam Geller
8:30 P.M.	Guest Speaker: Art Critic Jason Hobbs 'The Modern Art Market'
9:30 P.M.	Open until Midnight for Dancing!

*Tickets: $50 each, available at The Greenbay Arts Center

▶ 대본 및 해설 21쪽

📄 **Script**

Hi. My name is Dustin Carter and I am a member of The Greenbay Arts Club. I heard that there will be an annual banquet next Monday. I'm hoping you can answer a few questions for me.

학원 강의보다 더 자세한 1 대 1 방식의 맞춤형 과외처럼 선생님과 함께 문제를 풀어보고, 현재 나의 수준을 진단해 만점을 받을 수 있는 확실한 전략을 세워보세요.

🎧 training-04-01.mp3

TOEIC Speaking

🏠 MAIN 🔊 VOLUME ◀ BACK ⏸ PAUSE ▶ NEXT

Q7. What time will the event start? And where should I go?

▶ 대본 및 해설 21쪽

아쉬운 답변
★ 1점 이하

Well,... Um... the event, ah... The Greenbay Arts Club is... Monday. December ten... um... Royal Palace Hotel.

첨삭노트

❶ 답변할 때, um, ah와 같은 말을 자주 하면 유창성과 전문성이 부족한 인상을 준다.

❷ 질문의 event는 클럽의 이름이 아닌 annual banquet을 가리킨다.

❸ 질문에서 행사의 시작 시각(what time)을 물어봤으므로 날짜를 안내할 필요는 없다.

❹ 어느 호텔의 어느 홀인지, 행사 장소를 좀 더 구체적으로 말하자.

좋은 답변
★★ 2점 이상

Let me see... The event will start at 5 p.m. and the event is held... um... in the Royal Palace Hotel, the Millennium Hall.

첨삭노트

❶ Let me see.와 같은 표현은 정보를 찾는 도중에 생기는 공백을 메우기 위한 좋은 표현이다.

❷ 영어는 반복을 싫어한다. The event란 주어는 한 번으로 충분하다.

❸ is held라는 수동태를 쓴 것은 좋으나, 앞의 will과 시제를 맞춰야 한다.

❹ 고유명사 자체에 the가 포함되어 있지 않는 이상, the를 일일이 붙일 필요는 없다.

📎 **만점 답변** ⚙️ ★★★ 3점 만점

The annual banquet will start at 5 p.m. with the welcoming speech and it will be held in Royal Palace Hotel, Millennium Hall.

친절한 피드백

Q8. I didn't buy a ticket yet. Could you tell me where I can buy one?

▶ 대본 및 해설 21쪽

★ 1점 이하

Um... .... Ah! Tickets... is... 50 each. And... uh... /

첨삭노트

❶ 정보의 위치를 미리 확인하여 위의 예처럼 답변 시간을 낭비하지 않도록 유의하자.

❷ Tickets가 복수이므로 be동사도 is가 아닌 are로 고쳐야 한다.

❸ $50를 읽을 때는 반드시 숫자 뒤에 dollars를 붙여 읽어야 올바른 가격 표현이 된다.

❹ 답변을 시간 내에 끝맺지 못했고, 질문의 핵심인 티켓 구매 장소도 언급하지 못했다.

★★ 2점 이상

.... O.K... Tickets are 50 dollar each. And available at The Greenbay Arts Center.

첨삭노트

❶ 50이 복수이므로 dollars가 옳은 표현이다.

❷ 지문에 주어진 내용 그대로 읽지 말고, 문장으로 만들어 연결하는 연습을 하자.

★★★ 3점 만점

Sure. Tickets are 50 dollars each and you can buy them at The Greenbay Arts Center.

TOEIC Speaking

MAIN VOLUME BACK PAUSE NEXT

Q9. What is scheduled to take place after dinner?

▶ 대본 및 해설 21쪽

아쉬운
답변

★ 1점 이하

Dinner is 7 p.m. ... Buffet dinner. And 8 p.m., um... country singer Sam Geller. 8:30 p.m., the guest speaker... She... Oh, sorry. He is Jason Hobbs... The Modern Art /

첨삭노트

❶ 저녁 식사 이후의 일정을 물었으므로 저녁 식사에 대한 답변은 불필요하다.

❷ '~시에'라는 시각 표현 앞에는 전치사 at을 붙인다.

❸ 답변 중에 'Sorry.'라고 말하는 것은 바람직하지 않다.

❹ 저녁 식사 이후의 세 가지 일정 중, 두 번째 일정을 말하다가 답변이 끊겼다.

좋은
답변

★★ 2점 이상

At 8, performance is by country singer Sam Geller. At 8:30, the guest speaker Jason Hobbs will talk about 'The Modern Art Market'. And um... at 9:30, it opens until midnight for dancing.

첨삭노트

❶ 첫 문장이 문법적으로 어색하지만 일단 뜻은 통한다. 핵심 정보를 언급하였으므로 큰 감점은 없지만 좀 더 명확한 문장으로 다듬는 연습을 하자.

❷ It이 가리키는 대상이 불명확하다.

만점 답변 ◉

★★★ 3점 만점

After dinner, from 8, country singer Sam Geller will perform for 30 minutes. At 8:30, guest speaker Jason Hobbs, who is an art critic, will talk about 'The Modern Art Market'. And from 9:30, the hall will be open for dancing until midnight.

공략 포인트 07

일정 및 시간표

일정 및 시간표는 파트 4 기출 문제의 약 80%를 차지할 정도로 비중이 큰 부분이다. 또한 다루는 소재도 행사에서부터 공연, 여행 등에 이르기까지 점점 다양해지고 있다. 일정 및 시간표의 특성상, 본문이 표로 제시되므로 빠르게 정보를 찾아내어 이를 문장으로 만드는 연습을 하자.

🔑 답변을 구성하는 필수 요소

1. 전치사 표현

파트 4의 답변 문장을 만드는 방법은 간단하다. 내용을 구성하는 단서들을 표에서 발췌한 다음 적재적소에 알맞은 전치사를 넣어 문장을 만들면 된다. 다음의 전치사 용법을 익혀 만점 답변을 완성해 보자.

❶ 장소

＊ at + 좁은 지점, 구체적인 장소	at the bus stop
＊ in + 넓은 공간, 광범위한 장소	in the auditorium
＊ on + 층(floor)	on the second floor

> 예문 ・ The event will take place at the Queen's Park.
>
> ・ The seminar will be held in the auditorium.

행사는 퀸즈 파크에서 열릴 것입니다.

세미나는 강당에서 열릴 것입니다.

❷ 시간

＊ at + 시각	at 8 o'clock
＊ in + 연도, 계절, 월	in 2014, in summer, in August
＊ on + 날짜, 요일, 특정한 날	on January 2nd, on Monday, on Christmas
＊ for + 시간	for 20 minutes, for 3 days
＊ during + 특정 기간	during the ceremony
＊ from 시각 to 시각	from 1 p.m. to 3 p.m.

> 예문 ・ The graduation ceremony will be held in February.
>
> ・ The annual party will be held from 7 p.m. to 9 p.m.

졸업식은 2월에 열릴 것입니다.

연례 파티는 저녁 7시부터 9시까지 열릴 것입니다.

2. 연도 및 날짜 읽기

연도는 두 자리씩 끊어 읽는데, 2000년부터 2009년까지는 일반적으로
기수를 읽는 것과 같은 방법으로 읽는다. 다음을 읽어보자.

* 1999 nineteen ninety-nine   * 2002 two thousand two
* 2014 two thousand fourteen or twenty fourteen

날짜는 서수로 읽고, 표기는 월, 일, 연도순으로 한다(美). 1월부터
12월까지의 표현과 함께 날짜를 정확하게 읽어보자.

1월	January	2월	February	3월	March
4월	April	5월	May	6월	June
7월	July	8월	August	9월	September
10월	October	11월	November	12월	December

* 4월 15일 April fifteenth   * 7월 23일 July twenty-third
* 12월 31일 December thirty-first

> 예문 • The ceremony will take place on November 11th.
>
> • The banquet will take place on the 22nd of June.

행사는 11월 11일에 열릴 것입니다.

연회는 6월 22일에 열릴 것입니다.

3. 시간 읽기

시간은 시와 분을 기수로 읽는다. 이때, past[after]나 to[before]를 쓰려면
'분 • 시'의 순서로 읽어야 한다. 다음을 읽어보자.

* 1:30   one thirty or half past[after] one
* 6:45   six forty-five or a quarter to[before] seven
* 12:15   twelve fifteen or a quarter past[after] twelve
* 2 p.m.   two (o'clock) p.m.
* 30분   thirty minutes or half an hour
* 1시간 30분 an hour and a half

> 예문 • The reception will start from 9 a.m.
>
> • The orientation will last for 2 hours.

환영회는 오전 9시부터 시작될 것
입니다.

설명회는 2시간 동안 진행될 것입니다.

파트 4에 등장하는 질문은 답변 시간에 따라 짧게 답하는 문제(7, 8번)와 길게 답하는 문제(9번)로 나눌 수 있다. 이것을 다시 질문의 형식에 따라 다음과 같이 나눌 수 있다. 이 유형들이 각각 묻고자 하는 것이 무엇인지, 또 그 정보는 어디에서 찾아야 할지 미리 예상해 보자. 그래야만 실전에서 문제를 듣고 바로 답을 찾을 수 있다.

1. 짧게 답하는 문제(7, 8번)

❶ 의문사 의문문

Who

* Who is the guest speaker?

초청 연사가 누구입니까?

* Who will talk about 'Impressive Resume'?

누가 '인상적인 이력서'에 대해 이야기 할 것입니까?

* Who is going to pick me up at the airport?

누가 공항에 저를 데리러 옵니까?

When

* When will the job fair be held?

직업 박람회가 언제 열립니까?

* When do I have an interview with Jeremy?

제레미와의 인터뷰가 언제입니까?

* When am I departing for Hongkong?

제가 언제 홍콩으로 출발합니까?

Where

* Where is the store located?

가게는 어디에 있습니까?

* Where should I go to get a ticket?

표를 사려면 어디로 가야 합니까?

* Where will the symposium be held?

학술회가 어디에서 열립니까?

What / What time

* What will I miss if I arrive at 7?

7시에 도착하면 무엇을 놓치게 됩니까?

* What is the rate for the single room?

싱글룸의 숙박료는 얼마입니까?

* What time does the performance start?

공연이 몇 시에 시작됩니까?

* What time can I get information about 'M&A strategy'?

'인수 합병 전략'에 대한 정보는 몇 시에 얻을 수 있습니까?

How / How far / How long / How many / How much

* How can I make a reservation?

예약은 어떻게 하면 됩니까?

* How far is the Lincoln Center from the hotel?

링컨 센터는 호텔에서 얼마나 멉니까?

* How long will the show last?

공연은 얼마나 지속됩니까?

* How many people can 'Room C' accommodate?

C룸은 몇 명이나 수용할 수 있습니까?

* How much is the entrance fee on weekdays?

주중에는 입장료가 얼마입니까?

❷ 일반 의문문

* Can I register online?

온라인에서 가입해도 됩니까?

* Is there anything I have to do before the reception?

환영회 전에 제가 해야 할 일이 있습니까?

* Is it possible to change my interview schedule?

제 인터뷰 일정을 변경하는 것이 가능합니까?

* Will there be any chance to learn about 'Home Decoration'?

'집안 꾸미기'에 대해 배울 수 있는 기회가 있습니까?

* Will I have some time for lunch during the conference?

회의 중간에 점심을 먹을 시간이 있습니까?

❸ 확인 의문문

* I heard that there will be three presentations after lunch. Am I right?

점심 식사 후에 3개의 발표가 있다고 들었습니다. 맞습니까?

* As far as I know, people should bring some food to the party, right?

제가 알기로는, 사람들이 파티에 음식을 가지고 와야 한다는데, 맞습니까?

* I was told that Heather Olson will talk about 'Time Management'. Is that correct?

헤더 올슨이 '시간 관리'에 대해 이야기할 것이라고 들었습니다. 맞습니까?

2. 길게 답하는 문제(9번)

* Could you tell me the schedule for the second day of the trip?

여행 이틀째 일정에 대해 말씀해 주시겠습니까?

* Would you tell me about the presentations after dinner?

저녁 식사 후 발표에 대해 말씀해 주시겠습니까?

* Can you tell me what else was written on the memo?

메모에 또 어떤 것들이 적혀 있었는지 말씀해 주시겠습니까?

* Will you give me the details of the people I will be interviewing?

제가 인터뷰할 사람들에 대해 자세히 말씀해 주시겠습니까?

1. The 행사 will be held at(in) 장소 , on 날짜 .

(행사)는 (장소)에서, (날짜)에 열릴 것입니다.

예문 The seminar will be held at headquarters, on May 10th.

그 세미나는 본사에서, 5월 10일에 열릴 것입니다.

해설 • 행사 이름은 표의 상단에 있으며, 주어 앞에 정관사 The를 붙여주자.

    예 The event, The seminar, The orientation, The workshop, The conference

2. 이름 , who is a(an) 직업 , will talk about 주제 .

(직업)의 (이름)은 (주제)에 대해 연설을 할 것입니다.

예문 Tom Baker, who is a writer, will talk about American modern plays.

작가인 톰 베이커 씨는 미국 현대 희곡에 대해 연설할 것입니다.

해설 • 초청 연설자, 기조 연설자, 발표자, 강연자 등에 대한 질문이 등장할 때 위의 표현을 쓰자.

3. 이름 will be leading the 행사 .

(이름)이 (행사)를 진행할 것입니다.

예문 John Martin will be leading the ceremony.

존 마틴 씨가 행사를 진행할 것입니다.

해설 • 행사 전체나 특정 순서를 진행하게 될 사람이 정해져 있는 경우 위의 표현을 쓰자.

4. From 시각 , we will have 일정 for 시간 .

(시각)부터, (일정)이 (시간) 동안 진행되겠습니다.

예문 From 2:30, we will have a coffee break for 30 minutes.

2시 30분부터 30분 동안 휴식 시간을 갖겠습니다.

해설 • 'Starting from 시각, 일정 will last for 시간.'의 표현으로 대체 가능하다.

    예 Starting from 4 p.m., the show will last for two hours.

5. I'm afraid you're wrong.

예문 I am sorry but I'm afraid you're wrong.

해설 • 상대방이 잘못된 정보를 가지고 질문할 경우, 정보를 정정하기 전 위와 같이 말하자.

   • 같은 뜻을 가진 다른 표현

   That's not correct. You have the wrong information.

   • 반대의 뜻을 가진 표현(옳은 정보에 대한 답변)

   That's correct. You're right.

잘못된 정보를 가지고 계신 것 같습니다.

죄송하지만, 잘못된 정보를 가지고 계신 것 같습니다.

6. After 기준점 , there will be 숫자 행사 .

예문 After lunch, there will be 3 presentations.

해설 • 어떤 특정한 기준(주로, 점심시간, 휴식 시간, 특별 연설) 이후의 일정을 안내할 때 위의 표현을 쓰자. 단, 2개 이상의 일정이 있을 경우에는 행사를 복수로 표현해야 한다.

(기준점) 이후에, (숫자)의 (행사)가 있습니다.

점심 식사 후에, 3개의 발표가 준비되어 있습니다.

7. Firstly, at 시각 , ~. Then, at 시각 , ~. Finally, at 시각 , ~.

예문 Firstly, at 3, we will go to the museum. Then, at 5, we will come back to the hotel. Finally, we will have dinner at 6.

해설 • 두 개 이상의 순서를 요약하여 안내하는 경우 위의 표현을 쓰자.

   • 시각 앞에는 전치사 at을 쓰며, 시각 표현은 문장의 맨 뒤에 와도 상관없다.

먼저, (시각)에 ~입니다. 다음, (시각)에 ~이고, 마지막으로 (시각)에 ~입니다.

먼저, 3시에 박물관에 갈 것입니다. 다음, 5시에 호텔로 돌아와서 6시에 저녁 식사를 할 것입니다.

Question 1

🎧 training-04-02.mp3

TOEIC Speaking

Marketing Seminar Schedule 2014

Oct. 11 - 13 (Mon - Wed)
Highpoint Plaza

Date	Speaker	Title	Room
Oct. 11	Prof. Charles Lang Univ. of Chicago	Advertisement Strategies	301
Oct. 12	Peter Handler CEO Diamond Corp.	Brand Power	302
Oct. 13	Prof. Derek Kim Dale Univ.	Market Analysis	303

* Registration dates are Sep. 20-22 online.

* Registration fee is $100.

▶ 대본 및 해설 22쪽

Question 2

TOEIC Speaking

World Dance Show

Date   Saturday, March 16
Location   Grand Theater
Times

7:00 p.m. ~ 7:10 p.m.	**Opening Performance** Professional Dancers from Eastroad Dance Academy
7:10 p.m. ~ 7:30 p.m.	**Ballet Dance 'Romeo & Juliet'** The National Ballet
7:30 p.m. ~ 7.50 p.m.	**Tap Dance** Students from Raymond Arts School
7:50 p.m. ~ 8:00 p.m.	Break
8:00 p.m. ~ 8:20 p.m.	**Salsa Dance** National Salsa Champion David Wall & Other Dancers
8:20 p.m. ~ 8:50 p.m.	**African Dance** 12 African Dancers from Congo

* To sign up for free tickets: call 555-1254(limited to the first 200 people)

* For further information on the show: visit www.dance.com

▶ 대본 및 해설 23쪽

Question 3

training-04-02.mp3

TOEIC Speaking

Interview Schedule
May 10th, Main Conference Room

Time	Interviewer	Interviewee	Positions Applying for
9 a.m.	Terry Bryant	Steven Webber	Marketing Manager
9:30 a.m.	Miranda Murphy	Ken Yamaguchi	Sales Manager
~~10 a.m.~~	~~Terry Bryant~~	~~Angie Fox~~	~~Marketing Manager~~
10:30 a.m.	Terry Bryant	Lucy Howard	Sales Manager
11 a.m.	Miranda Murphy	Hugh Gibson	Sales Manager

* Each interview is 30 mins.

▶ 대본 및 해설 24쪽

Question 4

TOEIC Speaking

Exhibition of Oil Paintings
by Local Artists
- Long Beach City Center -

Exhibition Period	August 1st - September 30th
Exhibition Time	Monday - Thursday : 10 a.m. - 6 p.m. Friday and Saturday : 9 a.m. - 8 p.m. Sunday : Closed
Admission Fees	Adult : $20 Children under 12 : $10 Seniors over 60 & Children under 5 : Free

* Free rental services of wheelchairs and strollers.
* Make reservations by e-mail.(longbeach@exhibition.org)

▶ 대본 및 해설 26쪽

공략 포인트 08

예약 및 주문

이 유형에서는 주로 비행편 예약, 호텔 방 예약, 상품 주문 등이 소재로 쓰인다. 표를 보는 방법은 일정 및 시간표와 조금 다른데, 예약 및 주문에서는 각 상품마다 차별화된 특징을 가지고 있으므로, 특징별로 항목을 빠르게 파악해야 한다. 특히 가장 싸거나, 가장 빠른 상품은 독해 시간에 미리 파악해 두자.

🔑 답변을 구성하는 필수 요소

비교급 및 최상급 표현

상품 간 비교를 통해 최적의 선택을 할 수 있도록 안내하는 문제가 주를 이루고 있으므로, 형용사의 비교급 및 최상급 표현이 익숙해지도록 연습해야 한다.

❶ 일반적으로, 원급에 -(e)r, the -(e)st를 붙여 비교급, 최상급을 만든다.

* long - longer - the longest   * large - larger - the largest

* fast - faster - the fastest   * big - bigger - the biggest

* easy - easier - the easiest

❷ 2음절 단어의 대부분과 3음절 이상의 단어에는 more, the most를 붙여 비교급, 최상급을 만든다.

* famous - more famous - the most famous

* beautiful - more beautiful - the most beautiful

❸ 불규칙적인 비교급 및 최상급

* good - better - the best   * many - more - the most

* well - better - the best   * much - more - the most

* bad - worse - the worst   * few - fewer - the fewest

* ill - worse - the worst   * little - less - the least

토익스피킹에서 자주 출제되는 유형들만 묶어 명쾌하게 설명한 토익스피킹의 핵심 정리!
파트별 2개씩, 총 12개의 공략 포인트만 익히면 토익스피킹이 만만해져요.

🖥 반드시 익혀야 할 필수 표현

1. A 상품 **is** 비교급 **than** B 상품 **.**

(A 상품)이 (B 상품)보다 더 ~입니다.

예문 The KW-900 is cheaper than the KW-920.

KW-900 모델이 KW-920 모델보다 더 쌉니다.

해설 · 이 구문에서는 비교급만 사용이 가능하다. 또한, 주어와 비교되는 대상 앞에 than을 써주는 것을 잊지 말자.

2. **I recommend** A 상품 **because it's the** 최상급 **.**

(A 상품)이 (가장 ~이기) 때문에 저는 (A 상품)을 추천합니다.

예문 I recommend Tower Express because it's the fastest.

타워 고속이 가장 빠르기 때문에 타워 고속을 추천합니다.

해설 · 'The 최상급 ~ is 상품.'의 표현도 비슷한 뜻으로 쓰일 수 있다.

　　예 The most popular model is GALAXY's.

3. **If you choose** A 상품 **, you can** 혜택 **.**

(A 상품)을 선택하면, 당신은 (혜택)을 누릴 수 있습니다.

예문 If you choose "Happy Hour Menu", you can get a free salad.

'해피 아워 메뉴'를 선택하시면, 무료 샐러드가 제공됩니다.

해설 · 특정 상품에 어떤 혜택이 포함되어 있거나, 그 상품을 택함으로써 누릴 수 있는 이익이 있을 때 쓸 수 있는 표현이다.

· 갖가지 혜택은 주로 표 하단에 부가 정보로 제시되어 있다.

4. You don't need to 행위 .

당신은 (행위)를 할 필요가 없습니다.

예문 You don't need to tip because it is already included in your bill.

이미 영수증에 포함되어 있으므로 팁을 따로 주지 않으셔도 됩니다.

해설 • 이미 제공된 서비스나 혜택에 대해 설명할 때 쓸 수 있다. 'You don't have to ~.'로 바꿔 써도 무방하다.

5. They will charge you 금액 for 행위 .

그들은 당신에게 (행위)에 대해 (금액)을 청구할 것입니다.

예문 They will charge you $30 for canceling the reservation.

그들은 당신에게 예약 취소 수수료 30달러를 청구할 것입니다.

해설 • 예약 및 주문의 유형은 문제의 특성상, 가격 표현이 자주 등장한다. 따라서 누구에게 얼마의 가격이 매겨지는지의 표현을 확실히 익혀 놓아야 한다.

• 이 표현은 'It will cost you 금액 to ~.'로 바꿔 쓸 수 있다.

6. You can choose one between/among 상품들 .

당신은 (상품들) 중 하나를 선택할 수 있습니다.

예문 You can choose one among these menus.

당신은 이 메뉴들 중 하나를 선택할 수 있습니다.

해설 • 상품이 다양하게 제시되었을 때, 안내의 표현으로 쓸 수 있다. 이때 상품이 2개면 between을, 3개 이상이면 among을 써야 한다.

7. Each of them 단수동사 .

각각 ~입니다.

예문 Each of them has a balcony where you can enjoy the beautiful scenery.

각 방에는 아름다운 경치를 즐길 수 있는 발코니가 있습니다.

해설 • each는 단수 취급하므로 주어 뒤에 오는 동사는 단수로 일치시켜야 한다. 따라서 'Each of them is ~.'나 'Each of them has ~.' 또는 'Each of them costs ~.' 등의 표현이 가능하다.

• 각각의 특징을 설명할 때 쓸 수 있는 표현이다.

8. 특징 **is included in** 상품 **.**

(특징)이 (상품)에 포함되어 있습니다.

예문 Skydiving is included in the tour.

여행에는 스카이다이빙이 포함되어 있습니다.

해설 • 상품의 특징을 기술할 때 쓸 수 있다.

• 여러 가지 상품이 함께 제시되었을 때, 각 상품의 차별점을 미리 파악해 놓으면 답변을 찾기 수월하다.

---

9. One is 종류 1 **, another is** 종류 2 **, and the other is** 종류 3 **.**

하나는 (종류 1)이고, 다른 하나는 (종류 2)이며, 나머지는 (종류 3)입니다.

예문 One is single room with king sized bed, another is double room, and the other is twin room.

하나는 킹사이즈 침대가 있는 싱글룸이고, 다른 하나는 더블룸이며, 나머지는 트윈룸입니다.

해설 • 여러 상품의 특징을 하나하나 언급하며 설명할 때 유용한 표현이다. 주로 길게 답하는 9번 문제에 대한 답으로 쓸 수 있다.

• 만약 비교 대상이 두 개일 때에는 another를 빼고, one과 the other로 정리하여 말한다.

---

10. Please make sure that 의무사항 **.**

꼭 (의무사항) 하시길 바랍니다.

예문 Please make sure that you confirm the reservation before attending the charity event.

자선 행사에 참석하기 전에 꼭 예약을 확인하시길 바랍니다.

해설 • 의무사항을 상기시킬 때 쓸 수 있는 표현이다.

• 'Please keep in mind that ~.'으로 바꿔 써도 무방하다.

---

11. To 행동 **, you have to** 의무사항 **.**

(행동)하기 위해서는 (의무사항)을 해야 합니다.

예문 To book a ticket, you have to register on our website.

티켓을 예약하시려면, 저희 웹사이트에 가입하셔야 합니다.

해설 • 의무의 표현으로 Don't forget to, must, should, need to 등을 쓸 수 있다.

Question 1

♫ training-04-03.mp3

TOEIC Speaking

Bus Timetable
Lax Express

Destination	Departure	Arrival	Bus Type	Duration
Manhattan-Boston	5:30 a.m.	12:30 p.m.	normal	7 hours
Boston-Portland	9:00 a.m.	11:30 a.m.	normal	2 hours 30 mins
Boston-Portland	1:00 p.m.	2:30 p.m.	express	1 hour 30 mins
Boston-Portland	1:30 p.m.	3:00 p.m.	express	1 hour 30 mins

* For normal bus to the same destination, it is 70% cheaper than express.

▶ 대본 및 해설 27쪽

Question 2

⌂ training-04-03.mp3

TOEIC Speaking

Product Comparison : Digital Camera
www.quickbuy.com

Price range $200 ~ $299

Brand	Model	Features	Price
7-TECH	GX501	• waterproof	$220
Pinacle	Coolshot10	• USB connection	$250

Price range $300 ~ $399

Brand	Model	Features	Price
7-TECH	GX600	• waterproof • USB connection	$340
7-TECH	GX607	• waterproof • touchscreen	$350
Pinacle	Coolshot12	• touchscreen • 2-year warranty • USB connection	$390

▶ 대본 및 해설 28쪽

Question 3

🎧 training-04-03.mp3

TOEIC Speaking

International Convention Center
Reservation Schedule for April

Convention Hall	Capacity	Reservation Status	Cost(hour)
Diamond Hall	100	Available	$140
Crystal Hall	90	Available	$120
Emerald Hall	80	Booked	$100
Jade Hall	50	Available	$70

* Online reservation only.
* Call 355-2912 for more information.

▶ 대본 및 해설 29쪽

Question 4

TOEIC Speaking

Beth's Kitchen
Casual Dining in the Heart of Manhattan

-Lunch Menu-
Served from 11:00 a.m. to 3:00 p.m.

Main Courses --- $20
* Spaghetti with tomato sauce, mozzarella, and basil
* Roasted chicken breast with assorted vegetables
* Baked salmon with creamy garlic sauce

Desserts --- $6
* Fresh fruit tart
* 2 scoops of vanilla ice cream

Lunch Special --- $35
* Mixed garden salad
* Choose one of the main courses
* A slice of New York cheese cake

▶ 대본 및 해설 30쪽

TOEIC Speaking

Part 4 백전백승 답변틀!

⭐ 행사 및 일정

1. The _____ will be held at/in _____ on _____.
   _____는 _____에 _____에서 열립니다.

2. And _____ will be leading the _____.
   그리고 _____가 _____를 진행할 것입니다.

3. We have _____ in the morning.
   오전에는 _____가 계획되어 있습니다.

4. At _____, there will be _____.
   _____시에는 _____가 있겠습니다.

5. And at _____, _____ is scheduled.
   그리고 _____시에는 _____가 있을 예정입니다.

6. We will have lunch in _____ for _____.
   _____에서 _____ 동안 점심 식사를 하겠습니다.

7. After lunch, there are _____.
   점심 식사 후에는 _____가 준비되어 있습니다.

8. From _____ to _____, we will have _____
   by _____, who is a(n) _____.

   _____시부터 _____시까지, _____인 _____의 _____가 있을 예정입니다.

9. And then, guest speaker _____ will talk about _____.
   그리고 나서 초청 연사인 _____가 _____에 대해 강의하겠습니다.

10. Don't forget to _____.

_____를 잊지 마십시오.

⭐ 예약 및 주문

1. You can choose one between/among _____.

당신은 _____중에 하나를 선택할 수 있습니다.

2. One is _____, and the other is _____.

하나는 _____이고, 다른 하나는 _____입니다.

3. But I recommend _____ because _____.

그러나 저는 _____ 때문에 _____를 추천합니다.

4. Also, _____ is _____ than _____.

또한, _____는 _____보다 _____입니다.

5. If you choose _____, you can _____.

만약 _____를 선택한다면, 당신은 _____할 수 있습니다.

6. It will cost you _____ to _____.

_____하는 데 _____의 비용이 듭니다.

7. And to _____, you have to _____.

그리고 _____하기 위해서는 _____해야만 합니다.

8. Please make sure that _____.

_____를 확인해 주시기 바랍니다.

PART 5

Propose a Solution

해결책 제안하기

오리엔테이션

TOEIC Speaking

Question 10 : Propose a solution

Directions : In this part of the test, you will be presented with a problem and asked to propose a solution. You will have 30 seconds to prepare. Then you will have 60 seconds to speak.

In your response, be sure to
- show that you recognize the problem, and
- propose a way of dealing with the problem.

---

1. 파트 5의 개요

문제 수	지문 독해 시간	답변 준비 시간	답변 시간	점수	평가 기준
1 Question 10	**X**	**30**초	**60**초	**5**점	발음, 억양 및 강세, 문법, 어휘, 내용의 일관성과 완성도

시험을 보는 데 반드시 알아야 할 핵심 내용만을 뽑아 설명했습니다.
각 파트의 특징을 이해하는 데 딱 5분이면 충분해요.

2. 준비 및 답변 전략

1단계 파트 5의 Directions가 끝나면 화면에 전화기 사진 또는 회의 사진 한 장이 나타난다. 이와 동시에 어떤 문제 상황이 담긴 전화 메시지나 특정한 화제에 대해 의견을 나누는 회의 내용을 50~60초 동안 들려주는데, 그 소재는 주로 비즈니스 환경이나 일상생활을 바탕으로 하고 있다. 특히, 신유형인 회의 문제에서는 화자가 둘인데다가 억양이 서로 다를 수 있어 혼동하기 쉬운데, 따로 필기가 허용되지 않으므로 집중하여 듣고 내용을 파악해야 한다.

2단계 듣기가 끝나면 '문제 요약'과 '해결책'을 반드시 답변에 포함하라는 내용의 문장이 화면에 뜨면서 답변을 준비하라는 안내가 나온다. 30초 동안 내용을 구성한 후, 1분 동안 답하면 된다.

3단계 파트 5에서는 무엇보다 듣기 능력이 없으면 답변을 구성할 소재를 찾을 수가 없다. 그러나 내용의 길이가 조금 길 뿐, 난도는 그다지 높지 않으므로, 꾸준히 듣기 연습을 하면 정확하게 핵심 내용을 짚어낼 수 있다.

4단계 모두 해결사가 된 기분으로 파트 5를 멋지게 정복하자!

3. 배점표

배점	평가 기준
5점	이해하기 쉽고 답변에 일관성이 있으며 완성도가 높다.
4점	질문에 적절하게 답변하지만 완성도가 떨어진다. 생각을 표현하는 데 실수가 있지만 대체로 유창한 편이며 일관성도 있다.
3점	질문에 적절하게 답변하려 했지만, 과제의 일부를 해내지 못했거나 표현력이 떨어져 의미가 모호한 부분이 종종 발견된다.
2점	답변의 일관성이 현저히 부족하거나 말을 알아듣기 매우 힘들다.
1점	문제에 대한 최소 수준의 반응을 하거나 과제를 이해하지 못한다.
0점	무응답이거나 답변과 과제 간의 연관성이 전혀 없다.

만점 노하우

1. 들으면서 핵심 내용을 기억하자!

전화 메시지를 듣는 도중 메모를 할 수 없기 때문에 핵심 내용만 발췌하여 기억해 두어야 한다. 듣기의 길이가 긴 편이므로 집중해 듣지 않으면, 눈 깜빡할 사이에 주요 정보가 다 흘러가 버릴 수 있다. 더군다나 이미 들려준 내용은 반복하지 않으므로, 다음을 참고하여 짤막한 단서 위주로 핵심 내용을 기억해 두었다가 답변을 구성할 때 문장으로 풀어나가도록 하자.

반드시 들어야 할 핵심 내용
❶ 무엇이 문제가 되고 있는가?(메시지 처음)
　　㉑ last month's telephone bill, overcharged
❷ 문제를 파악하게 된 경위(메시지 중간)
　　㉑ checked the bank statement yesterday
❸ 요구 사항이 무엇인가?(메시지 끝)
　　㉑ wants to get reimbursed

신유형 공략 신유형인 회의 상황에서 발화 순서는 보통 A-B-A이다. 즉, A가 어떤 문제점을 제기하면 B가 맞장구를 치거나 부연 설명을 간단하게 하고, A가 다시 상황을 정리하는 내용으로 듣기가 구성된다. 따라서 주로 A의 처음 발언에 문제점과 요구사항이 포함되므로 이 부분에 특히 주의를 기울여서 내용을 파악해야 한다.

2. 답변 구성은 5개 항목으로!

파트 5에서 답변 시간으로 주어지는 1분은 결코 짧은 시간이 아니다. 그런데 이 시간 동안 일정한 체계도 갖추지 않고 무작정 떠오르는 대로 답변을 한다면, 구성력은 물론이고 유창성에서도 점수를 잃기 십상이다. 듣기 내용을 잘 파악했다면 답변 준비 시간 30초 동안, 다음의 5개 항목과 비중을 토대로 탄탄한 개요를 만들고, 각 항목에 들어갈 주요 표현과 내용들을 머릿속으로 정리해 두어야 한다.

답변 구성
❶ 첫인사(간단한 자기소개 및 전화를 건 목적 언급)　　5%
❷ 문제 요약(듣기에서 발췌한 핵심 내용 요약)　　40%
❸ 상황 설명(문제가 발생한 원인 및 변명)　　10%
❹ 해결책 제시(문제를 해결하기 위한 방안 제시)　　40%
❺ 끝인사(기타 안내 및 멘트)　　5%

이때, 2번의 '문제 요약'과 4번의 '해결책 제시'는 반드시 답변에 포함되어야 하는 필수 항목이다. 아래 파트 5의 Directions에 명시된 안내를 참고하자.

> In your response, be sure to
> ・show that you recognize the problem, and
> ・ propose a way of dealing with the problem.

3. 전화상의 표현과 멘트는 필수!

파트 5는 전화상의 프로페셔널한 상황을 가정하므로, 답변을 할 때에 전화 예절 관련 표현들과 적절한 멘트를 넣어 말하는 것이 좋다. 가끔씩 역할에 너무 몰입한 나머지 다소 과장된 멘트를 하는 학생들을 보게 되는데, 이는 사실 매우 바람직한 자세이다. 이렇게 답변할 경우 답변 내용에 현실감도 더해지지만, 무엇보다 응시자 스스로 재미를 느끼고 긴장을 덜 하는 효과를 얻을 수 있기 때문이다.

4. 거창한 해결책은 필요 없다!

파트 5의 제목이 'Propose a Solution'이라고 해서, 기가 막힌 해결책을 제시해야 하는 것은 아니다. 의외로 답변을 잘 해 나가다가 이 해결책 제시 부분에서 고심하는 경우가 많은데, 간단하게 생각하자! 건의 사항이 나오면 무조건 O.K.! 망가진 것은 고쳐주고, 배송이 안 된 것은 다시 보내주자! 해결사라고 해서 대단할 것은 없다. 부정적인 상황을 긍정적인 상황으로 바꿔주겠노라고 약속하기만 하면, 파트 5가 원하는 해결책은 다 나온 셈이다.

5. 부정적인 답변은 하지 말자!

스스로 생각하기에 문제가 너무 어렵게 느껴진다거나 듣기의 내용을 다 듣지 못했다고 해서 모르쇠로 일관하거나 답변을 회피하지는 말자. 또한, 파트 5는 답변에 반드시 포함해야 하는 내용을 명시하고 있으므로, 내 소관이 아니라는 식으로 책임을 돌리는 것 역시 점수를 받을 수 없다. 설령 내용을 많이 이해하지 못했을지라도 일단 들은 내용만이라도 자세히 정리하는 최선의 노력을 보여주어야 한다.

6. 시간을 확인하며 말하자!

파트 5에서는 반드시 언급해야 하는 항목이 두 개인데다가 앞뒤로 관련 내용을 덧붙여야 하므로 말하는 도중 시간 관리를 못해 답변이 미완성인 상태에서 끝날 수가 있다. 이런 경우, 빠진 내용에 대하여 감점이 주어지므로 하나의 항목에서 답변이 지체되지 않도록 주의하자.

친절한 피드백 1

▶ 대본 및 해설 31쪽

Respond as if you work at the online shopping company.

In your response, be sure to

· show that you recognize the problem, and

· propose a way of dealing with the problem.

🖹 Script

Hello. This is Janet Hanson. I bought 10 wine glasses on your website a couple of days ago and I just received them today. I am satisfied with your fast delivery but there's one problem. After opening the delivery package, I found out two of the glasses were cracked. I bought them to use at my sister's birthday party this Saturday, but I don't think I can use them. Can you please exchange them with new ones as soon as possible? It's Monday today and my sister's birthday is just around the corner. Please call me at 555-6478. Thanks.

학원 강의보다 더 자세한 1 대 1 방식의 맞춤형 과외처럼 선생님과 함께 문제를 풀어보고, 현재 나의 수준을 진단해 만점을 받을 수 있는 확실한 전략을 세워보세요.

★ 3점 이하

Hello, Jane. I am Alex Lee. Well,... Thank you for... calling, you know... I am sorry your glass is bad. Ah... you know... um...... Your sister is birthday this... this Monday. And... and I can give your glass as soon as possible... you know... uh...... That's it. O.K.? Thank you. Bye.

첨삭노트

❶ 이름을 정확히 못 들었다면 과감히 빼 버리자. 생일이 Monday라고 한 것도 잘못됐다.

❷ 'You know.'는 일종의 추임새와 같은 구어체 표현인데, 사용하지 않는 것이 바람직하다.

❸ 'Your glass is bad.'나 'Your sister is birthday.', 'I can give your glass.'는 문법적으로 잘못된 문장이거나 뜻이 통하지 않는다.

★★ 4점 이상

Hi, Janet. This is Ryan, getting back to you regarding... the... wine glasses. I am sorry they are... uh... cracked. You have to use them this Saturday. So you want to exchange them. Let me see... I think it's our fault. Actually, we can fix the problem. We can send you the... the new wine glasses. And you will receive them this Saturday. I hope you will understand my mind. Have a nice day. Thank you.

첨삭노트

❶ 'I think it's our fault.'는 상황 설명 및 변명으로는 다소 빈약하다.

❷ 'I hope you will understand my mind.'는 한국적인 표현이고 해석상으로도 어색하다.

만점 답변 ◉

★★★ 5점 만점

Hi, Janet. This is Max. Thank you for shopping at our website. I am returning your call about the two broken wine glasses. You have to use them for your sister's birthday this Saturday. So you would like to exchange them for new ones before the party. Sometimes while delivering products, the delivery man mishandles the packages, which causes damages. In your case, we will gladly exchange the damaged products for new ones as soon as possible. Once again, we are terribly sorry and we hope you will continue to shop with us.

Propose a Solution _ 165

친절한 피드백 2

★ 신유형

▶ 대본 및 해설 32쪽

Respond as if you are a staff of the branch.

In your response, be sure to

· show that you recognize the problem, and
· propose a way of dealing with the problem.

📄 **Script**

M : Before finishing our meeting, I would like to talk about one last issue. As you know, our branch has started collecting books for the orphans in the city last month. But we have only collected 100 books so far and we need at least 500 books.

W : Then we still need to collect 400 books, right? The thing is that the new school term will start in 3 weeks and the orphans will need books by then.

M : That's right. We have to solve this problem as soon as possible. Well, our time is up. If any of you could give me some ideas to collect the 400 remaining books we need, please give me a call later.

학원 강의보다 더 자세한 1 대 1 방식의 맞춤형 과외처럼 선생님과 함께 문제를 풀어보고, 현재 나의 수준을 진단해 만점을 받을 수 있는 확실한 전략을 세워보세요.

🎧 training-05-01.mp3

★ 3점 이하

Hello, this is Kim. I call you to say... I am having a solution. Well... I think we want books. more books. But we have 400 now. Oh, no! We want 400 books. That's right? And we will give them to the... the child to study. I think we have to advertisement in the newspaper... right now....

첨삭노트

❶ 전체적으로 문법적인 오류가 많이 발견되었다. 이는 바로 감점으로 이어지므로 기본적인 문장구조의 틀은 평소에 반복 낭독 훈련을 통해 꾸준히 익혀야 한다.

❷ 해결책으로 신문 광고를 떠올린 건 좋으나, 표현이 불완전하여 아쉽다. 해결책과 연관된 대표 표현들은 따로 정리해서 암기하도록 하자.

★★ 4점 이상

Hi, this is Serene. I'm calling regarding the agenda. I thought about that and came up with an idea. You said we need 400 books to donate the orphans. The new semester starts soon so we don't have much time. O.K. Well... First, we need collect books from libraries. They have many old books so they can donate. Second, how about make a notice on the bulletin board? Then many people will donate books, too. Here are my suggestions. I hope you like my suggestions. O.K. Thank you. Bye.

첨삭노트

❶ '~에 기부하다'는 'donate to'이며, '~할 필요가 있다'는 'need to'이다. 또한 청유문인 'How about ~' 뒤에는 -ing꼴이 와야 한다. 아는 문법이라도 말하면서 실수하지 않도록 주의하자.

❷ 같은 단어나 구문을 반복하는 대신 적절하게 다른 표현으로 바꿔준다면, 문장이 한층 더 풍성해진다.

만점 답변 ◎

★★★ 5점 만점

Hi, this is Natasha calling about the problem regarding collecting books for the orphans. From what you mentioned during the meeting, I understand that we have collected 100 books so far, but we still need 400 more before the new school term starts in 3 weeks. All right, here is an idea. I will make calls to the local libraries and ask them to donate books. As far as I remember, they had a lot of extra books to give away last month. And asking people to give their second-hand books could also be an idea. Well, let me know what you think. Bye.

STEP 04 공략 포인트 09

상품 및 서비스

이 유형에서는 고객의 불만족에서 비롯한 불평 메시지, 또는 상품 홍보 및 서비스 개선 등에 관련된 회의 내용이 등장한다. 주로 상품에 문제가 있거나 배송되지 않은 상황이 출제되며, 판매량이 떨어지거나 질 낮은 서비스로 인하여 피해를 본 사례 또한 소재로 선택되고 있다. 이때 기존 유형에는 이런 소재를 바탕으로 환불이나 교환, 빠른 배송을 요구하는 내용이 담기고, 신유형에는 문제점을 해결하거나 개선할 수 있는 방법을 모색해 보자는 내용이 담기게 된다. 그럼 '만점 노하우'에서 학습했던 전략에 맞춰 답변을 구성하는 연습을 해 보자!

🔑 답변을 구성하는 필수 요소

1. 답변 구성 연습

실제 시험에서는 필기가 금지되지만, 평소에 연습할 때에는 체계적으로 답변을 만들어보는 과정이 꼭 필요하다. 그래야만 답변의 논리성과 일관성에 대한 감을 얻을 수 있기 때문이다. 이 구조가 머릿속에서 자연스럽게 그려질 수 있도록 반복하여 연습해야 한다.

상품 및 서비스 유형의 답변

```
┌─────────────────────────────┐
│        1. 첫인사              │
└─────────────────────────────┘
              ↓
┌─────────────────────────────┐
│        2. 문제 요약           │
│   ( 상품 관련 / 서비스 관련 )  │
└─────────────────────────────┘
              ↓
┌─────────────────────────────┐
│        3. 상황 설명           │
│ ( 생산 관련 / 배송 관련 / 직원 관련 / 홍보 관련 ) │
└─────────────────────────────┘
              ↓
┌─────────────────────────────┐
│        4. 해결책 제시          │
│ ( 환불 / 교환 / 배송 / 광고 및 이벤트 / 할인 등 혜택 ) │
└─────────────────────────────┘
              ↓
┌─────────────────────────────┐
│        5. 끝인사              │
└─────────────────────────────┘
              ↓
```

2. 메시지 파악

이 유형에서 출제되는 음성 메시지는 크게 두 가지 종류로 나눠볼 수 있다. 첫째는 불평이나 불만 제기이고, 둘째는 아이디어나 도움 요청이다. 어떤 경우든 상황과 문제점을 파악해야 해결책을 제시할 수 있다. 다음의 일정한 패턴을 익히면, 메시지의 핵심 요소를 놓치지 않고 파악할 수 있다.

❶ 상황

* I'm calling about ~.   ~에 대해 전화 드립니다.

* Recently, I ~.   최근에 저는 ~.

* As you know, there is ~.   아시다시피, ~가 있습니다.

* I've been ~.   저는 ~ 해왔습니다.

* ~ is supposed to ~.   ~가 ~하기로 돼 있습니다.

❷ 문제점

* The thing is ~.   문제는 ~입니다.

* There is a problem with ~.   ~에 문제가 있습니다.

* I am(또는 We are) having difficulties -ing.   ~하는 데 어려움이 있습니다.

* However 또는 But ~.   그러나 ~.

* We need a way to ~.   ~할 방안이 필요합니다.

* Unfortunately, ~.   아쉽게도, ~.

❸ 요구사항

* Could you 또는 Would you ~?   ~해 주실 수 있습니까?

* I'd like you to ~.   당신이 ~해 주셨으면 좋겠습니다.

* Is it possible that you ~?   ~해 주시는 게 가능하겠습니까?

* I was wondering if you could ~.   ~해 주실 수 있는지 궁금합니다.

* What I need you to do is ~.   당신이 해 주길 바라는 건 ~입니다.

3. 해결책 제시

각 상황별 유용한 해결책을 정리했다. 의외로 간단한 해결책 제시, 어렵게 생각할 필요가 전혀 없다. 비슷한 문제점들은 큰 범주로 묶어 해결책을 달아 놓았으니, 실제 답변을 만들 때 적극 활용하도록 하자.

❶ 구입한 상품에 파손 및 고장 등의 문제가 있을 경우

* We will exchange it for a new one.

  새것으로 교환해 드리겠습니다.

* We will replace it with a new one.

  새것으로 교체해 드리겠습니다.

* We will give you a refund.

  환불해 드리겠습니다.

* To compensate this matter, we would like to give you a 10% discount on your next order.

  이 문제를 보상해 드리기 위해, 고객님의 다음 주문을 10% 할인해 드리겠습니다.

❷ 서비스에 불만족을 느꼈을 경우

* We will arrange a training session for all staff.

  직원을 대상으로 교육 프로그램을 마련하겠습니다.

* We will improve our service immediately.

  즉시 서비스를 개선시키겠습니다.

* We will tell him/her to call you and apologize.

  그/그녀가 고객님께 전화해서 사과하도록 하겠습니다.

* We would like to offer you a 20% discount coupon.

  고객님께 20% 할인 쿠폰을 지급해 드리겠습니다.

❸ 사업 홍보 및 개선 아이디어를 요청할 경우

* To attract more people, you should promote the business.

  더 많은 고객을 유치하기 위해, 당신의 사업을 홍보해야 합니다.

* Why don't you advertise ~ on TV and online?

  ~를 TV와 온라인에서 홍보하는 게 어때요?

* How about making some posters and flyers?

  포스터나 전단지를 만드는 게 어때요?

* Why don't you offer customers a membership card or a discount?

  고객들에게 멤버십 카드나 할인을 제공하는 게 어때요?

신유형 답변 방법

위에서 제시한 해결책을 각각 'Why don't you(we) ~?' 또는 'How about ~(ing)?' 등의 청유문 형식으로 바꿔 말하는 연습을 하자. 회의 문제에 대한 답변은 고객이 남긴 메시지에 제 3자의 입장에서 답변하는 방식과는 달리, 응시자가 회의에 참여한 사람으로서 그 내용에 관련된 의견을 제시하는 형식이 가장 자연스럽기 때문이다.

* We will make signboards. → Why don't you(we) make signboards? /

  간판을 만들겠습니다.

  How about making signboards?

  간판을 만드는 건 어떨까요?

1. Hello, 상대방 이름 . This is 이름 from 회사명 .

안녕하세요, (상대방 이름). 저는 (회사명)의 (이름)입니다.

예문 Hello, Rachel. This is Ron from Max Mart.

안녕하세요, 레이첼 씨. 저는 맥스 마트의 론입니다.

해설 • 답변의 첫인사 부분에서 쓸 수 있는 표현이다.

• from 뒤에는 부서명을 써도 된다. **예** Customer Service, Human Resources

2. I am calling in response to your voice message.

당신의 음성 메시지에 답변 전화 드립니다.

예문 Hi! I am calling in response to your voice message about our delivery service.

안녕하세요! 저희의 배송 서비스에 관한 고객님의 음성 메시지에 답변 전화 드립니다.

해설 • 이 표현은 상대방의 이름을 잘 못 들었을 때 유용하게 쓸 수 있는 첫인사 표현이다. 어차피 파트 5는 상대방이 나에게 음성 메시지를 남겼다는 가정으로 시작하기 때문에, 이 문장을 통째로 외워서 쓰는 것도 좋은 방법이다.

• 상황설명과 자연스럽게 연결하고 싶을 땐, 위의 예문처럼 voice message 다음에 전치사 about을 쓴 후 문제의 소재를 적절하게 넣어 말하자.

3. I got your message saying that 상황 .

(상황)에 대한 당신의 메시지를 받았습니다.

예문 I got your message saying that your stereo is not working properly.

스테레오가 잘 작동하지 않는다는 당신의 메시지를 받았습니다.

해설 • 문제 요약 부분에서 쓸 수 있는 표현이다. 메시지에서 들은 내용을 요약하여 이 문장 뒤에 이어서 답변을 하면 된다.

4. I thought about the ways to 해결책 .

저는 (해결책)을 생각해 봤습니다.

예문 As you requested, I thought about the ways to upgrade the programs.

요청하신 것처럼, 저는 프로그램을 업그레이드할 방법을 생각했습니다.

해설 • 기존 유형과 신유형에 모두 쓸 수 있는 유용한 표현이다. 첫인사 부분에 이 문장을 활용하면 전체 내용에 대한 일종의 예고가 되므로, 좀 더 단도직입적인 해결책 제시가 될 수 있다.

5. From what I understand, 상황 .

제가 이해한 바로는, (상황)이군요.

예문 From what I understand, you are having problems with the blender you bought.

제가 이해한 바로는, 고객님께서 구매한 믹서기에 문제가 있는 거군요.

해설 · 문제가 되는 상황을 요약할 때 쓰는 표현이다. 이때, 모든 상황을 너무 한꺼번에 몰아서 설명하려고 하지 말자. 간단한 문장을 만든 후 and로 연결하는 것이 훨씬 쉽고, 실수도 줄일 수 있다.

6. I am sorry for the inconvenience.

불편을 끼쳐드려 죄송합니다.

예문 First of all, I am terribly sorry for the inconvenience.

무엇보다도, 불편을 끼쳐드려 대단히 죄송합니다.

해설 · 상황 설명을 시작할 때 쓸 수 있는 표현이다.

7. I think there must have been 문제 .

제 생각에는 (문제)가 있었던 것 같습니다.

예문 I think there must have been an error in our system.

제 생각에는 저희 시스템에 에러가 있었던 것 같습니다.

해설 · 상황 설명 부분에서 쓸 수 있는 표현이다.

8. Due to 원인 , we were not able to 행동 .

(원인) 때문에, 저희는 (행동)을 할 수 없었습니다.

예문 Due to bad weather, we were not able to keep the delivery date.

굿은 날씨 때문에, 저희는 배송일을 지킬 수 없었습니다.

해설 · 상황 설명 부분에서 변명을 할 때에 유용한 표현이다.

· Due to ~의 뒤에는 문제 상황을 묘사하는 어떤 표현이 와도 좋다.

· Due to ~는 Since 절로, were not able to는 couldn't로 바꿔도 무방하다.

9. I am glad to tell you that 해결책 .

| 예문 | I am glad to tell you that our new shipment will arrive soon. |

해설 • 해결책 제시 부분에서 쓸 수 있는 표현이다.

 • 'I am pleased to announce that ~.'으로 바꿔도 무방하다.

당신께 (해결책)을 말씀드릴 수 있어 기쁩니다.

당신께 저희의 새 선적이 곧 도착할 것임을 알려드리게 되어 기쁩니다.

10. We will make sure that 해결책 .

| 예문 | We will make sure that you will receive the item by Wednesday. |

해설 • 해결책 제시 부분에서 쓸 수 있는 표현으로 적극적인 표현에 속한다.

 • 'We will do our best to ~.' 역시 동일한 표현이나, to부정사 뒤에는 동사를 써야 한다.

(해결책) 하도록 하겠습니다.

당신이 상품을 수요일까지 받을 수 있도록 하겠습니다.

11. Why don't you 해결책 ?

| 예문 | Why don't you reduce the price of the products? |

해설 • 청유형 문장 형식으로, 아이디어를 요구하는 문제의 해결책으로 쓸 수 있다.

 • 'How about ~?' 형식으로 바꿔도 무방하지만, 전치사 about 뒤에는 동명사가 온다는 점에 주의하자. **예** How about making signboards?

(해결책) 해 보는 게 어떻습니까?

제품의 가격을 낮추는 게 어떻습니까?

12. Please call us back if you have any more questions.

해설 • 동일한 내용의 다른 표현은 다음과 같다.

 예 Do not hesitate to call us if you need more information.
 Feel free to call us if you have any concerns.

더 궁금한 점이 있으시면 다시 전화를 주시기 바랍니다.

Question 1

🎧 training-05-02.mp3

TOEIC Speaking

▶ 대본 및 해설 33쪽

Respond as if you are the manager of the online shopping mall.

In your response, be sure to
- · show that you recognize the problem, and
- · propose a way of dealing with the problem.

Question 2

TOEIC Speaking

▶ 대본 및 해설 34쪽

Respond as if you are the manager of the coffee shop.

In your response, be sure to
- · show that you recognize the problem, and
- · propose a way of dealing with the problem.

Question 3

🎧 training-05-02.mp3

TOEIC Speaking

▶ 대본 및 해설 35쪽

Respond as if you are from head office.

In your response, be sure to
· show that you recognize the problem, and
· propose a way of dealing with the problem.

Question 4

TOEIC Speaking

▶ 대본 및 해설 36쪽

Respond as if you are a human resources specialist.

In your response, be sure to
- · show that you recognize the problem, and
- · propose a way of dealing with the problem.

STEP 04 공략 포인트 10

인사 및 일정

인사 및 일정에서는 비즈니스 환경에서 접할 수 있는 소재들이 다수 등장한다. 예를 들면, 직무 배치나 업무 환경, 회의나 교육, 일정 예약 등에 관련된 상황이 듣기 내용으로 출제된다. 이때, 기존 유형에서는 문제를 해결할 수 있는 단서가 대부분 메시지 안에 요구사항으로 제시되어 있었지만, 신유형인 회의 상황에서는 창의적인 아이디어를 함께 떠올려 보자는 식으로 대화가 마무리되기 때문에 좀 더 브레인스토밍에 신경을 써야 한다. 둘 중 어느 유형이 출제되든 해결책은 긍정적으로 제시해야 답변을 풀어나가기 수월하다.

답변을 구성하는 필수 요소

1. 답변 구성 연습

이 유형의 답변 구성 또한 앞의 '상품 및 서비스' 유형의 구성과 동일하다. 단, 2번부터 4번까지의 순서에는 인사 및 일정에 관련된 내용을 채워 넣으면 된다. 답변의 완성도를 높일 수 있도록 아래의 구조에 맞게 말하는 연습을 하되, 시간이 초과되지 않도록 내용을 적절히 안배하도록 하자.

인사 및 일정 유형의 답변

```
┌─────────────────────────────┐
│         1. 첫인사            │
└─────────────────────────────┘
              ↓
┌─────────────────────────────┐
│         2. 문제 요약         │
│     ( 인사 관련 / 일정 관련 )  │
└─────────────────────────────┘
              ↓
┌─────────────────────────────┐
│         3. 상황 설명         │
│ ( 업무 관련 / 교육 관련 / 시스템 관련 ) │
└─────────────────────────────┘
              ↓
┌─────────────────────────────┐
│         4. 해결책 제시        │
│ ( 직무 배치 / 비품 구입 및 수리 / 일정 변경 및 취소 ) │
└─────────────────────────────┘
              ↓
┌─────────────────────────────┐
│         5. 끝인사            │
└─────────────────────────────┘
              ↓
```

2. 해결책 제시

인사 및 일정에 관련된 문제점 역시, 비슷한 상황끼리 묶어서 정리했다. 아래 해결책들을 충분히 숙지한 후, 실전에서 순발력 있게 활용하도록 하자.

❶ 인력이 대체됐거나 부족한 경우

* Why don't you call HR department and ask for available staff?

인사팀에 전화해서 일할 수 있는 직원을 요청하는 게 어때요?

* I will contact ~ if he/she is available.

제가 ~에게 연락해서 그/그녀가 일할 수 있는지 알아보겠습니다.

* Why don't we hire more people?

더 많은 사람을 고용하는 게 어때요?

* Why don't you offer higher salary for extra hours?

초과 근무에 대한 높은 수당을 지급하는 게 어때요?

❷ 필요한 자료나 서류가 빠진 경우

* I will email or fax the necessary documents to you.

제가 당신에게 필요한 서류를 이메일이나 팩스로 보내드리겠습니다.

* I will prepare the documents, so drop by my office anytime you want.

제가 서류를 준비해 놓을 테니, 원하시는 때에 제 사무실에 들러주세요.

* I will make copies and send them to your office right away.

제가 복사해서 바로 당신의 사무실로 보내드리겠습니다.

❸ 일정이 변경되거나 새로운 공지 사항이 생긴 경우

* I will post a notice on the bulletin board.

제가 게시판에 공지를 게시하겠습니다.

* I will send emails and texts to all employees.

제가 직원들에게 이메일과 문자를 보내겠습니다.

* I will remind him/her about the change.

제가 그/그녀에게 변동 사항을 알려주겠습니다.

1. I am returning your call regarding 문제 .

(문제)에 대한 당신의 전화에 답변을 드립니다.

예문 I am returning your call regarding the flight reservation.

비행편 예약에 대한 당신의 전화에 답변을 드립니다.

해설 • 첫인사에서 전화를 거는 목적을 언급할 때 쓸 수 있는 표현이다.

2. In your message, you said that 상황 .

메시지에서, 당신은 (상황)이라고 하셨지요.

예문 In your message, you said that you want to reschedule the meeting.

메시지에서, 당신은 회의 일정을 조정하고 싶다고 하셨죠.

해설 • 문제 요약 부분에서 쓸 수 있는 표현이다.

• 'I hear that ~.'으로 바꿔도 무방하다.

3. After hearing your message, I checked and found out that 문제 .

당신의 메시지를 듣고 나서 확인해 본 결과, (문제)를 발견했습니다.

예문 After hearing your message, I checked and found out that he has been transferred to Chicago.

당신의 메시지를 듣고 나서 확인해 본 결과, 저희는 그가 시카고로 전근을 간 것을 알아냈습니다.

해설 • 상황 설명 부분에서 쓸 수 있는 표현이다.

4. As you mentioned, 문제 .

말씀하셨듯이, (문제)가 있습니다.

예문 As you mentioned during the meeting, we are understaffed.

회의 중 말씀하셨듯이, 저희는 직원이 부족합니다.

해설 • 상황 설명 부분에서 쓸 수 있는 표현이다.

• 이 표현은 상대방이 메시지에서 언급한 문제와 실제 상황이 일치할 때 쓰도록 하자.

5. I've come up with some ideas.

몇 가지 아이디어를 생각해 봤습니다.

예문 I've thought about it and come up with some ideas.

제가 생각해 본 결과, 몇 가지 아이디어가 떠올랐습니다.

해설 • 본격적인 해결책을 제시하기 전에 쓸 수 있는 표현으로, 상대방을 위로하거나 안심시키는 효과가 있다.

• 필요에 따라 이 문장의 앞뒤에 Don't worry about it.을 넣어도 좋겠다.

6. All you have to do is 해결책 .

당신은 (해결책) 하기만 하면 됩니다.

예문 All you have to do is make an appointment with the interviewer.

당신은 면접관과 약속만 잡으면 됩니다.

해설 • 해결책에는 내가 직접 해 줄 수 있는 해결책이 있고, 상대방이 해야 하는 해결책이 있다. 이 표현은 후자의 경우에 사용할 수 있다.

• 'All you have to do is' 다음에는 동사의 원형이 온다. 이 자리에 절을 쓰는 일이 없도록 주의하자.

7. I will remind 사람 about 사안 .

제가 (사람)에게 (사안)에 대해 알리겠습니다.

예문 I will remind the customers about our new policy.

제가 고객에게 새 정책에 대해 알리겠습니다.

해설 • 주로 일정의 변경이나 새로운 공지가 있을 때 해결책으로 제시할 수 있는 표현이다.

• 같은 내용으로 내가 아닌 상대방이 그렇게 하길 요구할 때에는, 'You should remind 사람 about 사안.'의 형식으로 쓰면 된다.

8. I suggest that you 해결책 .

저는 당신이 (해결책) 할 것을 제안하는 바입니다.

예문 I suggest that you send us your resume first.

저는 당신이 이력서를 먼저 보내주시길 제안하는 바입니다.

해설 • 해결책 제시 부분에서 쓸 수 있는 표현이다.

• 동사 suggest 때문에 that절 이하의 동사 자리에는 반드시 원형이 와야 한다.

9. We will take care of the problem so that 해결책 .

(해결책) 할 수 있도록 문제를 처리하겠습니다.

예문 We will take care of the problem so that you can attend the meeting.

당신이 그 회의에 참석할 수 있도록 문제를 처리하겠습니다.

해설 • 해결책 제시 부분에서 쓸 수 있는 표현이다.

• 'We will deal with the problem so that ~.' 역시 가능하다.

10. We will have 사람 동작 .

저희가 (사람)을 (동작)하도록 하겠습니다.

예문 We will have a repairman fix the copy machine.

저희가 수리공을 보내 복사기를 고칠 수 있도록 하겠습니다.

해설 • 타인을 통한 간접적인 해결책을 제시할 때 쓸 수 있는 표현이다.

• 이 표현의 have가 사역동사이므로 그 뒤에 동사의 원형이 와야 한다.

11. That way, I'm sure 예상 결과 .

그렇게 하면, (예상 결과)라고 확신합니다.

예문 That way, I'm pretty sure that people would show interest.

그렇게 하면, 분명 사람들이 관심을 보일 거라 확신합니다.

해설 • 제시한 해결책 뒤에 쓸 수 있는 표현으로, 해결책의 타당성을 피력할 수 있다.

• I am sure 뒤에 오는 예상 결과는 that절의 형태로 문장을 만든다.

12. It would be a good idea to 해결책 .

(해결책) 하는 것이 좋을 것 같습니다.

예문 It would be a good idea to hire new employees.

신입 사원을 고용하는 것이 좋을 것 같습니다.

해설 • 해결책 제시 부분에서 쓸 수 있는 표현이다.

• 비슷한 표현으로 'You had better ~.' 역시 가능하다.

13. That's what I got so far.

이게 지금까지 제가 떠올린 것입니다.

예문 That's what I got so far. I will let you know if I come up with more ideas.

이게 지금까지 제가 떠올린 것입니다. 더 많은 아이디어가 생각나면 알려드릴게요.

해설 • 이 표현은 두 가지 경우에 쓸 수 있다. 첫째는 아무리 생각해도 좋은 해결책이 잘 떠오르지 않을 때이고, 둘째는 해결책을 말하는 도중 답변 시간이 거의 끝나갈 때이다. 두 경우 모두 바람직하진 않으나, 아무런 대책 없이 답변을 끝내는 것보단 낫다. 다소 비전문적으로 느껴질 수 있으니, 꼭 필요할 때만 쓰도록 하자.

14. I hope it helps.

이게 도움이 됐으면 좋겠네요.

예문 I hope it helps. Please let me know how it goes.

이게 도움이 됐으면 좋겠네요. 어떻게 일이 진행되는지 알려주십시오.

해설 • 해결책을 제시하고 난 후 끝인사와 함께 쓸 수 있는 표현이다. 그냥 'Bye.'로 답변을 끝내는 것보다 더욱 세심하고 친절하게 들린다. 단, 해결책이라고 보기 힘든 것을 제시하고 이 표현을 쓰면 오히려 역효과가 날 수 있으니 주의하자.

Question 1

🎧 training-05-03.mp3

TOEIC Speaking

▶ 대본 및 해설 37쪽

Respond as if you are the manager of the human resources department.

In your response, be sure to
- show that you recognize the problem, and
- propose a way of dealing with the problem.

Question 2

🎧 training-05-03.mp3

TOEIC Speaking

▶ 대본 및 해설 38쪽

Respond as if you work with Tom.

In your response, be sure to
- show that you recognize the problem, and
- propose a way of dealing with the problem.

Question 3

training-05-03.mp3

TOEIC Speaking

★ 신유형

▶ 대본 및 해설 38쪽

Respond as if you are from the human resources department.

In your response, be sure to

· show that you recognize the problem, and

· propose a way of dealing with the problem.

Question 4

🎧 training-05-03.mp3

TOEIC Speaking

▶ 대본 및 해설 39쪽

Respond as if you are the hotel manager.

In your response, be sure to

· show that you recognize the problem, and

· propose a way of dealing with the problem.

Part 5 백전백승 답변틀!

⭐ 사과 및 보상

1. Hello,   . This is   from   .
   안녕하세요, _____ 씨. 저는 _____의 _____입니다.

2. I am returning your call regarding   .
   _____에 대한 당신의 전화에 답변 드립니다.

3. In your message, you said that   .
   메시지에서 _____라고 하셨네요.

4. So you want   .
   그래서 _____를 원하시는군요.

5. First of all, I am very sorry for the inconvenience.
   먼저, 불편을 끼쳐드려 대단히 죄송합니다.

6. After hearing your message, I checked and found out that   .
   메시지를 듣고 나서 확인해 본 결과, _____라는 것을 알게 됐습니다.

7. I think there must have been   .
   아마도 _____이었던 것 같습니다.

8. But I am glad to tell you that   .
   하지만 _____라는 걸 말씀드리게 되어 기쁘게 생각합니다.

9. And I will make sure that   so you   .
   그리고 _____하실 수 있도록 _____하겠습니다.

10. Also, I'd like to give you   .
    또한, _____도 제공해 드리겠습니다.

11. Please call us back if you have any more questions. Thank you.
    다른 질문이 있으시면 언제든 연락해 주십시오. 고맙습니다.

⭐ 아이디어 제안

1. Hi, ＿＿＿＿＿＿＿＿＿. This is ＿＿＿＿＿＿＿＿ returning your call.
   안녕하세요, ＿＿＿＿＿＿ 씨. 저는 ＿＿＿＿＿＿이고 메시지에 답변 드립니다.

2. From what you mentioned (during the meeting), I understand ＿＿＿＿＿＿＿.
   (회의 중) 언급하셨듯이, ＿＿＿＿＿＿＿＿ 상황이군요.

3. And you have problems with ＿＿＿＿＿＿＿.
   그리고 ＿＿＿＿＿＿＿에 대해 문제를 갖고 계시네요.

4. So you want me to ＿＿＿＿＿＿＿.
   따라서 제가 ＿＿＿＿＿＿＿하기를 바라시네요.

5. After checking into the situation, I've come up with some ideas.
   상황을 확인해 본 결과, 몇 가지 아이디어가 떠올랐습니다.

6. Firstly, why don't you ＿＿＿＿＿＿＿?
   먼저, ＿＿＿＿＿＿＿해 보시는 건 어떨까요?

7. Also, you can ＿＿＿＿＿＿＿.
   또한 ＿＿＿＿＿＿＿도 하실 수 있습니다.

8. That way, I am sure that ＿＿＿＿＿＿＿.
   그렇게 하면 분명 ＿＿＿＿＿＿＿일 것입니다.

9. I hope this helps. Please feel free to contact me if you ＿＿＿＿＿＿＿.
   이게 도움이 됐으면 좋겠네요. ＿＿＿＿＿＿라면 언제든 연락해 주십시오.

10. Have a nice day. Bye!
    좋은 하루 보내세요!

PART 6

Express an Opinion

의견 제시하기

STEP 01

오리엔테이션

TOEIC Speaking

Question 11 : Express an opinion

Directions : In this part of the test, you will give your opinion about a specific topic. Be sure to say as much as you can in the time allowed. You will have 15 seconds to prepare. Then you will have 60 seconds to speak.

---

1. 파트 6의 개요

문제 수	지문 독해 시간	답변 준비 시간	답변 시간	점수	평가 기준
1 Question 11	**X**	**15**초	**60**초	**5**점	발음, 억양 및 강세, 문법, 어휘, 내용의 일관성과 완성도

시험을 보는 데 반드시 알아야 할 핵심 내용만을 뽑아 설명했습니다.
각 파트의 특징을 이해하는 데 딱 5분이면 충분해요.

2. 준비 및 답변 전략

1단계 파트 6의 Directions가 끝나면 문제가 화면에 표시된다. 성우가 문제를 다 읽고 난 후 주어지는 15초 동안 답변을 준비하여 1분 동안 자신의 의견을 표현하면 된다. 이때, 시간이 완료될 때까지 문제는 화면에 계속 나타나 있다.

2단계 주의할 점은, 일정한 구조 없이 생각나는 대로 말하거나 부연 설명 없이 주장만 반복해선 안 된다는 것이다. 파트 6에서는 주어진 문제에 대한 뚜렷한 자신의 주장과 그것을 뒷받침할 수 있는 적절한 예시를 들어 논리적으로 답변을 구성해야 좋은 점수를 받을 수 있기 때문이다.

3단계 사실, 1분 동안 외국어로 무언가에 대해 이야기하기란 그리 쉬운 일이 아니다. 그러나 평소에 다양한 주제에 대해 브레인스토밍을 하고, 논리적인 말하기를 위한 연결 표현 등을 연습해 두면 1분 스피치에 대한 부담감을 덜 수 있다.

4단계 그럼, 지금부터 본격적으로 1분 스피치를 연습해 보자!

3. 배점표

배점	평가 기준
5점	의사 전달 방식이 효과적이며 말을 알아듣기가 매우 쉽고 조리가 있다.
4점	전체적으로 말을 알아듣기가 쉽고 일관성도 있으며 표현도 유창한 편이다.
3점	질문에 적절하게 답변하려 했지만, 주제를 잘 전개하지 못했다. 전반적으로 표현력이 부족해 의미가 모호하거나 연관성이 부족한 경우가 있다.
2점	답변의 일관성이 현저히 부족하거나 말을 알아듣기 매우 힘들다.
1점	답변이 과제와 관계가 없거나 의견을 거의 표현하지 못한다.
0점	무응답이거나 답변과 과제 간의 연관성이 전혀 없다.

만점 노하우

1. 자투리 시간을 활용하자!

답변 준비 시간으로 주어지는 15초는, 1분 분량의 답변 내용을 준비하기에는 충분하지 않은 시간이다. 따라서 처음에 성우가 문제를 읽어줄 때 빠르게 눈으로 문제를 훑도록 하자. 그리고 답변을 준비하라는 안내가 나올 때까지 어떤 입장을 취할 것이며 또, 어떤 근거를 들어 말할지 미리 생각해 놓자. 그런 다음 실제 답변 준비 시간에는 전체적인 개요를 만들면 된다.

2. 문제 유형을 파악하자!

다음 파트 6의 단골 출제 유형을 참고하여 브레인스토밍에 적극 활용하자. 개요 구성하기에도 시간이 빠듯하기 때문에, 내용은 평소에 브레인스토밍을 통해 가능한 한 많이 생각해 두어야 한다.

단골 출제 유형 ❶ 찬성 또는 반대(Agree or Disagree)
❷ 두 가지, 또는 세 가지 대안 중 선택(Choose)
❸ 의견 및 경험 표현(Express)

3. 3단 구성 말하기를 연습하자!

파트 6의 채점 요소 중, '내용의 일관성과 완성도'라는 항목이 있다. 이는 얼마나 논리적인 구조를 갖춰 설득력 있게 말하는가를 평가하기 위한 것인데, '서론-본론-결론'의 3단 구성으로 말하는 연습을 하면 이 부분에서 좋은 점수를 받을 수 있다. 그럼 다음의 방법을 통해 3단 구성의 요령을 터득해 보자.

서론 화면에 제시된 문제를 그대로 활용한다.

본론 ❶ 두 개의 근거를 들어 중심 생각을 뒷받침하거나,
❷ 연관된 개인의 경험 및 사례를 들어 설명한다.

결론 서론 문장을 요약(summarize)하거나 변환(paraphrase)한다.

위와 같이 서론에 20%, 본론에 60%, 결론에 20%의 비중을 두어 시간을 안배하면 1분을 효율적으로 사용할 수 있다.

4. 파트 3와 연계하여 학습하자!

파트 6의 문제는 파트 3의 6번 문제, 즉, 경험 및 의견을 묻는 문제와 별반 다를 바가 없다. 오히려 파트 3에는 없던 답변 준비 시간까지 생겼으니 브레인스토밍 시간도 충분한 셈이다. 단, 답변 시간이 두 배로 늘어났기 때문에, 파트 3보다는 좀 더 상세한 예시와 근거를 들어 풍성하게 답변을 구성하면 된다. 겁부터 먹지 말고 여유를 갖자!

5. 답변은 두괄식으로!

미국에서 오랫동안 생활해 영어가 유창한 수험생이 준비 없이 토익스피킹 시험을 치른 후, 본인의 기대에 못 미치는 점수를 받고 나에게 상담을 요청한 적이 있다. 상담 중 실제 시험과 같은 몇 가지 질문을 한 후 답변을 들어보니 이유가 명백해졌다. 바로, 답변을 장황하게 한 후 끝에서 마무리를 짓는 미괄식 구성으로 말을 하는 습관에 문제가 있었다. 물론, 시간적 제약이 없는 상황이라면 미괄식 구성 또한 나름의 장점을 가진 효과적인 말하기 방법이 될 수 있다. 그러나 토익스피킹에서는 답변 시간이 정해져 있으므로, 이런 답변 방식은 자칫 시간 내에 답변을 마무리 짓지 못하는 상황을 초래할 수 있다. 따라서 주장을 서두에 두는 두괄식 구성으로 말하는 연습을 하도록 하자.

6. 사례를 들어 주장을 뒷받침하자!

사례나 근거가 없는 주장은 팥 없는 찐빵과도 같다. 단순히 주장만 나열하지 말고, 개인의 경험이나 생각을 덧붙여 부연 설명을 충분히 해야 한다. 이때, 관련된 적절한 경험이 없다면, 상상력과 순발력을 발휘하자.

7. 스스로 놓은 덫에 걸리지 말자!

수험생들의 답변을 듣다 보면 가장 안타까울 때가 바로 스스로의 덫에 걸리는 것을 목격할 때이다. 여기서 덫이란, many, a lot of, several, two, three와 같이 reasons를 수식해 주는 말을 뜻한다. 실제로 생각해 놓은 이유는 한 가지 밖에 없는데 무턱대고 'There are three reasons why I think ~.'라고 말해 버리면, 반드시 3가지의 이유를 들어 말해야만 하는 의무가 생기게 된다. 또 다른 경우, 실제로 세 가지 근거를 생각해 놓았다고 해도 시간이 부족해 하나만 말하고 답변이 잘렸다면, 이 역시 의무를 충실히 수행해 내지 못한 꼴이 되고 만다. 따라서 개요를 구성할 때, 1분 안에 충분히 여러 근거를 들어 말할 수 있다는 확신이 들 때를 제외하고는 스스로 덫을 놓지 말자.

친절한 피드백

TOEIC Speaking

Some people prefer to work at home, while others prefer to work in the office. Which do you think is better and why?

Use specific reasons and examples to support your opinion.

▶ 대본 및 해설 40쪽

아쉬운
답변

★ 3점 이하

Some people prefer to work at home. And I like it... Because it is better. Work in the office is... very... boring. And office is very far. My house is very... comfortable. If I working in my house,... I can good work. And...... Ah! I can wake up very late. If I /

첨삭노트

❶ 전체적으로 어휘력이 부족하고 문법적으로도 오류가 많이 보인다.

❷ 아무런 근거도 없이 'I like it.', 또는, 'It is better.'와 같이 말하지 않도록 해야 한다.

❸ 습관적으로 'very'를 반복하고 있다. 이는 유창성을 현저히 떨어뜨리는 요인이다.

❹ 위의 경우, 내용이 논리적으로 연결되지 않고 완성도도 낮으므로 낮은 점수를 받게 된다.

학원 강의보다 더 자세한 1 대 1 방식의 맞춤형 과외처럼 선생님과 함께 문제를 풀어보고,
현재 나의 수준을 진단해 만점을 받을 수 있는 확실한 전략을 세워보세요.

🎧 **training-06-01.mp3**

★★ 4점 이상

> Some people prefer to work in the office. But I prefer to work at home. Because I can concentrate in my work... more. In the office, sometimes... it's... too noisy to concentrate. And I like... to work at home because... I can do many things while working. For example,.... I can watch the TV or I can listen to the music while I am working. So this is why working at home is better for me.

첨삭노트

❶ 종종 문법적인 오류가 보이나 의미를 이해하는 데 방해가 되는 정도는 아니다.

❷ 대체적으로 주장하는 바가 이해하기 쉽고, 구성도 어느 정도 갖춰져 있다.

만점 답변 ⚙

★★★ 5점 만점

In my opinion, working at home would be better for two reasons. One reason is that I don't have to worry about commuting. Every morning, there is usually a morning rush-hour, which leads to a traffic jam. But if I worked at home, there would be no need to be stuck in traffic. The second reason is that I don't have to follow a specific dress code. While working at home, I can wear whatever I like. So I can work feeling comfortable and relaxed. With these reasons in mind, I would prefer to work at home.

공략 포인트 11

공략
유형

찬성 또는 반대

어떠한 진술에 대하여 찬성하는 입장인지 반대하는 입장인지를 묻는 유형으로, 개인에 따라 다양하게 생각해 볼 수 있는 주제가 문제로 출제된다. 이때 주의할 점은, 반드시 자신의 입장을 명확하게 밝혀야 한다는 것이다. 어느 쪽의 입장인지 알 수 없는 모호한 답변이나 중립적인 답변은 좋은 점수를 받을 수 없음을 기억하자.

🔑 답변을 구성하는 필수 요소

1. 답변 구성 연습

파트 6에서는 논리적인 구조에 맞게 일관된 의견을 제시할 수 있는지의 여부가 주된 평가 기준이다. 실제로 논리성과 일관성은 채점 요소 중에서도 비중이 높은 편이므로, 개요를 구성하는 데에 익숙하지 않다고 하더라도 '서론-본론-결론'의 구성으로 답변하는 연습을 꾸준히 해야 한다. 다음의 3단 구성을 머릿속에 익혀보자.

찬성 또는 반대 유형의 답변

보기1 **이유를 두 가지 이상 제시할 수 있을 때**

서론	찬성 / 반대 선택	
본론	이유 1	이유 2
	부연 설명	부연 설명
결론	주장	

보기2 **이유가 한 가지 밖에 생각나지 않을 때**

서론	찬성 / 반대 선택
본론	이유 1
	관련된 경험
결론	주장

2. 기출 유형 분석

파트 6에 나오는 문제들은 개인이 속한 준거집단의 범위 내에서 출제된다. 따라서 우리가 한 번쯤은 경험해 보거나 생각해 봤을 법한 내용을 묻게 된다. 크게 '가정, 학교 및 직장, 사회'의 세 가지 범주로 기출 문제를 나누어 봤다. 이런 문제가 등장했을 때 무엇을 근거로 답변을 구성할지 미리 생각해 보자.

❶ 가정

* Children should learn to make friends. Do you agree or disagree?

  아이들은 친구 사귀는 법을 배워야 합니다. 찬성하십니까, 반대하십니까?

* Parents should teach their children how to think positively. Do you agree or disagree?

  부모는 아이들에게 긍정적인 사고를 가르쳐야 합니다. 찬성하십니까, 반대하십니까?

* It is better to learn a foreign language at an early age. Do you agree or disagree?

  어린 나이에 외국어를 습득하는 것이 더 효과적입니다. 찬성하십니까, 반대하십니까?

* Teenagers are rebellious to their parents. Do you agree or disagree?

  십대들은 부모에게 반항적입니다. 찬성하십니까, 반대하십니까?

❷ 학교 및 직장

* Students should wear school uniforms. Do you agree or disagree?

  학생들은 교복을 입어야 합니다. 찬성하십니까, 반대하십니까?

* Students should learn to play a musical instrument in school. Do you agree or disagree?

  학생들은 학교에서 악기를 배워야 합니다. 찬성하십니까, 반대하십니까?

* Having a good relationship with others is essential for a successful career. Do you agree or disagree?

  다른 사람과 좋은 관계를 유지하는 것은 성공적인 커리어에 필수적입니다. 찬성하십니까, 반대하십니까?

* Getting a promotion in a small company is easier than in a big company. Do you agree or disagree?

  작은 회사가 큰 회사보다 승진하기에 더 유리합니다. 찬성하십니까, 반대하십니까?

❸ 사회

* These days, it is more difficult to get a job than in the past. Do you agree or disagree?

* Compared to the past, people don't exercise much these days. Do you agree or disagree?

* Big companies should give back to society. Do you agree or disagree?

* SNS helps people improve their communication skills. Do you agree or disagree?

요즘은 과거에 비해 직장을 구하기가 더 힘듭니다. 찬성하십니까, 반대하십니까?

과거와 비교해 보면, 요즘 사람들은 운동을 많이 안 합니다. 찬성하십니까, 반대하십니까?

대기업들은 사회에 환원을 해야 합니다. 찬성하십니까, 반대하십니까?

SNS를 통해 사람들은 의사소통 기술을 개선할 수 있습니다. 찬성하십니까, 반대하십니까?

3. 브레인스토밍 연습

평소에 다양한 주제에 대한 브레인스토밍이 선행되지 않으면 시험장에서 시행착오를 겪을 수 있다. 왜냐하면 답변의 내용을 일일이 생각해 보기에는 15초의 답변 준비 시간이 너무 짧기 때문이다. 그러면, 앞서 제시한 답변 구성을 활용하여 브레인스토밍 훈련을 시작해 보자.

보기 1 Q. It is good for students to have a long break before attending university. Do you agree or disagree with this statement?

당신은 학생들이 대학에 들어가기 전에 긴 휴가를 갖는 것이 바람직하다는 의견에 찬성하십니까, 반대하십니까?

서론	찬성 / 반대 선택 Agree	
본론	이유 1 Relax	이유 2 Travel
	부연 설명 Need time to relax after high school	부연 설명 An opportunity to travel
결론	주장 It is good for students to have a long break.	

학생들이 긴 휴식 시간을 갖는 것이 좋습니다.

Q. Do you agree that television has a bad influence on children?

당신은 텔레비전이 아이들에게 나쁜 영향을 준다는 의견에 동의하십니까?

서론	찬성 / 반대 선택 Disagree	
본론	이유 1 Educational	이유 2 Fun
	부연 설명 Programs that help children learn	부연 설명 Relieve stress
결론	주장 Watching television is not bad for children.	

TV를 보는 것이 아이들에게 나쁘지 않습니다.

4. 속담 표현

답변을 구성할 때 적절한 근거와 예시가 잘 떠오르지 않으면 당황하기 십상이다. 이럴 땐 순발력 있게, 의견을 뒷받침할 수 있는 속담을 사용하는 것도 현명한 방법이다. 단, 속담을 떠올리느라 시간을 다 써버리면 안 되기 때문에 외우기 쉽고 유용한 속담들만 모아봤다. 이 표현을 실제로 어떻게 활용하는지는 바로 뒤에 나오는 필수 표현에 정리했다.

* Practice makes perfect.

연습하면 완벽해질 수 있다.

* Better late than never.

아예 오지 않는 것보다는 다소 늦는 것이 낫다.

* No pain, no gain.

고통 없이는 얻는 것도 없다.

* Well begun is half done.

시작이 반이다.

* Good medicine tastes bitter.

좋은 약은 입에 쓴 법이다.

* Look before you leap.

돌다리도 두들겨 보고 건너라.

* Every dog has his day.

쥐구멍에도 볕들 날 있다.

* The early bird catches the worm.

일찍 일어나는 새가 먹이를 잡는다.

* It's killing two birds with one stone.

일석이조다.

* Two heads are better than one.

백지장도 맞들면 낫다.

* Experience is the best teacher.

경험은 최고의 스승이다.

* Good health is above wealth.

건강이 재산보다 낫다.

1. I (agree/disagree) that 진술 .

저는 (진술)에 (찬성/반대)합니다.

예문 I agree that people should use public transportation.

저는 사람들이 대중교통을 이용해야 한다는 것에 찬성합니다.

해설 · 서론 부분에서 쓸 수 있는 찬성 표현이다.

· 반대의 표현으로는 'I disagree that ~.' 또는 'I don't agree that ~.' 등이 있다.

2. 주장 for several reasons.

몇 가지 이유 때문에 (주장)입니다.

예문 Advertisements are helpful for customers for several reasons.

몇 가지 이유 때문에 광고는 소비자들에게 도움이 됩니다.

해설 · 서론 부분에서 쓸 수 있는 표현으로, 자신의 생각을 '주어 + 동사'의 절로 만들어 주장 부분에 붙이면 된다.

· 이유가 하나 밖에 생각나지 않을 때에는 for several reasons를 과감히 빼자.

3. First, 이유 1 . Second, 이유 2 .

첫째로, (이유 1)입니다. 둘째로, (이유 2)입니다.

예문 First, I can avoid mistakes. Second, I can learn some lessons.

첫째로, 실수를 줄일 수 있습니다. 둘째로, 교훈을 얻을 수 있습니다.

해설 · 본론에서 이유에 해당하는 주지 문장을 말할 때 쓸 수 있는 표현이다.

4. However, if 가정 ~, (then) 결과 ~.

하지만 만약 (가정)이라면, (결과)일 것입니다.

예문 However, if the working hours are flexible, all employees will be able to work more efficiently.

하지만 만약 근무시간이 유동적이라면, 모든 직원들은 더욱 효율적으로 일할 수 있을 것입니다.

해설 · 주장에 대한 반대 상황을 가정하여 부연 설명을 하는 표현이다. 주장에 좀 더 탄탄한 논리가 형성될 수 있으므로 매우 유용하다.

5. To be specific, 부연 설명 .

구체적으로 말하면, (부연 설명)입니다.

예문 To be specific, second-hand smoke can harm those who don't smoke.

구체적으로 말하면, 간접흡연은 비흡연자들에게도 해롭습니다.

해설 • 본론에서 제시한 각 이유에 대한 구체적인 부연 설명을 덧붙일 때 쓰도록 하자.

• 'In particular, ~.'로 바꿔도 무방하다.

6. As an old saying goes, 속담 .

속담에도 있듯이, (속담)입니다.

예문 As an old saying goes, too many cooks spoil the broth.

속담에도 있듯이, 사공이 많으면 배가 산으로 갑니다.

해설 • 본론에서 속담에 빗대어 자신의 의견을 제시할 때 쓸 수 있는 표현이다.

• 자주 쓰이는 영어 속담 표현을 알아두면 유용하다. p.201 참조

7. These are the reasons why I think 주장 .

이것이 제가 (주장)이라고 생각하는 이유입니다.

예문 These are the reasons why I think friendship is important to teenagers.

이것이 제가 십대들에게 우정이 중요하다고 생각하는 이유입니다.

해설 • 결론에서 자신의 주장을 정리하는 느낌으로 쓸 수 있는 표현이다. 근거를 두 개 이상 제시했을 때에는 'These are the reasons why I think ~.'를, 근거를 하나 제시했을 때에는 'This is the reason why I think ~.'를 쓰도록 하자.

8. All things considered, I believe that 주장 .

모든 것을 고려해 보았을 때, 저는 (주장)이라고 생각합니다.

예문 All things considered, I believe that talking in person is better than emails.

모든 것을 고려해 보았을 때, 저는 직접 만나서 대화하는 것이 이메일보다 더 좋다고 생각합니다.

해설 • 결론 부분에서 종합적으로 주장을 정리할 때 유용한 표현이다.

Question 1

training-06-02.mp3

TOEIC Speaking

It is always best to tell the truth and never to lie. Do you agree or disagree with this statement?

Include details and examples to support your explanation.

▶ 대본 및 해설 41쪽

Question 2

🎧 training-06-02.mp3

TOEIC Speaking

The use of cell phones while driving should be prohibited. Do you agree or disagree with this statement?

Use details and examples to explain your opinion.

▶ 대본 및 해설 41쪽

Question 3

♫ training-06-02.mp3

TOEIC Speaking

Do you agree or disagree with the following statement?
Vending machines selling drinks and snacks should be permitted in high schools.

Give specific reasons and details to support your answer.

▶ 대본 및 해설 42쪽

Question 4

🎧 **training-06-02**.mp3

TOEIC Speaking

Do you agree or disagree with the following statement?
Success is based more on luck than on hard work.

Support your idea by using specific reasons and details.

▶ 대본 및 해설 42쪽

STEP 04 공략 포인트 12

선택 및 견해

이 유형은 크게 두 종류로 나눠볼 수 있다. 먼저, 두 가지, 또는 세 가지 대안을 제시한 후 그 중 하나를 고르게 하는 택일형 문제가 빈번히 출제되고 있다. 이 유형에서는 반드시 한 가지를 선택해야 하며, 절충식의 답변은 피하도록 하자. 견해 제시 문제는 파트 3의 세 번째 문제 유형의 확장판이라고 생각하면 된다. 단, 파트 3보다는 조금 더 구체적으로 자신의 견해를 밝혀야 한다.

답변을 구성하는 필수 요소

1. 답변 구성 연습

이 유형 역시, 3단 구성에 맞게 말하는 연습을 해 보자. 택일형과 견해 제시형의 본론 구성 방법은 호환이 가능하다.

선택 및 견해 유형의 답변

보기1 **택일형**

서론	두 가지, 또는 세 가지 대안 중 선택	
본론	이유 1	이유 2
	부연 설명	부연 설명
결론	주장	

보기2 **견해 제시형**

서론	핵심 견해
본론	이유
	관련 경험
결론	견해의 요약 및 강조

2. 기출 유형 분석

최근 택일형의 기출 빈도가 부쩍 높아졌다. 기존의 양자 택일형도 꾸준히 출제되고 있지만, 세 가지 항목을 제시하고 그 중 하나, 또는 두 개를 선택하여 자신의 의견을 말하는 형식 또한 자주 등장한다. 견해 제시형으로는 개인의 경험을 묻는 질문, 또는 택일형에서 선택 가능했던 항목이 아예 주어지지 않은 형태의 질문들이 나온다.

❶ 두 가지 중 선택

∗ Some people prefer to learn by themselves while others prefer to have a teacher when they learn something. Which do you prefer and why?

> 어떤 사람들은 스스로 학습하는 걸 선호하지만, 다른 사람들은 선생님에게 배우는 걸 선호합니다. 당신은 어떤 것을 선호하며, 그 이유는 무엇입니까?

∗ Some people like to eat most of their meals with other people while others prefer eating alone. Which do you prefer and why?

> 어떤 사람들은 다른 사람과 함께 식사하는 걸 선호하지만, 다른 사람들은 혼자 먹는 걸 선호합니다. 당신은 어떤 것을 선호하며, 그 이유는 무엇입니까?

❷ 세 가지 중 선택

∗ Which do you think is the most important quality that a leader should have? Communication skills / A sense of humor / Open mind

> 다음 중, 리더가 갖춰야 할 가장 중요한 자질은 무엇입니까? 의사소통 기술 / 유머 / 열린 사고

∗ What is the most important quality that children should learn from their parents? How to make friends / How to think positively / How to overcome difficulties

> 다음 중, 아이들이 부모에게 배워야 할 가장 중요한 자질은 무엇입니까? 친구 사귀는 법 / 긍정적으로 생각하는 법 / 어려움을 극복하는 법

❸ 견해 제시형

∗ What do you miss most about your home when you are away?

> 당신이 멀리 떠나 있을 때, 집에서 가장 그리운 것은 무엇입니까?

∗ What do you think is the best way for companies to advertise their products?

> 회사가 제품을 광고할 때 가장 좋은 방법은 뭐라고 생각합니까?

3. 브레인스토밍 연습

다음의 택일형 문제와 견해 제시형 문제를 통해 브레인스토밍을 해 보자. 제시된 이유 및 근거 외에 또 다른 의견이 있다면 계속 덧붙여 나가자. 브레인스토밍의 범주는 넓을수록 좋다.

보기1 **택일형**

Q. Some people like to do research on the Internet. Others prefer to use the library. Explain which method you prefer and why.

서론	두 대안 중 선택 Internet	
본론	이유 1 Convenient	이유 2 Fast
	부연 설명 Access anywhere	부연 설명 Find information quickly
결론	주장 I prefer to do research on the Internet.	

어떤 사람들은 인터넷에서 자료를 찾고 다른 사람들은 도서관을 이용합니다. 당신은 어떤 방법을 더 선호하며, 그 이유는 무엇입니까?

저는 인터넷으로 검색하는 것을 선호합니다.

보기2 **견해 제시형**

Q. What are the most important characteristics of a good friend?

서론	핵심 견해 being honest and supportive	
본론	견해 1 Honest	견해 2 Supportive
	부연 설명 Can trust him/her	부연 설명 Help me get through hard times
결론	견해의 요약 및 강조 A good friend should be honest and supportive.	

좋은 친구의 가장 중요한 특징은 무엇입니까?

좋은 친구는 솔직하고 나를 지지해 주어야 합니다.

4. 만능 근거 구성

많은 수험자들이 이 유형의 답변을 구성할 때, 어떤 점을 근거로 제시해야 할지 고민한다. 정작 중요한 것은 답변의 표현 방식인데, 이 근거 하나를 찾느라고 소중한 시간을 허비하지 말자. 대다수의 문제에 공통으로 적용할 수 있는 이른바, 만능 근거들이 있으므로, 이것을 활용하여 보다 빠르게 답변의 개요를 구상하자.

❶ 사물 관련

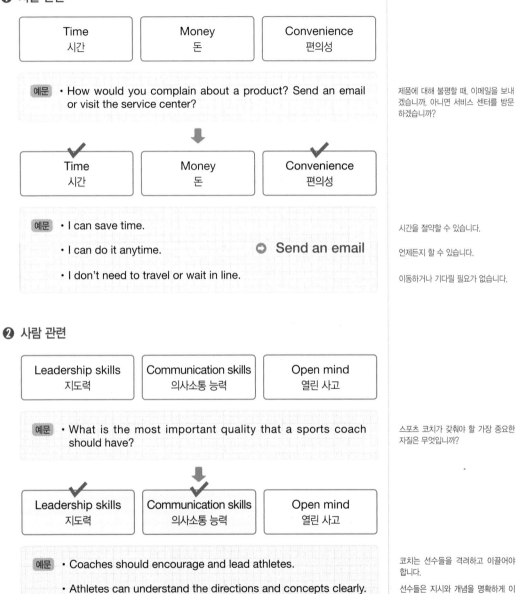

| Time 시간 | Money 돈 | Convenience 편의성 |

예문
· How would you complain about a product? Send an email or visit the service center?

제품에 대해 불평할 때, 이메일을 보내겠습니까, 아니면 서비스 센터를 방문하겠습니까?

| ✔ Time 시간 | Money 돈 | ✔ Convenience 편의성 |

예문
· I can save time.

· I can do it anytime.   ➡ **Send an email**

· I don't need to travel or wait in line.

시간을 절약할 수 있습니다.

언제든지 할 수 있습니다.

이동하거나 기다릴 필요가 없습니다.

❷ 사람 관련

| Leadership skills 지도력 | Communication skills 의사소통 능력 | Open mind 열린 사고 |

예문
· What is the most important quality that a sports coach should have?

스포츠 코치가 갖춰야 할 가장 중요한 자질은 무엇입니까?

| ✔ Leadership skills 지도력 | ✔ Communication skills 의사소통 능력 | Open mind 열린 사고 |

예문
· Coaches should encourage and lead athletes.

· Athletes can understand the directions and concepts clearly.

코치는 선수들을 격려하고 이끌어야 합니다.

선수들은 지시와 개념을 명확하게 이해할 수 있습니다.

1. Given the choice between 대안 1 and 대안 2 , 주장 .

(대안 1)과 (대안 2) 중에 선택하라면, (주장)입니다.

예문 Given the choice between love and friendship, I would choose love.

사랑과 우정 중에 선택하라면, 저는 사랑을 택하겠습니다.

해설 • 택일형 답안의 서론 부분에서 쓸 수 있는 표현이다.

• 주장 부분에는 반드시 앞의 두 대안 중 하나가 들어가야 한다.

2. For me, 대안 1 is 비교급 than 대안 2 .

제게 있어서는, (대안 1)이 (대안 2)보다 (비교급)입니다.

예문 From my point of view, watching sports is better than playing them.

제게 있어서는, 스포츠를 관람하는 것이 직접 하는 것보다 좋습니다.

해설 • 택일형 답안의 서론에서 두 대안을 직접 비교할 때 쓰도록 하자.

3. In my opinion, 주장 .

제 의견으로는, (주장)이라고 생각합니다.

예문 In my opinion, a good leader has to be able to listen to others.

제 의견으로는, 좋은 리더란 남의 의견에 귀 기울일 수 있어야 한다고 생각합니다.

해설 • 견해 제시형의 서론 부분에서 쓸 수 있는 표현이다.

• 'In my opinion, ~.'은 'From my point of view, ~.', 'Personally, ~.'로 대체할 수 있다.

4. I prefer this option because 이유 .

저는 (이유) 때문에 이 대안을 선호합니다.

예문 I prefer this option because there are many fun things to do in the city.

저는 도시에 즐길 수 있는 것들이 많다는 점 때문에 이 대안을 선호합니다.

해설 • 택일형의 본론에서 이유를 밝힐 때 쓸 수 있는 표현이다.

5. **These days,** 현상 .

요즘엔 (현상)입니다.

예문 These days, there are tons of TV channels.

요즘엔 TV 채널의 숫자가 엄청나게 많습니다.

해설 • 본격적인 부연 설명에 앞서 대체적인 현상을 언급할 때 쓰는 표현이다. 물론, 이 현상은 뒤에 따르는 근거와 연계성이 높아야 한다. 이 표현 자체에 과거와 비교하는 느낌이 포함되어 있으므로, 특히 과거와 현재의 변화에 관련된 문제 유형에서 유용하게 쓸 수 있다.

6. **It is important that** 주장 .

(주장)이 매우 중요합니다.

예문 It is important that teenagers know how to manage money.

십대들이 돈을 관리하는 법을 아는 것이 매우 중요합니다.

해설 • 주장을 나타내는 다소 강한 어조의 표현이다. important 대신에 essential, crucial 등을 쓸 수 있다.

7. **As a result,** 주장 .

그 결과, (주장)입니다.

예문 As a result, you can get healthier.

그 결과, 당신은 더욱 건강해질 수 있습니다.

해설 • 택일형 및 견해 제시형의 본론에서 주장을 정리할 때 쓸 수 있는 표현이다.

• 'Consequently, ~.'나 'Therefore, ~.' 역시 동일한 의미를 가진 표현이다.

8. **In conclusion,** 주장 .

결론적으로, (주장)입니다.

예문 In conclusion, I prefer to travel alone.

결론적으로, 저는 혼자 여행하는 것을 선호합니다.

해설 • 택일형 및 견해 제시형의 결론에서 쓸 수 있는 표현이다.

• 비슷한 표현으로는 'All in all, ~.'이나 'So, ~.' 등이 있다.

Question 1

🎧 training-06-03.mp3

TOEIC Speaking

Some people prefer to live alone while others prefer to live with a roommate.

Which way of living do you prefer and why?

▶ 대본 및 해설 43쪽

Question 2

∩ training-06-03.mp3

TOEIC Speaking

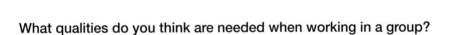

What qualities do you think are needed when working in a group?

Include details and examples in your response.

▶ 대본 및 해설 44쪽

Question 3

🎧 training-06-03.mp3

TOEIC Speaking

MAIN VOLUME BACK PAUSE NEXT

Who is the best person to go to when you need some advice?
Choose one of the following people and give specific reasons to
support your answer.

– Teacher   – Parent   – Friend

▶ 대본 및 해설 44쪽

Question 4

🎧 **training-06-03.mp3**

TOEIC Speaking

What landmark or place in your country do you recommend that travelers visit?

Explain why you think people should go there.

▶ 대본 및 해설 45쪽

Part 6 백전백승 답변틀!

⭐ 찬성 또는 반대 유형

1. I agree/disagree that   for several reasons.

저는 몇몇의 이유로 _____에 찬성/반대합니다.

2. I believe this because   and   .

저는 _____이고 _____이기 때문에 이렇게 생각합니다.

3. First,   .

먼저, _____입니다.

4. For example,   .

예를 들면, _____입니다.

5. Second,   .

다음으로, _____입니다.

6. As an old saying goes,   .

속담에도 _____라는 말이 있습니다.

7. To be specific,   .

구체적으로 말하면, _____입니다.

8. All things considered,   .

모든 것을 고려했을 때, _____라고 생각합니다.

⭐ 선택 및 견해 유형

1. Given the choice between _____ and _____, I'd prefer _____.
   _____와 _____ 중에 고르라면, 저는 _____를 선택하겠습니다.

2. I like _____ because _____ and _____.
   저는 _____와 _____ 때문에 _____를 선호합니다.

3. To begin with, _____.
   먼저, _____입니다.

4. In other words, _____.
   다시 말해, _____라는 것입니다.

5. Moreover, _____.
   또한, _____입니다.

6. Therefore, _____.
   그러므로, _____입니다.

7. In conclusion, that's why I _____.
   결론적으로, 이것이 제가 _____한 이유입니다.

나의 **토익스피킹** 고사장은?

어떤 시험이든, 시험을 치르는 환경이 매우 중요합니다. 개인에 따라서 그 환경적 요인이 성적에 크고 작은 영향을 미치기도 하니까요. 특히, 토익스피킹의 경우 듣고, 보고, 말해야 하는 시험이기 때문에 점검해야 할 사항이 다른 필기 위주의 시험보다는 많죠.

그래서 준비했습니다. 응시생들의 생생한 후기를 바탕으로 구성한 토익스피킹 고사장 종합 정보! 과연 고사장을 선택할 때에는 어떤 점들을 고려해야 할까요? 동가홍상('같은 값이면 다홍치마'라는 뜻)이라는 말이 있듯, 아래 정보를 참고하여 이왕이면 좀 더 쾌적한 환경에서 시험 잘 치르시길 바랍니다!

1. 접근성

가능한 한 집에서 가깝고 찾기 쉬운 고사장을 선택하세요. 토익스피킹 시험을 치러 가는 거지, 모험을 떠나는 게 아니니까요. 또, 고사장이 학교인 경우, 어떤 캠퍼스의 무슨 건물인지 정확하게 확인하고 가세요. 고사장 찾아 헤매다가 시험도 보기 전에 기운이 다 빠지면 너무 억울하잖아요.

2. 기기 및 시설

컴퓨터로 진행되는 시험인데, 시험 도중 컴퓨터나 헤드셋에 문제가 생기면 낭패겠죠. 보통, 시험 전에 감독관들이 서버와 기기 상태 등을 철저하게 점검하긴 하지만, 낡은 시설에서는 심리적으로 불안감이 생길 수 있어요. 최신식까지는 아니더라도 어느 정도 좋은 시설을 갖춘 고사장을 선택하세요. 마음이 편해야 시험도 안정적으로 치를 수 있습니다.

3. 칸막이 설치 여부

칸막이가 없는 것보다는 있는 게 낫고, 칸막이보다는 1인실이 더 낫겠죠? 다른 사람의 말이 너무 크게 들리면 아무래도 답변 중에 정신이 산만해질 수 있으니까요. 그런데 문제는 그런 고사장은 빨리 마감된다는 사실! 다음은 칸막이가 설치된 고사장 중, 시설이 비교적 양호한 곳입니다. 최선의 선택은 부지런한 사람에게 돌아갑니다!

- YBM CBT센터(강남, 대구, 대전, 부산, 신촌, 종로), 강남여성능력개발센터, 고려대학교 국제어학원, 광운대학교 언어교육원, 군장대학교 서울홍보관, 부산대학교 국제교류교육원, 서울시립대학교 국제어학원, 한국직업전문학교

TOEIC Speaking

시나공
테스트

TEST

Actual Test 1

Actual Test 2

TEST

1

TOEIC Speaking Test Directions

This is the TOEIC Speaking Test. This test includes eleven questions that measure different aspects of your speaking ability. The test lasts approximately 20 minutes.

Question	Task	Evaluation Criteria
1-2	Read a Text Aloud	• Pronunciation • Intonation and stress
3	Describe a Picture	All of the above, plus • Grammar • Vocabulary • Cohesion
4-6	Respond to Questions	All of the above, plus • Relevance of content • Completeness of content
7-9	Respond to Questions Using Information Provided	All of the above
10	Propose a Solution	All of the above
11	Express an Opinion	All of the above

For each type of question, you will be given specific directions, including the time allowed for preparation and speaking.

It is to your advantage to say as much as you can in the time allowed. It is also important that you speak clearly and that you answer each question according to the directions.

Click on **Continue** to go on.

Are you tired from multi tasking and worried about getting it all done? Then give yourself a break. How about learning how to play an instrument? Royal Music Studio is presenting a four-week course for piano, violin, and guitar. Take this opportunity to escape and rest from your busy life. Visit our website for more information.

▶ 대본 및 해설 46쪽

Good evening! This is Carrie Silver from LBS Radio. I'm standing outside the Arena Theater in Hollywood, where tonight's Film Awards will be held. Right now stars such as Brandon McDonald, Melissa Brown, and Anna Deltorro are arriving in small groups. And over 1,000 journalists are trying to take their pictures and get an interview.

▶ 대본 및 해설 46쪽

▶ 대본 및 해설 47쪽

♫ Actual Test 1-04.mp3

TOEIC Speaking

Imagine that your cousin wants to learn English. You are having a telephone conversation with your cousin about learning English.

When did you start to learn English?

▶ 대본 및 해설 48쪽

♫ Actual Test 1-05.mp3

TOEIC Speaking

Imagine that your cousin wants to learn English. You are having a telephone conversation with your cousin about learning English.

How often do you study English?

▶ 대본 및 해설 48쪽

Imagine that your cousin wants to learn English. You are having a telephone conversation with your cousin about learning English.

What do you think is the best way to improve your English skills?

▶ 대본 및 해설 48쪽

Travel Itinerary

4-day Rome Tour

FESTA TRAVEL

Day 1	- Fly overnight from New York to Rome
Day 2	- Take a guided tour of Vatican City - Visit the Colosseum
Day 3	- Take a walking tour of Rome: Trevi Fountain
Day 4	- Fly overnight from Rome to New York

* Program fee: $1,200 including Airfare (Round trip flights)

* Accommodations: 3 overnight stays in hotels with private bathrooms

* Meals: European breakfast and dinner daily

▶ 대본 및 해설 49쪽

PART 5

▶ 대본 및 해설 50쪽

Respond as if you are a staff of the human resources department.

In your response, be sure to

· show that you recognize the problem, and

· propose a way of dealing with the problem.

PART 6

TOEIC Speaking   **Question 11 of 11**

Some people like to take classes early in the morning.

Others like to have classes later in the day. Which do you prefer and why?

Use specific reasons and examples to support your answer.

▶ 대본 및 해설 51쪽

ACTUAL TEST

{ 2 }

TOEIC Speaking Test Directions

This is the TOEIC Speaking Test. This test includes eleven questions that measure different aspects of your speaking ability. The test lasts approximately 20 minutes.

Question	Task	Evaluation Criteria
1-2	Read a Text Aloud	• Pronunciation • Intonation and stress
3	Describe a Picture	All of the above, plus • Grammar • Vocabulary • Cohesion
4-6	Respond to Questions	All of the above, plus • Relevance of content • Completeness of content
7-9	Respond to Questions Using Information Provided	All of the above
10	Propose a Solution	All of the above
11	Express an Opinion	All of the above

For each type of question, you will be given specific directions, including the time allowed for preparation and speaking.

It is to your advantage to say as much as you can in the time allowed. It is also important that you speak clearly and that you answer each question according to the directions.

Click on **Continue** to go on.

PART 1

TOEIC Speaking

Come see the picture-perfect waterfalls with an expert! Our guided tours to hidden waterfalls help visitors find their way to places usually seen only by local residents. We take pride in our knowledgeable guides, beautiful trails, and excellent customer service! Interested parties can reserve a spot by calling 505-1378.

▶ 대본 및 해설 51쪽

TOEIC Speaking

Houston Zoo has opened its latest natural habitat attraction for exotic birds. The Bird Paradise houses more than 30 species and birds from Asia, Australia, and South America can now be seen in natural settings at the Houston Zoo. The zoo is open every day from 9 a.m. to 5 p.m., and admission is free.

▶ 대본 및 해설 51쪽

▶ 대본 및 해설 52쪽

🎧 Actual Test 2-04.mp3

TOEIC Speaking

Imagine that a Canadian fashion magazine is writing an article about hairstyle. You have agreed to participate in a telephone interview about changing hairstyle.

When was the last time you changed your hairstyle?

▶ 대본 및 해설 53쪽

🎧 Actual Test 2-05.mp3

TOEIC Speaking

Imagine that a Canadian fashion magazine is writing an article about hairstyle. You have agreed to participate in a telephone interview about changing hairstyle.

Do you always get a haircut from the same hairstylist?

▶ 대본 및 해설 53쪽

Imagine that a Canadian fashion magazine is writing an article about hairstyle. You have agreed to participate in a telephone interview about changing hairstyle.

Describe the hairstyle you want the next time you visit a hair salon.

▶ 대본 및 해설 53쪽

Joseph Adams
2266 South Racine Chicago, IL 60624

(312) 223-7115

jadams@quickmail.com

Education

Graduate Courses in Education,
DePaul University, Chicago, IL, June 2010
Bachelor of Science in Education

Teaching Experience

Substitute Teacher, Jacksonville High School, 2010 - 2011
- Taught Introductory Keyboarding to 9th graders.
- Taught General Business to 11th graders.
- Taught Basic Accounting to 12th graders.

Skills and Interests

- Over 5 years of public speaking experience
- Fluent in Spanish and French
- Interested in coaching and extracurricular clubs

▶ 대본 및 해설 54쪽

▶ 대본 및 해설 55쪽

Respond as if you are a public relations expert.

In your response, be sure to

· show that you recognize the problem, and

· propose a way of dealing with the problem.

Do you agree that using Social Media can help celebrities become more successful in their careers?

Use specific reasons and details to support your opinion.

▶ 대본 및 해설 56쪽

950은 무조건 넘게 해주고
만점까지 가능한 12세트, 2400제!

·········· 토익 실전서는 이 책 한 권이면 충분합니다! ··········

❶ 12세트, 2400제의 방대한 분량! 확실한 훈련!
최신 경향을 반영한 12세트, 2400문제면 900점 이상을 확실히 얻을 수 있습니다.

❷ 900은 기본, 만점까지 가능한 고득점용 문제집!
실제 출제되는 문제보다 난도를 높여 실전 적응력을 높여줍니다.

❸ 독학용 학습 노트 '혼끝토 노트' 온라인 제공!
독학 수험생들을 위해 확실히 기본 실력을 잡아주는 학습 자료를 제공합니다.

❹ MP3, 해설 무료 다운로드! 홈페이지에서 질문 답변!
학습용 MP3 4종을 무료로 제공하고, 홈페이지에 질문을 남기면 저자가 답변해줍니다.

권장하는 점수대	400	500	600	700	800	900

이 책의 난이도	쉬움	비슷함	어려움

2007년~2016년 <파트별 실전문제집> 분야
부동의 누적 판매 1위!

시나공 토익

TOEIC
SPEAKING
단기완성

SBS 아나운서
김주우(Travys Kim) 지음

대본 & 해설

2주 안에 Level 6, 4주 안에 Level 8을 보장한다!

특별 부록 : ❶ 컴퓨터용 모의고사 2회 ❷ 저자 음성강의 mp3 ❸ 예문 워크북 ❹ 예문 워크북 & 대본 및 해설 mp3 www.gilbut.co.kr에서 제공

길벗
이지:톡

시나공 토익

TOEIC SPEAKING 단기완성

Crack the Exam! TOEIC Speaking Speedy Course

초판 3쇄 발행 · 2018년 8월 20일

지은이 · 김주우
발행인 · 김경숙
발행처 · 길벗이지톡
출판사 등록일 · 2000년 4월 14일
주소 · 서울시 마포구 월드컵로 10길 56(서교동)
대표전화 · 02)332-0931 | **팩스** · 02)338-0388
홈페이지 · www.gilbut.co.kr | **이메일** · eztok@gilbut.co.kr

기획 및 책임편집 · 유현우(yhw5719@naver.com) | **디자인** · 황애라 | **제작** · 이준호, 손일순, 이진혁
영업마케팅 · 김학흥, 정태웅 | **웹마케팅** · 이승현, 차명환 | **영업관리** · 심선숙 | **독자지원** · 송혜란

편집진행 및 전산편집 · 기본기획 | **CTP 출력** · 벽호 | **인쇄** · 벽호 | **제본** · 경문제책

ISBN 979-11-5924-074-4 03740
(이지톡 도서번호 000907)

정가 15,000원

CIP : 이 도서의 국립중앙도서관 출판예정도서목록(CIP)은 서지정보유통지원시스템 홈페이지(http://seoji.nl.go.kr)와 국가자료공동목록시스템
(http://www.nl.go.kr/kolisnet)에서 이용하실 수 있습니다. (CIP제어번호 : CIP2016024292)

· ·

독자의 1초까지 아껴주는 정성 길벗출판사

(주)도서출판 길벗 | IT실용, IT/일반 수험서, 경제경영, 취미실용, 인문교양(더퀘스트) **www.gilbut.co.kr**
길벗이지톡 | 어학단행본, 어학수험서 **www.eztok.co.kr**
길벗스쿨 | 국어학습, 수학학습, 어린이교양, 주니어 어학학습, 교과서 **www.gilbutschool.co.kr**

독자 서비스 이메일 · service@gilbut.co.kr | 페이스북 · www.facebook.com/gilbutzigy | 트위터 · www.twitter.com/gilbutzigy

Scripts & Answer Keys

시나공 워밍업

시나공 트레이닝

시나공 테스트

시나공 워밍업

04 듣기 훈련 파트 4를 위한 듣기 연습

Dictations

01. When are you going to give me a call?
제게 언제 전화를 주시겠습니까?

02. Where will the next meeting be held?
다음 회의는 어디에서 열립니까?

03. Where do you usually go for dinner?
당신은 보통 어디에서 저녁 식사를 합니까?

04. How long have you been working with us?
당신은 얼마 동안 저희와 함께 일해 왔습니까?

05. What are you going to do over the weekend?
당신은 주말에 무엇을 할 것입니까?

06. When will the event take place?
그 행사는 언제 열립니까?

07. What should I wear for the annual banquet?
연례 연회에서 무엇을 입어야 할까요?

08. What time will the concert begin?
그 콘서트는 몇 시에 시작합니까?

09. Who should I talk to if I need to leave early?
일찍 떠나려면 누구와 이야기를 해야 합니까?

10. How can I get in touch with Robert?
로버트와 어떻게 연락할 수 있을까요?

11. What was the conference about?
그 회의는 무엇에 관한 것이었습니까?

12. Where can I find the agenda?
안건을 어디에서 찾을 수 있을까요?

13. Who does this parcel belong to?
이 소포는 누구의 것입니까?

14. What time will your plane leave for Beijing?
당신이 탈 베이징행 비행기는 몇 시에 떠납니까?

15. Who is in charge of this project?
이 프로젝트의 담당자는 누구입니까?

16. How can I apply for the position?
그 직위에 어떻게 지원하면 됩니까?

17. The proposal is due by Friday, isn't it?
그 제안서는 금요일까지죠, 그렇죠?

18. Do I have to pay with cash?
현금으로 지불해야 합니까?

19. The meeting is on July 30th, right?
그 회의는 7월 30일이죠, 맞습니까?

20. Aren't they available in other colors?
그것들은 다른 색도 있지 않습니까?

21. Should I bring my lunch?
제가 점심을 가지고 와야 합니까?

22. Is there anything else I need to know?
제가 알아야 할 다른 사항이 있습니까?

04 듣기 훈련 파트 5를 위한 듣기 연습

Hi, my name is Brian Davis.
Two weeks ago, I bought an MP3 player from your store. But last week it stopped working so I contacted your shop to have it fixed. Three days later, I got the MP3 player back and I was told it had been repaired. But since then it has stopped working again. I've only had this MP3 player for two weeks so there must be a problem with it. I would like you to give me a new one or I just want to get a refund. Please

let me know what you can do about this. My number is 533-2491.

안녕하세요, 제 이름은 브라이언 데이비스입니다.
2주 전에 저는 당신의 가게에서 MP3 플레이어를 샀습니다. 그런데 MP3 플레이어가 지난주부터 작동하지 않아서 저는 그것을 고치려고 당신의 가게에 연락을 했습니다. 사흘 뒤에 저는 MP3 플레이어가 다 고쳐졌다는 이야기를 듣고 그것을 돌려받았습니다. 그러나 그때 이후로도 MP3 플레이어는 작동하지 않았습니다. 저는 이 MP3 플레이어를 단 2주밖에 사용하지 않았으므로 분명 기계에 어떤 문제가 있을 거라고 생각합니다. 따라서 저는 당신이 제게 새 MP3 플레이어로 교환을 해 주시든지, 아니면 환불을 해 주셨으면 합니다. 이 문제에 대해 어떤 조치를 취해주실지 알려주세요. 제 전화번호는 533-2491입니다.

05 문법 연습 한국인의 약점 표현

01. There are many peoples in the restaurant.
peoples ➡ people
people은 '사람들'이란 뜻이므로 '-s'를 붙이지 않음

02. She is wearing a white shirts and jean.
shirts ➡ shirt, jean ➡ jeans
shirt는 단수, jeans는 복수

03. We have 20 staffs, 10 mans and 10 womans.
staffs ➡ staff, mans ➡ men, womans ➡ women
staff는 '-s'를 붙이지 않음, men과 women은 불규칙 복수형

04. The man who has a curly hair is my uncle.
has a curly hair ➡ has curly hair
머리가 한 가닥 있는 것이 아니므로 a 삭제

05. I listen to the music in my free time.
listen to the music ➡ listen to music
정관사 the는 필요 없음

06. I haven't heard of it, too.
too ➡ either
부정에 대한 동의는 too가 아닌 either

07. The most big problem is that we are understaffed.
The most big ➡ The biggest
big의 최상급은 most big이 아닌 biggest

08. Let's discuss about the matter with lunch.
discuss about the matter ➡ discuss the matter, with lunch ➡ over lunch
discuss는 전치사 필요 없음, '점심 식사를 하면서'는 over lunch

09. Can you give me some informations about the meeting on April?
informations ➡ information, on April ➡ in April
information은 '-s' 붙이지 않음, 월 이름 앞에는 전치사 in

10. I can't believe that you are afraid of a pigeon.
a pigeon ➡ pigeons
비둘기 한 마리만 두려워하는 것이 아니므로 pigeons

11. He bought a new computer three weeks before.
before ➡ ago
before는 전치사임

12. Andrew looks like happy today.
looks like happy ➡ looks happy
'~해 보인다'는 look + 형용사

13. After graduating high school, I began to prepare for the test.
graduating high school ➡ graduating from high school
'졸업하다'는 graduate from

14. Do you have an appointment on Friday?
an appointment ➡ plans
일반적인 계획은 plans

15. How do you think about the project?
How ➡ What
한글 해석에 영향 받지 않도록 주의

16. I wanna to be a doctor, but I know it's gonna to be hard.
wanna to ➡ want to, gonna to ➡ going to

wanna는 want to, gonna는 going to의 줄임. 문어체에서는 쓰지 않음

17. I think I have to go to home early today.

go to home ➡ go home

'집으로 가다'는 전치사 없이 go home

18. Don't say to her that I was drunken last night.

say to her ➡ tell her, drunken ➡ drunk

'~에게 말하다'는 tell + 목적어, drink의 과거분사형은 drunk

19. I have to go to the train station to pick up her.

pick up her ➡ pick her up

목적격 인칭대명사는 이어 동사의 사이에 위치함

20. She borrowed me the book.

borrowed ➡ lent

'빌려주었다'는 lent

21. I like to play with my friends.

play with ➡ hang out with

'~과 어울려 놀다'는 hang out with

22. I got my stereo back at July 6.

at July 6 ➡ on July 6

날짜 앞에는 전치사 on

23. Every students know the answer.

students ➡ student, know ➡ knows

every + 단수명사, 동사도 단수로 수 일치

24. Look at the girl who playing violin.

playing ➡ is playing, violin ➡ the violin

현재진행형은 be동사 + –ing, 악기 이름 앞에는 정관사 the

25. The manager made her to clean the office.

to clean ➡ clean

사역동사 make 뒤의 동사는 원형

26. I am looking forward to hear from Katie.

to hear ➡ to hearing

look forward to에서 to는 전치사

27. I have never been to here before.

been to here ➡ been here

here에 이미 '여기에'란 뜻이 담겨 있으므로 전치사 to 삭제

28. I have no idea what happened on last Sunday.

on last Sunday ➡ last Sunday

last 앞에 전치사 on 삭제

29. Congratulation! I am very proud of you.

Congratulation ➡ Congratulations

'-s'를 반드시 붙여줄 것

30. The price of crude oil is expensive.

expensive ➡ high

price는 비싼 것이 아니라 높은 것

31. How much is the population of Europe?

How much ➡ What

한글 해석에 영향 받지 않도록 주의

32. I heard that Tony is going to marry with Kelly.

marry with Kelly ➡ marry Kelly

marry는 전치사 필요 없음

33. Where is the capital of Japan?

Where ➡ What

한글 해석에 영향 받지 않도록 주의

34. I would like to contact to Mr. Cooper.

contact to Mr. Cooper ➡ contact Mr. Cooper

contact는 전치사 필요 없음

35. I think that I can't attend the seminar.

I think that I can't ➡ I don't think I can

주절을 부정해야 함

TRAINING

시나공 트레이닝

Q1 Are you looking for a beautiful oceanfront getaway/ in Hawaii?// Then/ Paradise Hotel is the ideal destination.// We have a total of 255 rooms/ including 40 suites.// Each room has an individual balcony/ overlooking the Pacific Ocean.// We also have/ 100 acres of tropical plants and flowers,/ first-class restaurants,/ large swimming pool,/ and luxurious spa.// Paradise Hotel is your ultimate "home away from home".//

하와이 해변에 위치한 아름다운 휴양지를 찾고 계십니까? 그렇다면 파라다이스 호텔은 여러분에게 최상의 선택이 될 것입니다. 저희는 40개의 스위트룸을 포함하여 총 255개의 객실을 갖추고 있습니다. 각 객실에는 태평양이 보이는 발코니가 있습니다. 또한 저희는 100에이커 면적에 열대 식물과 꽃들을 심어 놓았고, 1등급 레스토랑과 넓은 수영장, 그리고 고급스러운 스파를 갖추고 있습니다. 파라다이스 호텔은 '집을 떠나서 만나는 또 다른 집'입니다.

첨삭노트 다음 단어의 발음에 주의하자.

- oceanfront [óuʃənfrʌnt] : 바다 가까이에 있는
- getaway [gétəwèi] : 휴가지
- ideal [aidí(:)əl] : 이상적인
- destination [dèstənéiʃən] : 목적지
- individual [ìndəvídʒuəl] : 각각의
- balcony [bǽlkəni] : 발코니
- acre [éikər] : 에이커(면적의 단위)
- tropical [trápikəl] : 열대 지방의
- luxurious [lʌgʒúəriəs] : 호화로운

Q2 Good afternoon,/ ladies and gentlemen.// This is your captain,/ James Winston.// I'd like to welcome you aboard Ace Flight 713/ to Toronto.// Our flight time will be approximately 5 hours/ and we will be arriving at Toronto Airport/ at 8:20 p.m. local time.// Please fasten your seat belt/ and refrain from using cell phones,/ CD players,/ or FM radios in the cabin.// Thank you for your cooperation/ and we hope you have a pleasant flight.//

안녕하십니까, 신사, 숙녀 여러분. 저는 기장 제임스 윈스턴입니다. 저희 에이스 항공의 토론토행 713편을 이용해 주셔서 감사합니다. 비행 시간은 약 5시간 정도이며, 토론토 공항에는 현지 시간으로 8시 20분에 도착할 예정입니다. 안전 벨트를 착용해 주시고, 휴대폰 및 CD 플레이어, 그리고 FM 라디오 사용을 자제해 주십시오. 협조에 감사드리며, 즐거운 비행 되시길 바랍니다.

첨삭노트 다음 단어의 발음에 주의하자.

- captain [kǽptən] : 선장, 기장
- aboard [əbɔ́ːrd] : 탑승한
- Toronto [tərántou] : 토론토
- approximately [əpráksəmitli] : 거의
- fasten [fǽsən] : 매다
- refrain [rifréin] : 삼가다
- cooperation [kouàpəréiʃən] : 협력, 협동
- pleasant [plézənt] : 쾌적한, 즐거운

Question 1

Are you looking for a way to get fit?// Sign up for a personal trainer/ at Sparks Fitness Center.// We specialize in 30-minute personal training sessions/ using free weights,/ balls,/ and cardio equipment.// Our trainers are all certified/ and you'll receive a unique fitness and nutrition program/ that will change your body.// For more information,/ visit our website/ www.sparksfitness.com//

몸매를 건강하게 가꾸기 위한 방법을 찾고 계십니까? 스파크스 피트니스 센터의 개인 트레이너를 만나 보세요. 저희는 아령과, 볼, 그리고 유산소 기구를 활용한 30분 개인 트레이닝을 전문적으로 진행하고 있습니다. 저희 트레이너들은 모두 피트니스 자격증을 보유하고 있으며, 당신은 당신의 몸매를 바꿀 특별한 건강과 영양 프로그램을 제공받을 것입니다. 더 많은 정보를 원하시면 저희의 웹사이트 www.sparksfitness.com을 방문하십시오.

> **천사노트** 다음 단어의 발음에 주의하자.
>
> fitness [fítnis] : 신체단련, 건강
> specialize [spéʃəlàiz] : 전공하다, 전문적으로 다루다
> cardio [kɑ́ːrdiou] : 유산소 운동
> equipment [ikwípmənt] : 장비, 용품
> certified [sə́ːrtəfàid] : 증명된, 자격을 갖춘
> nutrition [njuːtríʃən] : 영양

Question 2

Good morning, folks.// This is your local weather forecast.// If you take a look at our weather chart,/ you can see/ that it is going to be a fairly cloudy day this morning.// There will be highs of 10,/ and lows of 2 degrees Celsius.// Later in the evening,/ there is a high chance of rain/ in the Los Angeles,/ San Francisco,/ and San Diego areas.// So don't forget to bring your umbrellas.//

여러분, 안녕하십니까? 지역 일기 예보입니다. 날씨 차트에서 보시는 바와 같이, 오늘 아침은 매우 흐린 날씨를 보이겠습니다. 최고 기온은 섭씨 10도, 최저 기온은 2도입니다. 저녁부터는 로스앤젤레스, 샌프란시스코, 그리고 샌디에고 지역에 비가 올 것으로 예상됩니다. 우산 꼭 챙기시길 바랍니다.

> **천사노트** 다음 단어의 발음에 주의하자.
>
> folk [fouk] : 사람들
> forecast [fɔ́ːrkæ̀st] : 예측, 예보
> fairly [fέərli] : 상당히, 꽤
> Celsius [sélsiəs] : 섭씨의
> Los Angeles [lɔːs ǽndʒələs] : 로스앤젤레스
> San Francisco [sæ̀n frənsískou] : 샌프란시스코
> area [έəriə] : 지역

Question 3

Sending holiday gifts/ has never been so easy!// Call Lily's Bakery/ or visit our website/ and then/ place an order for the perfect gift for your friends,/ family,/ and business associates.// All gifts are attractively boxed/ and include a personalized gift card.// Simply email/ or fax your mailing list with your selections/ and we do the rest!//

명절 선물을 보내는 게 이렇게 쉬웠던 적이 없었습니다! 릴리 제과점에 전화하시거나 저희 웹사이트를 방문하셔서 당신의 친구, 가족, 사업 동료를 위한 최고의 선물을 주문해 보세요. 모든 선물은 개인만의 카드와 함께 예쁘게 포장됩니다. 받으실 분의 명단을 선택하신 선물의 종류와 함께 저희에게 이메일, 또는 팩스로 보내주세요. 나머지는 저희가 다 처리하겠습니다!

첨삭노트 다음 단어의 발음에 주의하자.

order [ɔ́:rdər] : 주문
attractively [ətrǽktivli] : 멋지게, 매력적으로   selection [silékʃən] : 선택
associate [əsoúʃièit] : 동료
personalize [pə́:rsənəlàiz] : 개인화하다

Question 4

Since 1998,/ 'Magnolia' has often been voted/ as the best restaurant in Thailand.// Located poolside at the Sunshine Resort,/ this breezy spot serves lunch,/ dinner,/ and tropical drinks/ daily.// The outdoor venue is relaxing and divine.// Open for lunch and all-day dining/ from 11:30 a.m./ to 10 p.m.// For more information,/ call 714-6690.//

1998년부터 '매그놀리아'는 태국 최고의 레스토랑으로 자주 선정되었습니다. 선샤인 리조트의 수영장 옆에 위치해 있어 시원한 이 레스토랑은, 매일 점심과 저녁 식사, 그리고 열대음료를 제공합니다. 야외의 공간은 더할 나위 없이 멋지고 편안합니다. 영업시간은 점심과 저녁 식사가 나오는 오전 11시 30분부터 밤 10시까지입니다. 더 많은 정보를 원하시면, 714-6690으로 전화해 주세요.

첨삭노트 다음 단어의 발음에 주의하자.

magnolia [mægnóuljə] : 목련
vote [vout] : 투표하다
Thailand [táilænd] : 태국
resort [rizɔ́:rt] : 휴양지, 리조트
breezy [brí:zi] : 산들바람이 부는
venue [vénju:] : 장소
relaxing [rilǽksiŋ] : 마음을 느긋하게 해 주는
divine [diváin] : 훌륭한, 멋진

Question 1

Dear library patrons.// The Lincoln Memorial Library will begin/ its summer hours.// From Monday to Saturday,/ the library will be open/ from 9 a.m. to 8 p.m.// The library will not be open to the public/ on Sundays.// Three-day rental items/ such as DVDs,/ videos,/ and CDs taken out on Thursdays/ will now be due back on Mondays/ for the duration of the summer.//

도서관 이용객 여러분. 저희 링컨 기념 도서관은 여름 시간제를 도입합니다. 월요일부터 토요일까지 저희 도서관은 오전 9시부터 오후 8시까지 운영하며, 일요일에는 문을 열지 않습니다. 이 기간에 사흘간 대여할 수 있는 DVD, 비디오, CD 같은 자료를 목요일에 빌려 가시면 월요일까지는 반납하셔야 합니다.

첨삭노트 다음 단어의 발음에 주의하자.

library [láibrèri] : 도서관

memorial [məmɔ́ːriəl] : 기념하기 위한

duration [djuəréiʃən] : 지속, 기간

patron [péitrən] : 고객, 후원자

rental [réntəl] : 임대물

Question 2

Thank you for calling/ Dr. Michael's Dental Clinic.// To make a reservation,/ please press '1'.// To change/ or cancel an existing reservation,/ press '2'.// For our location and operating hours,/ press '3'.// If you would like to talk to the receptionist,/ press '0'/ or stay on the line/ and one of our friendly staff members will assist you/ shortly.//

마이클 박사의 치과에 전화해 주셔서 고맙습니다. 예약을 하시려면 1번을, 예약을 변경하시거나 취소 하시려면 2번을, 위치와 영업시간을 알아보시려면 3번을 눌러 주세요. 상담원과 통화하시려면 0번을 누르 거나 잠시 대기하시면 저희 스태프가 곧 도와드리겠 습니다.

첨삭노트 다음 단어의 발음에 주의하자.

dental [déntəl] : 치아의, 치과의

operating [ápərèitiŋ] : 운영상의

shortly [ʃɔ́ːrtli] : 얼마 안 되어, 곧

reservation [rèzərvéiʃən] : 예약

receptionist [risépʃənist] : 접수 담당자

existing [igzístiŋ] : 기존의, 현재 사용되는

assist [əsíst] : 돕다

Question 3

Hello.// My name is Cindy Moore.// I will be your instructor in this course for the semester.// I will cover some basic terms/ and common expressions in the business world.// I look forward to working with you/ as you progress through the course.// I welcome all questions,/ comments,/ and suggestions.// You can contact me at cindy@delta.edu.//

안녕하세요, 제 이름은 신디 무어이고 이번 학기에 이 수업을 담당하게 되었습니다. 이 강의에서는 비즈니스 환경에서 쓸 수 있는 기본적인 용어와 표현들을 다루도록 하겠습니다. 여러분들이 제 수업을 들으면서 발전하는 모습을 보고 싶습니다. 질문이나, 의견, 또는 건의 사항이 있다면 언제든지 cindy@delta.edu로 연락하세요.

첨삭노트 다음 단어의 발음에 주의하자.

instructor [instrʌ́ktər] : 강사, 교사	term [təːrm] : 용어	question [kwéstʃən] : 질문
semester [siméstər] : 학기	progress [prɑ́ːgrəs] : 진전, 진행	suggestion [sədʒéstʃən] : 제안, 의견

Question 4

It is my pleasure/ to introduce the Summit Award recipient,/ Daniel Bennet.// Daniel is my colleague,/ friend,/ and mentor.// He has been working at our company for 10 years/ and he has recently been promoted to a manager of the Sales Department.// Thanks to his hard work,/ the company productivity has increased significantly over the years.// Please welcome,/ Daniel!//

이번 Summit Award의 수상자인 다니엘 베넷을 소개하게 되어 무척 기쁩니다. 다니엘은 저의 동료이자 친구, 그리고 멘토입니다. 그는 우리 회사에서 10년 동안 근무했고, 최근에는 영업부의 매니저로 승진 했습니다. 그가 열심히 일한 덕분에, 우리 회사의 생산 성은 지난 몇 년 동안 크게 신장했습니다. 다니엘을 소개합니다!

첨삭노트 다음 단어의 발음에 주의하자.

introduce [ìntrədjúːs] : 소개하다	mentor [méntɔːr] : 멘토	significantly [signífikəntli] : 상당히, 크게
recipient [risípiənt] : 받는 사람, 수령인	promote [prəmóut] : 승진시키다	
colleague [kɑ́liːg] : 동료	productivity [prɑːdʌktívəti] : 생산성	

This is a picture of people having a birthday party. The main focus of the picture is a girl who is blowing out the candles. Around her are family and friends. The kids are all wearing party hats. The birthday girl has curly brown hair and she is wearing a checkered shirt. Her parents are standing behind her. And there are many things on the table such as presents, a birthday cake, plates and cups. Also, there is a bunch of multi colored balloons at the end of the table. The atmosphere of this picture is very joyful and I think they are having a good time.

이 사진은 여러 사람들이 함께 생일 파티를 하고 있는 사진입니다. 사진의 중심은 한 소녀가 초를 불어서 끄고 있는 부분입니다. 그녀 주위에는 가족들과 친구들이 있습니다. 아이들은 모두 파티 모자를 쓰고 있습니다. 생일을 맞은 갈색 곱슬머리의 소녀는 체크무늬 셔츠를 입고 있습니다. 그녀의 부모님은 그녀의 뒤에 서 있습니다. 테이블 위에는 선물들과, 생일 케이크, 그리고 접시와 컵들이 놓여 있습니다. 또한 테이블의 끝에는 다양한 색깔의 풍선 묶음도 보입니다. 이 사진의 느낌은 매우 즐겁고, 그들 모두 즐거운 시간을 보내고 있다고 생각합니다.

첨삭노트 다음 주요 표현을 익히자.

blow something out : 무언가를 바람을 불어서 끄다

candle : 양초

curly hair : 곱슬머리

such as : ~와 같은

a bunch of : 다수의

atmosphere : 분위기

joyful : 기쁜, 기쁨을 주는

Question 1

This is a picture of a pizza delivery man and a customer. The man is wearing a red cap and a red shirt, which I think is part of the uniform. He is holding four pizza boxes in his hand and smiling. The customer who is wearing a white shirt and jeans is standing at the door. I guess she is about to pay for the pizzas because she is holding money. There must be many guests inside already. In the background, I can see a maple tree and the leaves are changing colors so it must be fall.

이 사진은 피자 배달원과 손님의 사진입니다. 남자는 빨간색 모자와 셔츠를 입고 있는데, 제 생각엔 유니폼인 것 같습니다. 그는 손에 네 개의 피자 상자를 들고 있고 미소를 짓고 있습니다. 흰색 셔츠와 청바지를 입고 있는 손님은 문가에 서 있습니다. 그녀가 돈을 쥐고 있는 것으로 보아 아마 피자값을 지불하려는 것 같습니다. 또한 실내에는 많은 손님들이 있을 것 같습니다. 사진의 배경을 보면 단풍나무를 볼 수 있는데, 단풍이 든 것으로 보아 가을이라고 생각합니다.

첨삭노트 다음 주요 표현을 익히자.

delivery man : 배달원
in one's hand : ~의 손에

be about to : 막 ~하려고 하다
pay for : ~의 값을 지불하다

maple tree : 단풍나무
must : ~임에 틀림없다

Question 2

I can tell this picture was taken at an outdoor restaurant. The couple is probably on a date and they seem very happy together. The man who has short hair is wearing a navy blue suit. And he has a handkerchief in his left pocket. The woman is wearing a necklace and a black sleeveless dress. There is a waiter standing by the table pouring them water. He is wearing a black bow tie and a black vest. On the table, there are two glasses of champagne. The restaurant seems to be very slow since there are no other customers.

이 사진은 야외의 레스토랑에서 찍힌 사진입니다. 커플은 아마도 데이트 중인 것 같고, 매우 행복해 보입니다. 짧은 머리를 한 남자는 남색 정장을 입었고, 그의 왼쪽 주머니에는 손수건이 끼워져 있습니다. 여자는 목걸이를 했고, 검은색 민소매 원피스를 입었습니다. 테이블 옆에는 커플에게 물을 따라주고 있는 웨이터가 있습니다. 그는 검은색 나비넥타이를 했고, 역시 검은색의 조끼를 입고 있습니다. 테이블 위에는 샴페인이 담긴 두 개의 잔이 있습니다. 다른 손님이 없는 것으로 보아, 레스토랑은 매우 한가한 것 같습니다.

첨삭노트 다음 주요 표현을 익히자.

on a date : 데이트에
seem + 형용사 : ~해 보이다
handkerchief : 손수건

by : ~의 옆에
pour : 따르다, 붓다, 쏟다
bow tie : 나비넥타이

slow : 한산한, 더딘
since + 절 : ~이기 때문에

Question 3

This is a picture of a mom and daughter shopping at a clothing store. On the right, the mom is sitting on the sofa with her legs crossed. She is wearing a short sleeved blouse and beige pants and she is looking at her daughter on the left who is trying on a summer dress. The daughter has long black hair and is wearing a long sleeved white shirt. Both of them are smiling so I am pretty sure that they are happy with the choice of dress. Behind them are two racks with a lot of clothes hanging on them. And there are some bags displayed on the shelves above the racks.

이것은 어머니와 딸이 옷가게에서 쇼핑을 하는 사진입니다. 오른쪽에는 어머니가 소파 위에 다리를 꼬고 앉아 있습니다. 그녀는 반팔 블라우스와 베이지색 바지를 입고 있고, 여름 드레스를 입어보려고 하는 왼쪽의 딸을 바라보고 있습니다. 딸은 검은색 긴 머리를 가지고 있고 긴팔의 흰색 셔츠를 입고 있습니다. 두 사람 모두 웃고 있는 걸로 보아, 저는 그들이 옷 선택에 만족한다고 생각합니다. 그들 뒤에는 많은 옷이 걸려 있는 옷걸이가 두 개가 있고 그 위의 선반에는 몇 개의 가방들이 진열되어 있습니다.

첨삭노트 다음 주요 표현을 익히자.

clothing store : 옷가게
with one's legs crossed : 다리를 꼰 채로
beige : 베이지색의

look at : ~를 보다
try on : ~를 입어보다
be sure that 절 : ~라고 확신하다

rack : 옷걸이
displayed : 전시된

Question 4

This picture was taken in the park on a rainy day. The main focus of this picture is a family with a dog. All of them are holding different colored umbrellas. The boy

이 사진은 비오는 날 공원에서 찍혔습니다. 사진의 중심부는 개와 함께 있는 가족입니다. 그들은 모두 다른 색깔의 우산을 썼습니다. 개줄을 붙잡고 있는 소년은

who is holding the leash is wearing a hooded jacket and jeans. To the right of him is his younger brother and he is looking at the dog. Behind them, I can see their mother and sister holding hands. The mother is talking to her daughter and smiling. There are some lamp posts around the park. The road is wet and there are a lot of leaves scattered on the ground so I believe it's an autumn day.

모자가 달린 겉옷과 청바지를 입고 있습니다. 그의 오른쪽에는 개를 바라보고 있는 남동생이 있습니다. 형제 뒤에는 어머니와 딸이 손을 잡고 있는 것을 볼 수 있습니다. 어머니는 딸에게 이야기를 하면서 웃고 있습니다. 공원 주변에 몇 개의 가로등이 있습니다. 길이 젖었고 땅 위에 낙엽이 흩뿌려져 있는 걸로 보아, 가을임을 알 수 있습니다.

첨삭노트 다음 주요 표현을 익히자.

on a rainy day : 비가 오는 날에	hooded jacket : 모자가 달린 상의	be scattered : 흩뿌려지다
hold an umbrella : 우산을 쓰다	hold hands : 손을 맞잡다	
leash : 줄, 끈	lamp post : 가로등 기둥	

PART 2 공략 포인트 04 ⋯ 배경 묘사 및 느낌 표현

Question 1

I believe this picture was taken at a resort near the ocean. In the foreground, there are two pools and many lounge chairs around them. Some musicians are playing stringed instruments and they are all wearing flower printed shirts and black pants. Underneath the umbrellas, I can see some empty chairs around the table. From the type of trees, I think the resort is located in a warm place. Right now, there are not many people and it seems very calm and peaceful.

이 사진은 해변에 위치한 한 리조트에서 찍힌 것입니다. 사진의 앞쪽에는 두 개의 수영장이 있고, 그 주변에 많은 의자들이 놓여 있습니다. 몇몇의 음악가들은 현악기를 연주하고 있고 그들은 모두 꽃무늬 셔츠와 검은색 바지를 입고 있습니다. 파라솔 아래에는 몇 개의 빈 의자들이 테이블 주변에 놓여 있습니다. 나무의 종류를 보니, 이 리조트는 아마도 더운 지역에 위치한 것 같습니다. 또한, 지금은 사람이 그리 많지 않아 매우 조용하고 평화로워 보입니다.

첨삭노트 다음 주요 표현을 익히자.

in the foreground : 앞쪽에는	underneath : ~의 아래에	calm : 고요한
lounge chair : 안락의자	be located in : ~에 위치해 있다	peaceful : 평화로운

Question 2

This picture was probably taken during a festival. The place is crowded with people and I believe there must be something going on on the left side of the picture because most of the people are lined up on the left. There are four tents here and there and I can see a blue hot-air balloon on the right. On the river, there are several boats passing by. In the stadium, there are so many spectators sitting and enjoying the festival. I believe the weather is perfect for outdoor activities.

이 사진은 아마도 한 축제 기간에 찍혀진 것 같습니다. 이 장소는 사람들로 가득 차 있는데, 많은 사람들이 사진의 왼쪽에 줄지어 몰려 있는 것으로 보아, 왼쪽에 어떤 구경거리가 벌어지고 있는 것 같습니다. 사진의 여기저기에 네 개의 텐트가 설치되어 있는 것을 볼 수 있고 오른쪽에는 파란색 열기구도 있습니다. 강 위에는 몇몇의 보트가 다니고 있습니다. 관람석에는 많은 구경꾼들이 자리에 앉아 축제를 즐기고 있습니다. 야외 활동을 하기에 매우 좋은 날씨라고 생각합니다.

첨삭노트 다음 주요 표현을 익히자.

probably : 아마	line up : 일렬로 세우다	pass by : 지나가다
be crowded with : ~로 붐비다	here and there : 여기저기에	spectator : 구경꾼
go on : (일이) 일어나다, 벌어지다	hot-air balloon : 열기구	outdoor activity : 야외 활동

Question 3

I would say this picture was taken in a square somewhere in Europe. I can see a horse-driven carriage in the foreground. There are two black horses in front of a red carriage which has two people in it. They are wearing black coats and they appear to be

이 사진은 유럽 어딘가의 광장에서 찍힌 것 같습니다. 사진 전경에는 말이 끄는 마차가 있습니다. 두 사람이 타고 있는 빨간 마차 앞에는 검은색 말이 두 마리 있습니다. 그들은 검은 코트를 입고 있는데 마부인 것처럼 보입니다. 아마도 이 마차는 시내 구경을 위한 것이고 마부들은 관광객을 기다리고 있을 거라고

the drivers. I think this carriage is for city tours and they are waiting for tourists. There is a street lamp to the right of the horses and there is a tall statue on the far right of this picture. In the background, there are several buildings with many windows in them. The weather seems to be cold and cloudy and the square is not very busy.

생각합니다. 말들의 오른쪽에는 가로등이 하나 있고, 사진의 맨 오른쪽에는 큰 동상이 세워져 있습니다. 배경에는 많은 창문이 달린 몇몇의 건물들이 있습니다. 날씨는 춥고 흐려 보이며, 광장은 그다지 분주하지 않습니다.

첨삭노트 다음 주요 표현을 익히자.

square : 광장	wait for : ~를 기다리다	busy : 분주한, 바쁜
horse-driven : 말이 끄는	tourist : 관광객	
carriage : 마차	statue : 동상	

Question 4

This is downtown in a big city and the streets are very crowded. In the center of the picture, there are pedestrians crossing the street and the main road is packed with cabs and other cars. The traffic lights above the cars are flashing red, so all the cars have stopped. On the left, I can see many people and street vendors on the sidewalk. In the background, there are a lot of skyscrapers and some of the buildings have big neon signs on them. It looks like it's a busy time of the day and it has just started raining because some people have opened their umbrellas.

이 사진은 대도시의 시내인데, 거리가 매우 북적입니다. 사진의 중심에는 길을 건너는 보행자들이 있고, 대로는 택시와 다른 차들로 꽉 차 있습니다. 차들 위에 있는 신호등이 빨간색이라서 모든 차들이 멈췄습니다. 왼쪽 인도에서는 많은 행인과 행상들을 볼 수 있습니다. 배경에는 많은 고층건물이 있는데 그 중 몇몇의 건물에는 큰 네온 간판이 붙어 있습니다. 하루 중 굉장히 바쁜 때인 걸로 보이고, 몇몇의 사람들이 우산을 꺼내어 든 걸로 보아 방금 비가 내리기 시작한 것 같습니다.

첨삭노트 다음 주요 표현을 익히자.

downtown : 시내	be packed with : ~로 가득 차 있다	sidewalk : 보도, 인도
crowded : 붐비는	cab : 택시	skyscraper : 마천루, 고층빌딩
pedestrian : 보행자	flash : 번쩍이다, 비추다	neon sign : 네온 간판
cross the street : 길을 건너다	street vendor : 행상	

Imagine that an American marketing firm is doing research in your country. You have agreed to participate in a telephone interview about transportation.

미국의 한 마케팅 회사가 당신의 나라에서 리서치를 하고 있다고 가정해 봅시다. 당신은 대중교통에 관한 전화 인터뷰에 응한 상황입니다.

Q4 How do you go to school or work and how long does it take to get there?
I take the subway to work and it takes about 20 minutes to get there.

당신은 학교나 직장에 어떻게 갑니까? 또 그곳까지 얼마나 걸립니까?
저는 직장에 지하철을 타고 가는데 직장까지 약 20분 정도 걸립니다.

Q5 How much is the subway fare in your country?
Subway fares are based on distance traveled. But the basic fare is one thousand two hundred fifty won in Korea.

당신의 나라에서 지하철 요금은 얼마입니까?
한국에서 지하철 요금은 이동 거리에 따라 책정되는데, 기본요금은 천이백오십 원입니다.

Q6 What are the advantages of using public transportation?
I can think of two main advantages of using public transportation. First of all, it is significantly cheaper than traveling by car. These days, gas is expensive so public transportation is cost-efficient. More importantly, it reduces air pollution and other harmful emissions. In short, public transportation is not only cheap but eco-friendly.

대중교통 이용의 장점은 무엇입니까?
대중교통 이용의 장점으로는 두 가지를 생각해 볼 수 있습니다. 먼저, 자동차보다 훨씬 싸다는 장점이 있습니다. 요즘에는 기름값이 비싸므로 대중교통은 가격면에서 효율적입니다. 더 중요한 장점은, 대중교통을 이용하면 공기 오염과 다른 유해물질 배출을 줄일 수 있다는 것입니다. 요약하여 말하면, 대중교통은 저렴할 뿐만 아니라, 환경에도 매우 이롭습니다.

첨삭노트 다음 주요 표현을 익히자.

by 교통수단 : ~를 타고
fare : 요금
be based on : ~에 기초하다
public transportation : 대중교통

significantly : 현저히
gas : 가솔린
cost-efficient : 비용 효율적인
air pollution : 대기오염

emission : 배출물, 배기가스
eco-friendly : 친환경의

신유형

Imagine that you are talking on the telephone with a friend. You are talking about healthy food.

당신이 한 친구와 통화를 하고 있다고 가정해 봅시다. 둘은 건강식품에 대해 이야기하고 있습니다.

Q4 How often do you eat healthy food?
I eat healthy food almost every day. I usually have fresh vegetables for breakfast.

당신은 얼마나 자주 건강식품을 먹습니까?
저는 건강식품을 거의 매일 먹습니다. 저는 항상 싱싱한 채소를 아침으로 먹습니다.

Q5 What kinds of healthy food do you eat?

I love eating vegetables so I make fresh salad every morning. And I try to eat an apple with every meal.

당신은 어떤 종류의 건강식품을 먹습니까?

저는 채소를 좋아해서 매일 아침 신선한 샐러드를 만들어 먹습니다. 그리고 저는 매끼마다 사과 하나를 먹으려고 노력합니다.

Q6 What food do you think a healthy diet should include?

In my opinion, a healthy diet means consuming from all the different food groups in the right quantities so it should include fresh fruits, vegetables, whole grains, milk, and so on. These foods have essential nutrients that help improve our health and prevent disease.

당신은 건강한 식단에 어떤 음식이 포함되어야 한다고 생각합니까?

저는 건강한 식단이란 각기 다른 식품군의 음식을 적정량 섭취하는 것이라고 생각합니다. 따라서 건강한 식단에는 신선한 과일과 채소, 통곡물, 우유 같은 것들이 포함되어야 합니다. 이런 음식들은 우리의 건강을 개선시키고 질병을 막아주는 필수 영양분을 갖추고 있습니다.

첨삭노트 다음 주요 표현을 익히자.

healthy food : 건강식품
vegetable : 채소
meal : 식사, 끼니
diet : 식단

consume : 소비하다
quantity : 양
whole grains : 통곡물
essential : 필수적인

nutrient : 영양소
improve : 개선하다
prevent : 막다
disease : 질병

PART 3 공략 포인트 05 ··· 간단하게 답하는 문제

Question 1

Imagine that a Canadian marketing firm is doing research in your country. You have agreed to participate in a telephone interview about exercise.

How often do you work out?
I usually work out three days a week.

Who do you usually work out with?
I work out with one of my friends.

캐나다의 한 마케팅 회사가 당신의 나라에서 리서치를 하고 있다고 가정해 봅시다. 당신은 운동에 관한 전화 인터뷰에 응한 상황입니다.

당신은 얼마나 자주 운동을 합니까?
저는 보통 일주일에 3일 운동을 합니다.

당신은 누구와 함께 운동을 합니까?
저는 제 친구와 함께 운동을 합니다.

첨삭노트 다음 주요 표현을 익히자.

how often : 얼마나 자주
work out : 운동하다
usually : 보통

Question 2

Imagine that a British marketing firm is doing research in your country. You have agreed to participate in a telephone interview about reading newspaper.

영국의 한 마케팅 회사가 당신의 나라에서 리서치를 하고 있다고 가정해 봅시다. 당신은 신문 읽기에 관한 전화 인터뷰에 응한 상황입니다.

How often do you read the newspaper?
I try to read the newspaper almost every day.

당신은 얼마나 자주 신문을 읽습니까?
저는 매일 신문을 읽으려고 노력합니다.

Where is your favorite place to read the newspaper?
I like to read it at the table so that I can have breakfast and coffee while reading.

신문을 읽을 때 당신이 가장 선호하는 장소는 어디입니까?
저는 아침 식사를 하고 커피를 마시면서 신문을 읽을 수 있기 때문에 식탁을 선호합니다.

첨삭노트 다음 주요 표현을 익히자.

try to : ~하려고 노력하다   have breakfast : 아침 식사를 하다   while : ~하는 동안
~ so that 절 : ~하기 위해

Question 3

Imagine that someone wants to open a new restaurant in your neighborhood. You have agreed to participate in a telephone interview about breakfast.

어떤 사람이 당신의 이웃에 새로운 레스토랑을 개업하려 한다고 가정해 봅시다. 당신은 아침 식사에 관한 전화 인터뷰에 응한 상황입니다.

Did you have breakfast this morning? What did you have?
Yes, I had bacon and eggs for breakfast this morning.

당신은 오늘 아침 식사를 했습니까? 무엇을 먹었습니까?
네, 저는 오늘 아침에 베이컨과 달걀을 먹었습니다.

What time do you usually eat breakfast?
I usually eat breakfast at 7 in the morning.

당신은 보통 몇 시에 아침 식사를 합니까?
저는 보통 오전 7시에 아침 식사를 합니다.

첨삭노트 다음 주요 표현을 익히자.

this morning : 오늘 아침   for breakfast : 아침으로   at 시각 : ~시에

Question 4 ★신유형★

Imagine that one of your friends is planning to open a bicycle store in your area. You are having a telephone conversation about riding bicycles.

당신의 친구가 당신이 사는 지역에 자전거 가게를 개업하려 한다고 가정해 봅시다. 둘은 자전거 타기에 관한 내용으로 통화하고 있습니다.

How far is the nearest bicycle store from your house?
It is about 2 miles from my house.

가장 가까운 자전거 가게는 당신의 집에서 얼마나 멉니까?
집에서 2마일 정도입니다.

Are there any good places to ride a bicycle in your neighborhood?

There is a big park called 'Sunset Park' near my house and many people ride bicycles there.

당신의 동네에는 자전거를 타기에 좋은 장소가 있습니까?

저희 집 근처에 '선셋 파크'라는 공원이 있는데, 그곳에서 많은 사람들이 자전거를 탑니다.

첨삭노트 다음 주요 표현을 익히자.

ride a bicycle : 자전거를 타다   neighborhood : 동네   near : 근처에

PART 3 공략 포인트 06 ⋯ 경험 및 의견을 묻는 문제

Question 1 ★신유형★

Imagine that you are talking on the telephone with a colleague. You are talking about travel.

If you could travel abroad, where would you like to go? Explain why.

If I had the chance, I would visit New York City. There are so many famous tourist attractions such as the Statue of Liberty, Broadway, and Times Square. Also, since it is multi-cultural, I can experience different cultures and meet interesting people. This is why I would like to go to New York City.

당신이 한 동료와 통화하고 있다고 가정해 봅시다. 둘은 여행에 대해 이야기하고 있습니다.

만약 해외여행을 간다면, 어디로 가고 싶습니까? 이유를 설명하세요.

기회가 있다면 저는 뉴욕을 방문해 보고 싶습니다. 뉴욕에는 자유의 여신상, 브로드웨이, 그리고 타임스 스퀘어와 같은 관광명소가 많이 있습니다. 또한, 뉴욕은 다문화 도시이기 때문에, 다양한 문화를 경험해 볼 수 있고 재미있는 사람들도 만날 수 있습니다. 이런 이유 때문에 저는 뉴욕에 가보고 싶습니다.

첨삭노트 다음 주요 표현을 익히자.

travel abroad : 해외로 여행하다   tourist attraction : 관광 명소   would like to : ~하고 싶다

If 주어 + 과거동사 ~, 주어 would ~. :   the Statue of Liberty : 자유의 여신상

만약 ~라면, ~하겠다.   multi-cultural : 다문화의

Question 2

Imagine that a Canadian marketing firm is doing research in your country. You have agreed to participate in a telephone interview about watching movies.

What are the advantages of watching movies at home?

There are some advantages of watching movies at home. Firstly, it's more comfortable and convenient. You can relax and watch movies while sitting on the couch. Secondly, you have control of the movie. For

캐나다의 한 마케팅 회사가 당신의 나라에서 리서치를 하고 있다고 가정해 봅시다. 당신은 영화 관람에 관한 전화 인터뷰에 응한 상황입니다.

영화를 집에서 보는 것의 장점은 무엇입니까?

집에서 영화를 보는 것에는 몇 가지 장점이 있습니다. 먼저, 그것은 훨씬 더 편하고 쉬운데, 소파에 앉아 쉬면서 영화를 볼 수도 있습니다. 두 번째로, 환경에 구애받지 않아도 됩니다. 예를 들어, 영화를 보는 도중

example, if you need to use the bathroom, you can easily just pause the movie.

화장실에 가고 싶다면, 그냥 정지 버튼을 누르기만 하면 됩니다.

Question 3

Imagine that a US marketing firm is doing research in your country. You have agreed to participate in a telephone interview about outdoor jackets.

미국의 한 마케팅 회사가 당신의 나라에서 리서치를 하고 있다고 가정해 봅시다. 당신은 아웃도어 재킷에 관한 전화 인터뷰에 응한 상황입니다.

What is the most important thing you consider when buying an outdoor jacket? Explain why.
The most important thing I consider is function. I don't mind spending the money on an outdoor jacket if it does what it is supposed to do. For example, if I am wearing my winter jacket, it needs to keep me warm. And when I go hiking, it has to protect my skin from bugs and sharp edges.

당신이 아웃도어 재킷을 살 때 고려하는 가장 중요한 요소는 무엇입니까? 이유를 설명하세요.
제가 고려하는 가장 중요한 요소는 기능성입니다. 저는 본래의 제 기능을 다하는 아웃도어 재킷이라면 흔쾌히 구매하겠습니다. 예를 들어, 제가 겨울옷을 입고 있다면, 그 옷은 체온을 따뜻하게 유지시켜 줘야 합니다. 또, 등산을 할 때 옷은 벌레나 뾰족한 것들로부터 피부를 보호해야 합니다.

Question 4

Imagine that a British town planning firm is doing research in your area. You have agreed to participate in a telephone interview about parks.

영국의 한 도시개발회사가 당신이 사는 지역에서 리서치를 하고 있다고 가정해 봅시다. 당신은 공원에 관한 전화 인터뷰에 응한 상황입니다.

Do you think there should be more parks in your area? Why or why not?
Yes, there should definitely be more parks in my area. First, it is becoming more and more difficult to find safe places for our kids to play. Second, we can also enjoy taking advantage of the great weather and hanging out with friends in the park. So having many different parks to go to would be really convenient and beneficial.

당신의 동네에 더 많은 공원이 생겨야 한다고 생각합니까? 왜 그런지, 또는 왜 그렇지 않은지 설명하세요.
네, 저희 동네에 더 많은 공원이 조성되어야 합니다. 첫째, 아이들이 놀 수 있는 안전한 공간을 찾기가 점점 더 어려워지고 있습니다. 둘째, 우리 또한 공원에서 친구들과 함께 좋은 날씨를 즐기는 이점을 누릴 수 있습니다. 그러므로 다양한 공원이 조성되는 것은 매우 편리하고 유익합니다.

첨삭노트 다음 주요 표현을 익히자.

definitely : 분명히, 절대로   take advantate of : ~를 이용하다   beneficial : 유익한

more and more : 점점 더   hang out with : ~와 어울려 놀다

PART 4 친절한 피드백

The Greenbay Arts Club
Annual Banquet

Monday, December 10
Royal Palace Hotel, Millennium Hall

5:00 P.M.	Welcoming Speech
5:30 P.M.	Social Hour and Auction
7:00 P.M.	Buffet Dinner
8:00 P.M.	Performance: Country Singer Sam Geller
8:30 P.M.	Guest Speaker: Art Critic Jason Hobbs 'The Modern Art Market'
9:30 P.M.	Open until Midnight for Dancing!

* Tickets: $50 each, available at The Greenbay Arts Center

그린베이 예술 클럽
연례 연회

12월 10일 월요일
로열 팰리스 호텔, 밀레니엄 홀

5:00 P.M.	환영 연설
5:30 P.M.	친목 도모 및 경매
7:00 P.M.	뷔페식 저녁 식사
8:00 P.M.	공연: 컨트리 가수 샘 겔러
8:30 P.M.	초청 연사: 미술 평론가 제이슨 홉스 '현대 미술 시장'
9:30 P.M.	자정까지 댄스타임을 위해 개방!

* 티켓: 1인당 50달러, 그린베이 예술 회관에서 구매

Hi. My name is Dustin Carter and I am a member of The Greenbay Arts Club. I heard that there will be an annual banquet next Monday. I'm hoping you can answer a few questions for me.

Q7 What time will the event start? And where should I go?
The annual banquet will start at 5 p.m. with the welcoming speech and it will be held in Royal Palace Hotel, Millennium Hall.

Q8 I didn't buy a ticket yet. Could you tell me where I can buy one?
Sure. Tickets are 50 dollars each and you can buy them at The Greenbay Arts Center.

안녕하세요. 제 이름은 더스틴 카터입니다. 저는 Greenbay Arts Club의 회원인데, 다음 주 월요일에 연례 연회가 있다고 들었습니다. 몇 가지 질문에 답해 주시면 감사하겠습니다.

행사가 몇 시에 시작합니까? 그리고 어디로 가야 합니까?
연례 연회는 5시에 환영 연설과 함께 시작됩니다. 이 행사는 Royal Palace 호텔의 Millennium Hall에서 열릴 것입니다.

저는 아직 티켓을 못 구했습니다. 어디에서 티켓을 구입할 수 있는지 알려주시겠습니까?
물론입니다. 티켓은 한 장 당 50달러이고, Greenbay Arts Center에서 구매하실 수 있습니다.

Q9 What is scheduled to take place after dinner?

After dinner, from 8, country singer Sam Geller will perform for 30 minutes. At 8:30, guest speaker Jason Hobbs, who is an art critic, will talk about 'The Modern Art Market'. And from 9:30, the hall will be open for dancing until midnight.

저녁 식사 후에 어떤 일정이 계획되어 있습니까?

저녁 식사 후, 8시부터 컨트리 가수인 샘 겔러가 30분 동안 공연을 할 것입니다. 8시 30분에는 초청 연사인 미술 평론가, 제이슨 홉스가 '현대 미술 시장'에 대한 강연을 할 예정입니다. 그리고 9시 30분부터 자정까지는 참가자들이 춤을 출 수 있도록 홀을 열어둘 계획입니다.

첨삭노트 다음 주요 표현을 익히자.

annual : 연례의	available : 이용 가능한	take place : 발생하다, 일어나다
welcoming : 환영의	be held : 개최되다	talk about : ~에 대해 이야기하다
auction : 경매	be scheduled to : ~하기로 예정되어 있다	until midnight : 자정까지

PART 4 공략 포인트 07 ··· 일정 및 시간표

Question 1

| Marketing Seminar Schedule 2014 | 마케팅 세미나 일정 2014 |

Oct. 11 - 13 (Mon - Wed)
Highpoint Plaza

10월 11일 – 13일 (월 – 수)
하이포인트 플라자

Date	Speaker	Title	Room
Oct. 11	Prof. Charles Lang Univ. of Chicago	Advertisement Strategies	301
Oct. 12	Peter Handler CEO Diamond Corp.	Brand Power	302
Oct. 13	Prof. Derek Kim Dale Univ.	Market Analysis	303

날짜	연사	제목	호실
10월 11일	찰스 랭 시카고 대학 교수	광고 전략	301
10월 12일	피터 핸들러 다이아몬드사 CEO	브랜드 파워	302
10월 13일	데릭 김 데일 대학 교수	시장 분석	303

* Registration dates are Sep. 20-22 online.

* Registration fee is $100.

* 등록일은 온라인에서 9월 20일부터 22일까지

* 등록비는 100달러

Hello, my name is Jill. I heard about the marketing seminar and now I have a few questions I would like to ask.

안녕하세요, 제 이름은 질입니다. 마케팅 세미나에 대한 이야기를 들었는데요, 몇 가지 문의를 드리고 싶습니다.

How many days will the seminar be?
The marketing seminar will be held for 3 days starting from Oct. 11 to 13.

그 세미나는 며칠에 걸쳐 진행됩니까?
마케팅 세미나는 10월 11일부터 13일까지, 3일에 걸쳐 진행됩니다.

I would like to register for the seminar. How can I do this

그 세미나에 등록하려고 하는데, 어떻게 해야 할까요?

and how much would it be?

You can register any time between Sep. 20 and 22 online for a fee of $100.

I am interested in 'Brand Power' and 'Market Analysis'. Could you tell me more about them?

Sure. On Oct. 12, in room 302, 'Brand Power' will be given by Peter Handler, who is a CEO of Diamond Corporation. And on Oct. 13, prof. Derek Kim from Dale univ. will be talking about 'Market Analysis' in room 303.

또 비용은 얼마입니까?

등록은 온라인에서 9월 20일부터 22일까지 하실 수 있으며, 비용은 100달러입니다.

저는 '브랜드 파워'와 '시장 분석'에 관심이 있는데, 이에 대해 안내해 주실 수 있습니까?

물론이죠. 10월 12일, 302호에서 있을 '브랜드 파워' 강연은 다이아몬드사의 CEO인 피터 핸들러 씨가 진행할 것입니다. 또한, 10월 13일에는 데일 대학의 데릭 김 교수님이 303호에서 '시장 분석'에 대한 강연을 할 예정입니다.

첨삭노트 다음 주요 표현을 익히자.

strategy : 전략
analysis : 분석
registration : 등록

for 기간 : ~동안
between A and B : A와 B 사이에
be interested in : ~에 관심이 있다

on 날짜 : ~에

Question 2

World Dance Show	
Date	Saturday, March 16
Location	Grand Theater
Times	

7:00 p.m. ~ 7:10 p.m.	Opening Performance Professional Dancers from Eastroad Dance Academy
7:10 p.m. ~ 7:30 p.m.	Ballet Dance 'Romeo & Juliet' The National Ballet
7:30 p.m. ~ 7:50 p.m.	Tap Dance Students from Raymond Arts School
7:50 p.m. ~ 8:00 p.m.	Break
8:00 p.m. ~ 8:20 p.m.	Salsa Dance National Salsa Champion David Wall & Other Dancers
8:20 p.m. ~ 8:50 p.m.	African Dance 12 African Dancers from Congo

월드 댄스 쇼	
날짜	3월 16일 토요일
장소	그랜드 극장
시간	

7:00 p.m. ~ 7:10 p.m.	오프닝 공연 이스트로드 댄스 아카데미 전문 댄서들
7:10 p.m. ~ 7:30 p.m.	공연 '로미오와 줄리엣' 국립 발레단
7:30 p.m. ~ 7:50 p.m.	탭댄스 공연 레이몬드 예술 학교 학생들
7:50 p.m. ~ 8:00 p.m.	휴식
8:00 p.m. ~ 8:20 p.m.	살사 공연 전국 살사 챔피언 데이비드 월과 댄서들
8:20 p.m. ~ 8:50 p.m.	아프리카 전통춤 공연 콩고 출신 아프리칸 댄서 12명

Hello. I am interested in the World Dance Show and I have a few questions about it. I hope you can help me out.

안녕하세요. 저는 'World Dance Show'에 관심이 있는데요, 그에 관련해서 몇 가지 질문이 있습니다. 좀 도와주실 수 있겠습니까?

How many performances are there in the show?
There will be five performances in the show including the opening performance.

그 쇼에는 몇 개의 공연이 있습니까?
쇼에는 오프닝 공연을 포함하여 총 다섯 개의 공연이 있습니다.

How can I get tickets to the show?
You can call our number at 555-1254, but you have to hurry because tickets are limited to the first 200 people.

그 쇼의 티켓은 어떻게 구합니까?
555-1254로 전화를 주시면 됩니다. 단, 선착순 200분께만 티켓이 제공되므로 서두르셔야 합니다.

I heard that the show starts at 7. But I am afraid I won't be able to make it until 8. Tell me about the schedule after 8.
After 8, there will be 2 performances. First, there will be a Salsa Dance until 8:20 by the National Salsa Champion, David Wall and other dancers. Then, from 8:20 to 8:50, there will be an African Dance by 12 African dancers from Congo.

쇼가 7시에 시작한다고 들었습니다. 그런데 그날 제가 8시에 도착할 것 같은데, 8시 이후의 일정에 대해 알려주십시오.

8시 이후에는 2개의 공연이 있을 예정입니다. 먼저, 8시 20분까지는 전국 살사 챔피언인 데이비드 월과 댄서들의 살사 공연이 있습니다. 다음, 8시 20분부터 8시 50분까지, 콩고 출신 아프리칸 댄서 12명의 아프리카 전통춤 공연이 있습니다.

첨삭노트 다음 주요 표현을 익히자.

performance : 공연	the first 숫자 people : 선착순 ~명	be limited : 제한되다
professional : 전문의	including : ~를 포함하여	be able to : ~할 수 있다
sign up : 등록하다	hurry : 서두르다	make it : (시간에) 대다

Question 3

Interview Schedule	면접 일정
May 10th, Main Conference Room	5월 10일, 대회의장

Time	Interviewer	Interviewee	Positions Applying for
9 a.m.	Terry Bryant	Steven Webber	Marketing Manager

시간	면접관	지원자	지원 분야
오전 9시	테리 브라이언트	스티븐 웨버	마케팅부 매니저

9:30 a.m.	Miranda Murphy	Ken Yamaguchi	Sales Manager
~~10 a.m.~~	~~Terry Bryant~~	~~Angie Fox~~	~~Marketing Manager~~
10:30 a.m.	Terry Bryant	Lucy Howard	Sales Manager
11 a.m.	Miranda Murphy	Hugh Gibson	Sales Manager

* Each interview is 30 mins.

9시 30분	미란다 머피	켄 야마구치	영업부 매니저
~~10시~~	~~테리 브라이언트~~	~~앤지 폭스~~	~~마케팅부 매니저~~
10시 30분	테리 브라이언트	루시 하워드	영업부 매니저
11시	미란다 머피	휴 깁슨	영업부 매니저

* 각 인터뷰는 30분간 진행됩니다.

Hi, this is Terry Bryant, one of the interviewers for tomorrow. I accidently left my interview schedule on my desk so I would like you to answer a few questions for me, please.

What time does my first interview start tomorrow?
Your first interview starts at 9 a.m.

Are there any cancellations for the day?
Yes, there is one cancellation. Your 10 a.m. interview with Angie Fox has been canceled.

Who will I be interviewing tomorrow? Please give me a few details.
Sure. Your first interview at 9 a.m. will be with Steven Webber who has applied for the Marketing Manager position. And at 10:30 a.m., you will interview Lucy Howard who has applied for the Sales Manager position.

안녕하세요, 내일 면접관 중 한 명인 테리 브라이언트입니다. 제가 실수로 책상에 면접 일정을 두고 왔는데, 몇 가지 질문에 답해 주시길 바랍니다.

내일 제 첫 면접이 몇 시에 시작합니까?
첫 면접은 오전 9시에 시작합니다.

내일 일정 중 취소된 것이 있습니까?
네, 일정 하나가 취소됐습니다. 오전 10시에 앤지 폭스 씨와 진행하기로 되어 있던 면접이 취소됐습니다.

제가 내일 면접을 진행할 지원자에 대해 자세히 말씀해 주세요.
네. 내일 첫 면접은 오전 9시로, 마케팅부 매니저에 지원한 스티븐 웨버 씨와 진행됩니다. 그리고 오전 10시 30분에는 영업부 매니저에 지원한 루시 하워드 씨의 면접을 진행하시겠습니다.

첨삭노트 다음 주요 표현을 익히자.

apply for : ~에 지원하다
accidently : 실수로

leave : 남기다, 두고 가다
a few : 조금

cancellation : 취소
detail : 세부 사항

Exhibition of Oil Paintings

by Local Artists

- Long Beach City Center -

Exhibition Period	August 1st – September 30th
Exhibition Time	Monday – Thursday : 10 a.m. – 6 p.m. Friday and Saturday : 9 a.m. – 8 p.m. Sunday : Closed
Admission Fees	Adult : $20 Children under 12 : $10 Seniors over 60 & Children under 5 : Free

* Free rental services of wheelchairs and strollers.
* Make reservations by e-mail.(longbeach@exhibition.org)

지역 화가들의 유화 전시회

– 롱비치 시민 회관 –

전시 기간	8월 1일 – 9월 30일
전시 시간	월요일 – 목요일 : 오전 10시 – 오후 6시 금요일과 토요일 : 오전 9시 – 오후 8시 일요일 : 휴관
입장료	성인 : 20달러 12세 미만 아동 : 10달러 60세 이상 노인 & 5세 미만 아동 : 무료

* 휠체어와 유모차는 공짜로 빌려드립니다.
* 예약은 이메일로 하시길 바랍니다.
  (longbeach@exhibition.org)

Hello, my name is Nigel Tucker and I am interested in the Oil Paintings Exhibition by local artists, can I ask you a few questions?

I was thinking of visiting the exhibition on Sunday. What time does it start?
Unfortunately, we are closed on Sundays.

I will be coming with my kids. Do I have to bring my own stroller?
No, you don't have to, strollers are provided at no charge.

We are a family of four. Me, my wife, and my kids aged 7 and 3. What would the total admission cost be?
The admission fee for an adult is 20 dollars so it would be 40 dollars for you and your wife, and an extra 10 dollars for your 7 year old. Your 3 year old doesn't have to pay an admission fee. So, all together it will come to 50 dollars.

안녕하세요. 저는 나이젤 터커입니다. 제가 지역 화가들의 유화 전시회에 관심이 있는데, 그에 관한 질문 몇 가지를 해도 되겠습니까?

저는 일요일에 전시회를 방문하려고 하는데, 몇 시에 개관합니까?
안타깝게도 일요일은 휴관일입니다.

제 아이들을 데리고 가려고 하는데, 개인 유모차를 가지고 가야 합니까?
아니요, 그러실 필요 없습니다. 유모차는 무료로 제공됩니다.

저희 가족은 저와 아내, 그리고 7살과 3살 된 아이들, 이렇게 네 식구입니다. 총 입장료는 얼마입니까?
성인 입장료가 각각 20달러이므로 손님과 아내분의 입장료는 40달러가 되며, 7살 자녀의 입장료는 10달러입니다. 3살 자녀의 입장료는 무료이므로, 손님이 내실 총 입장료는 50달러가 되겠습니다.

PART 4 공략 포인트 08 … 예약 및 주문

Question 1

Destination	Departure	Arrival	Bus Type	Duration
Manhattan-Boston	5:30 a.m.	12:30 p.m.	normal	7 hours
Boston-Portland	9:00 a.m.	11:30 a.m.	normal	2 hours 30 mins
Boston-Portland	1:00 p.m.	2:30 p.m.	express	1 hour 30 mins
Boston-Portland	1:30 p.m.	3:00 p.m.	express	1 hour 30 mins

Bus Timetable

Lax Express

* For normal bus to the same destination, it is 70% cheaper than express.

목적지	출발	도착	버스 타입	여행시간
맨해튼-보스턴	5:30 a.m.	12:30 p.m.	일반	7시간
보스턴-포틀랜드	9:00 a.m.	11:30 a.m.	일반	2시간 30분
보스턴-포틀랜드	1:00 p.m.	2:30 p.m.	고속	1시간 30분
보스턴-포틀랜드	1:30 p.m.	3:00 p.m.	고속	1시간 30분

버스 시간표

랙스 고속

*같은 목적지로 가는 일반 버스 요금은 고속버스의 70%

Hello, I am Steve Wright. I don't have the bus schedule so I am hoping you can give me some information and help me book a trip.

How many buses are there from Boston to Portland?
There are 3 buses. One of them is normal bus and the other two are express buses.

Is there any difference between normal and express?
Yes, there are two differences. The express bus is quicker, yet the normal bus is 70% cheaper.

안녕하세요, 저는 스티브 라이트입니다. 제가 버스 시간표를 갖고 있지 않아서, 버스 여행을 예약하는 데 정보를 좀 얻고자 합니다.

보스턴에서 포틀랜드로 가는 버스는 총 몇 대가 있습니까?
총 3대가 있습니다. 그 중 하나는 일반 버스이고 나머지 둘은 고속버스입니다.

일반 버스와 고속버스에 차이가 있습니까?
네, 두 가지 차이점이 있습니다. 고속버스가 더욱 빠르지만, 일반 버스는 고속버스 요금의 70%입니다.

I have a meeting at 3 p.m. in Portland. So I need to book the quickest trip to Portland from Manhattan. Can you help me?

Sure. First, you have to take the normal bus at 5:30 a.m. from Manhattan to Boston. Once you arrive in Boston at 12:30 p.m., you must take a connecting express bus at 1 p.m. which will get you to Portland at around 2:30 p.m.

저는 포틀랜드에서 3시에 회의가 있습니다. 맨해튼에서 포틀랜드로 가는 가장 빠른 방법을 알려주시겠습니까? 물론입니다. 먼저, 맨해튼에서 보스턴으로 가는 일반 버스를 5시 30분에 타셔야 합니다. 보스턴에 12시 30분에 도착하시면 포틀랜드로 가는 고속버스를 1시에 타십시오. 그러면 포틀랜드에 2시 30분에 도착하실 수 있습니다.

첨삭노트 다음 주요 표현을 익히자.

express : 고속
duration : 지속 시간
less than : ~보다 적은

book : 예약하다
difference : 차이점
connecting : 연결의

get to 목적지 : ~에 도착하다

Question 2

Product Comparison : Digital Camera

www.quickbuy.com

Price range $200 ~ $299

Brand	Model	Features	Price
7-TECH	GX501	• waterproof	$220
Pinacle	Coolshot10	• USB connection	$250

Price range $300 ~ $399

Brand	Model	Features	Price
7-TECH	GX600	• waterproof • USB connection	$340
7-TECH	GX607	• waterproof • touchscreen	$350
Pinacle	Coolshot12	• touchscreen • 2-year warranty • USB connection	$390

상품 비교 : 디지털 카메라

www.quickbuy.com

가격선 $200 ~ $299

브랜드	모델	특징	가격
7-TECH	GX501	• 방수	$220
Pinacle	Coolshot 10	• USB 연결 단자	$250

가격선 $300 ~ $399

브랜드	모델	특징	가격
7-TECH	GX600	• 방수 • USB 연결 단자	$340
7-TECH	GX607	• 방수 • 터치스크린	$350
Pinacle	Coolshot 12	• 터치스크린 • 2년 보증서 • USB 연결 단자	$390

Hello, my name is Ashley Wiggins. I would like to buy a digital camera. But I have some questions before I make my purchase. Could you please help me?

Is there any camera that comes with a warranty?
Yes, there is. The Pinacle Coolshot12 comes with a 2-year warranty.

Is there anything in common among 7-TECH products?
Yes, there is one thing in common. They are all waterproof.

I am willing to spend from $300 to $350 on a camera. Could you please compare the models in that range?
There are two options in that price range, which is the GX600 and the GX607 by 7-TECH. Both models are waterproof. But the GX600 model also has a USB connection and it is the cheapest at $340. The 7-TECH GX607 is $350. It doesn't have a USB connection, however, it has a touchscreen.

안녕하세요, 제 이름은 애슐리 위긴스입니다. 저는 디지털 카메라를 사려고 하는데, 구매하기 전에 몇 가지 질문이 있어 전화 드립니다. 좀 도와주실 수 있습니까?

혹시 보증서를 제공하는 카메라가 있습니까?
네, 있습니다. Pinacle Coolshot12는 2년 보증서를 제공합니다.

7-TECH사의 제품들의 공통점이 있습니까?
네, 한 가지 공통점이 있습니다. 7-TECH사의 모든 제품은 방수가 됩니다.

저는 카메라 구매 비용으로 300달러에서 350달러를 생각하고 있습니다. 이 가격선 안의 모델들을 좀 비교해 주시겠습니까?
그 가격선 안에는 7-TECH사의 GX600와 GX607, 두 가지 선택이 있습니다. 두 모델 모두 방수가 됩니다. 그러나 GX600 모델은 USB 연결 단자가 있고 가격도 340달러로 더 쌉니다. GX607 모델은 350달러이고 USB 연결 단자가 없지만, 터치스크린을 장착하고 있습니다.

천사노트 다음 주요 표현을 익히자.

comparison : 비교	warranty : 보증서	among : ~사이에
price range : 가격대, 가격선	make purchase : 구매하다	be willing to : 흔쾌히 ~하다
feature : 특징	come with : ~이 딸려 있다	spend A on B : A를 B에 쓰다
waterproof : 방수의	in common : 공통적으로	option : 선택 사항

Question 3

International Convention Center
Reservation Schedule for April

Convention Hall	Capacity	Reservation Status	Cost(hour)
Diamond Hall	100	Available	$140
Crystal Hall	90	Available	$120
Emerald Hall	80	Booked	$100
Jade Hall	50	Available	$70

* Online reservation only.
* Call 355-2912 for more information.

인터네셔널 컨벤션 센터
4월 예약 일정

회의장	수용 인원	예약 상태	비용(시간)
다이아몬드 홀	100	예약 가능	$140
크리스털 홀	90	예약 가능	$120
에메랄드 홀	80	예약 완료	$100
제이드 홀	50	예약 가능	$70

* 온라인 예약만 받습니다.
* 더 많은 정보를 얻으시려면, 355-2912로 전화하세요.

Hi. My name is Lucas Kennedy and I'm looking to book one of your convention halls for our upcoming symposium in April. I'm wondering if I could ask you a few questions.

I heard that The Emerald Hall can accommodate up to 60 people. Is that right?
I am afraid that information is incorrect. It can actually take up to 80 people.

Can you tell me how to book one of your halls?
Our reservations are only made online.

Which halls do you have available for a group of 70 people? And what would the cost be?
We have 2 halls available; The Diamond Hall which holds 100 people at a cost of $140 an hour, and The Crystal Hall which accommodates 90 people at $120 an hour.

안녕하세요, 제 이름은 루카스 케네디입니다. 저는 4월에 있을 저희 심포지엄을 위해 귀사의 회의장을 예약하려고 하는데, 몇 가지 질문을 좀 드릴까 합니다.

에메랄드 홀의 수용 인원이 60명이라고 들었는데, 맞습니까?
잘못된 정보를 가지고 계시네요. 에메랄드 홀은 최대 80명까지 수용 가능합니다.

회의장 예약은 어떻게 하면 됩니까?
모든 예약은 온라인으로만 받습니다.

70명 규모의 그룹을 수용할 수 있는 홀 중 예약 가능한 홀이 무엇입니까? 가격은 얼마죠?
2개의 홀이 예약 가능합니다. 시간당 140달러에 100명 수용 가능한 다이아몬드 홀과 시간당 120달러에 90명 수용 가능한 크리스털 홀이 있습니다.

첨삭노트 다음 주요 표현을 익히자.

convention : 회의
capacity : 수용력
status : 상황, 지위

upcoming : 다가오는
accommodate : 수용하다
up to : ~까지

incorrect : 틀린
at a cost of 가격 : ~의 가격에

Question 4

Beth's Kitchen	**베스 키친**
Casual Dining in the Heart of Manhattan	맨해튼 중심에 위치한 캐주얼 레스토랑
- Lunch Menu -	– 점심 메뉴 –
Served from 11:00 a.m. to 3:00 p.m.	오전 11:00부터 오후 3:00까지 제공

Main Courses -- $20
* Spaghetti with tomato sauce, mozzarella, and basil
* Roasted chicken breast with assorted vegetables
* Baked salmon with creamy garlic sauce

Desserts -- $6
* Fresh fruit tart
* 2 scoops of vanilla ice cream

Lunch Special -- $35

메인 요리 ---------------------------------- $20
* 토마토 소스와 모짜렐라, 바질을 곁들인 스파게티
* 각종 채소와 함께 구운 닭가슴살
* 마늘 크림 소스를 얹어 구운 연어

디저트 ---------------------------------- $6
* 신선한 과일 타르트
* 바닐라 아이스크림 2스쿱

런치 특선 ---------------------------------- $35

* Mixed garden salad	* 각종 가든 샐러드
* Choose one of the main courses	* 메인 요리 중 하나 선택
* A slice of New York cheese cake	* 뉴욕 치즈 케이크 한 조각

Hello. I'd like to make a reservation at your restaurant for lunch tomorrow and I need to get some information.	안녕하세요? 베스 키친에서 내일 점심 예약을 하고 싶은데, 몇 가지 궁금한 사항이 있습니다.
At what time is your Lunch Menu served? It is served between 11 a.m. and 3 p.m.	런치 메뉴는 몇시에 제공됩니까? 런치 메뉴는 오전 11시부터 오후 3시 사이에 제공됩니다.
Do you have any main courses with meat in them? Yes, we do. We serve a roasted chicken breast with assorted vegetables.	메인 요리에 고기 요리도 있습니까? 네, 있습니다. 각종 채소와 함께 구운 닭가슴살이 제공됩니다.
How much is your Lunch Special and what is included in it? Our Lunch Special is $35 and it consists of a Mixed Garden Salad, a choice of one of the main courses, and a slice of New York cheese cake.	점심 특선은 얼마이고 어떤 메뉴가 포함돼 있습니까? 저희 점심 특선은 35달러이고, 각종 가든 샐러드, 메인 요리 중 하나, 그리고 뉴욕 치즈 케이크 한 조각이 메뉴에 포함돼 있습니다.

첨삭노트 다음 주요 표현을 익히자.

in the heart of : ~의 중심에	salmon : 연어	be served : 제공되다, 대접을 받다
roasted : 구운	a slice of : 한 조각의	consist of : ~로 구성되다
assorted : 여러 가지의, 갖은	make a reservation : 예약을 하다	

PART 5 친절한 피드백

Hello. This is Janet Hanson. I bought 10 wine glasses on your website a couple of days ago and I just received them today. I am satisfied with your fast delivery but there's one problem. After opening the delivery package, I found out two of the glasses were cracked. I bought them to use at my sister's birthday party this Saturday, but I don't think I can use them. Can you please exchange them with new ones as soon as possible? It's Monday today and my sister's birthday is just around the corner. Please call me at 555-6478. Thanks.	안녕하세요, 저는 자넷 핸슨입니다. 저는 며칠 전, 당신의 웹사이트에서 와인잔을 10개 구입하였고, 그것을 오늘 받았습니다. 빠른 배송에 대하여는 매우 만족하지만, 한 가지 문제점이 있습니다. 배송 포장을 뜯어보니 2개의 잔이 깨져 있더군요. 저는 이것을 이번 주 토요일에 있을 제 여동생의 생일 파티에서 쓰려고 했는데, 이 상태로는 아무래도 사용할 수가 없을 것 같습니다. 이것을 새것으로 가능한 한 빨리 교환해 주실 수 있겠습니까? 오늘이 월요일이라서 제 동생의 생일이 이제 얼마 남지 않았습니다. 555-6478로 전화 주세요. 감사합니다.

Hi, Janet. This is Max from Deco24. Thank you for shopping at our website. I am returning your call about the two broken wine glasses. You have to use them for your sister's birthday this Saturday. So you would like to exchange them for new ones before the party. Sometimes while delivering products, the delivery man mishandles the packages, which causes damages. In your case, we will gladly exchange the damaged products for new ones as soon as possible. Once again, we are terribly sorry and we hope you will continue to shop with us.

안녕하세요, 자넷 씨. 저는 데코24의 맥스입니다. 저희 웹사이트를 이용해 주셔서 감사합니다. 깨진 와인잔 2개에 대한 당신의 메시지에 응답을 드립니다. 이번 주 토요일, 여동생의 생일 때 그것을 써야 하기 때문에 파티 전에 새것으로 교환을 원하시는군요. 가끔씩, 배송하는 과정에서, 배송인이 물품을 잘못 다루는 경우가 발생하는데, 이런 경우 물품에 손상이 가게 되죠. 당신의 상황도 역시 그렇기 때문에, 저희가 최대한 빨리 새 잔으로 교환해 드리도록 하겠습니다. 다시 한 번 사과드립니다. 다음 번에도 저희 웹사이트를 이용해 주세요.

첨삭노트 다음 주요 표현을 익히자.

a couple of : 몇 개의, 두서너 개의
be satisfied with : ~에 만족하다
delivery : 배달
package : 포장지, 상자
find out : 발견하다, 알아내다

cracked : 금이 간
exchange A with(for) B : A를 B와(로) 바꾸다
as soon as possible : 가능한 한 빨리
around the corner : 아주 가까운, 목전의

return one's call : ~의 전화에 응답하다
broken : 깨진
mishandle : 잘못 다루다
damage : 손상, 파손
continue to : ~하기를 계속하다

PART 5 친절한 피드백

M : Before finishing our meeting, I would like to talk about one last issue. As you know, our branch has started collecting books for the orphans in the city last month. But we have only collected 100 books so far and we need at least 500 books.

W : Then we still need to collect 400 books, right? The thing is that the new school term will start in 3 weeks and the orphans will need books by then.

M : That's right. We have to solve this problem as soon as possible. Well, our time is up. If any of you could give me some ideas to collect the 400 remaining books we need, please give me a call later.

Hi, this is Natasha calling about the problem regarding collecting books for the orphans. From what you mentioned during the meeting, I understand that we have collected 100 books so far, but we still need 400

남 : 회의를 마치기 전에 한 가지 논의할 게 있습니다. 아시다시피, 우리 지점이 지난달부터 지역 고아원에 기부할 책 모으기 행사를 시작했죠. 그런데 총 500권의 책이 필요한데 지금까지 단 100권만 모였습니다.

여 : 그럼 아직도 400권이 더 필요한 거죠? 그런데 새 학기가 3주 후면 시작하니까 고아원에 그 전까지는 책이 전부 모여야 할 텐데요.

남 : 맞아요. 이 문제를 가능한 한 빨리 해결해야 합니다. 아, 시간이 다 되었군요. 누구든 나머지 400권을 모을 수 있는 방안이 떠오르면 나중에 저에게 전화해 주세요.

안녕하세요, 나타샤입니다. 고아원에 기부할 책을 모으는 문제에 대해 말씀드리려고요. 회의 중 언급하신 바에 따르면, 지금까지 우리가 100권의 책을 모았는데 3주 후에 새 학기가 시작될 때까지 400권을 더 모아야

more before the new school term starts in 3 weeks. All right, here is an idea. I will make calls to the local libraries and ask them to donate books. As far as I remember, they had a lot of extra books to give away last month. And asking people to give their second-hand books could also be an idea. Well, let me know what you think. Bye.

한다는 거죠? 좋은 아이디어가 있습니다. 제가 지역 도서관에 전화해서 책을 기부할 수 있는지 물어볼게요. 제 기억으로는 지난달 도서관에 기부할 수 있는 여분의 책이 많았던 것 같거든요. 그리고 주민들에게 중고서적을 기부할 수 있게 독려하는 것도 한 방법이 될 수 있겠네요. 어떻게 생각하는지 연락해 주세요.

첨삭노트 다음 주요 표현을 익히자.

branch : 분점, 지사	school term : 학기	as far as I remember : 내 기억으로는
collect books : 책을 모으다	by then : 그때까지는	give something away : ~를 기부하다
orphan : 고아	remaining : 남아 있는	second-hand book : 헌책
so far : 지금까지	mention : 언급하다	
The thing is~ : 문제는 ~이다	donate : 기부하다	

PART 5 공략 포인트 09 ··· 상품 및 서비스

Question 1

Hi, this is Joyce Banks. I am a regular customer at your website. I purchased a watch online which was a solid black timepiece. This watch was supposed to be a gift for my husband who wanted a new black watch. However, after receiving and opening the box, I noticed that the watch was actually navy blue. When I looked at the picture online, it was definitely black. I was hoping I would be able to exchange this for a black one. If I can do that, please call me back at 555-9972.

안녕하세요, 저는 조이스 뱅크스입니다. 저는 당신의 웹사이트를 자주 이용하는 고객입니다. 저는 온라인에서 검은색 시계를 구입했습니다. 그 시계는 평소에 검은색 시계를 원했던 제 남편에게 선물로 줄 것이었습니다. 그런데, 물품을 받아서 상자를 열어보니, 색상이 남색이더군요. 제가 온라인에서 사진을 보았을 때에는 분명히 색상이 검은색이었습니다. 그래서 이것을 검은색 시계로 바꿔주실 수 있는지 문의 드리고자 메시지를 남깁니다. 교환이 가능하다면 555-9972로 전화 주시기 바랍니다.

Hi, Mrs. Banks. This is Judith here at bestwatch.com. I just received your message and I hear that the watch you purchased has a different color than you expected. You wanted to give this watch to your husband who likes the color black. But since the watch was navy blue, you were hoping to exchange it for a black one. We understand that sometimes the color on the screen can vary depending on the computer settings. But I am glad to say that we can exchange your watch for the one that you prefer. All you have to do is return the watch in its original packaging. Thank you for using

안녕하세요, 뱅크스 씨. 저는 bestwatch.com의 주디스입니다. 방금 당신의 메시지를 받았는데, 구입하신 시계의 색상이 기대했던 것과 다르다고 하셨네요. 또한 검은색을 좋아하는 남편에게 시계를 선물할 계획이라고 하셨죠. 그런데 색상이 남색이어서 검은색 시계로 교환을 원하시는군요. 저희는 컴퓨터의 사양에 따라 화면상에 나타나는 색상이 가끔씩 다르게 보일 수가 있다는 것을 알고 있습니다. 아무튼 저희는 당신이 원하는 색상의 제품으로 교환을 해 드릴 수 있겠습니다. 당신은 배송 상태와 동일하게 시계를 저희에게 보내주시기만 하면 됩니다. 저희 웹사이트를 자주 이용해 주셔서 감사합니다.

our website and being a valuable customer.

Question 2

Hi, this is Adam Hurst. Yesterday, while on my break, I stopped by your cafe. I ordered just a cup of coffee. When the waitress came over, she spilt my order all over my business suit. Because of this, I was forced to miss my afternoon appointment with a client. Besides that, I had to pay 70 dollars for my dry cleaning. Since it is the waitress' fault, I am expecting someone to reimburse me for my dry cleaning costs. Please contact me at 555-2452.

Hello, Mr. Hurst. This is George, the manager of Mount Cafe. First off, I would like to apologize for the problems caused yesterday. While the waitress was bringing your order she accidently spilt it onto your business suit. Now you are looking for reimbursement for the dry cleaning costs. We checked into the situation and found out that the waitress was new to our cafe and had yet to be trained properly. So we would like to reimburse you for your dry cleaning. If you could stop by the cafe at your earliest convenience, we can further discuss the situation. Have a nice day.

안녕하세요, 저는 애덤 허스트입니다. 어제 저는 휴식 시간을 이용하여 당신의 카페에 들러서 커피 한 잔을 주문했습니다. 그런데 웨이트리스가 커피를 가지고 오다가 제 정장에 커피를 쏟았습니다. 이 일 때문에 저는 오후에 예정되어 있던 고객과의 약속에 나가지 못했습니다. 그뿐만 아니라, 저는 양복을 드라이클리닝 하느라 70달러를 지불했습니다. 이것은 웨이트리스의 실수이므로, 드라이클리닝 비용에 대해 보상해 주실 것을 요청드리는 바입니다. 555-2452로 전화 주십시오.

안녕하세요, 허스트 씨. 저는 마운트 카페의 점장인 조지입니다. 우선, 어제 발생한 문제에 대해 깊이 사과드립니다. 웨이트리스가 커피를 나르다가 실수로 당신의 정장에 커피를 쏟아서 드라이클리닝 비용에 대한 보상을 요구하셨네요. 저희가 상황을 확인해 본 결과, 그 웨이트리스가 저희 카페에서 일을 시작한 지 얼마 안 되었고 아직 일에 적응을 하지 못했다는 사실을 알아냈습니다. 따라서 저희는 발생한 드라이클리닝 비용을 전부 보상해 드리겠습니다. 저희 카페에 편하실 때에 들러주시면 이에 대해 더 자세히 이야기해 볼 수 있을 것 같습니다. 즐거운 하루 보내십시오.

Question 3

Hello, this is Kevin Sanders, the manager of ComTech, Chicago. Last week, as a promotion, we advertised that we would give out free headphones with a cell phone purchase. But we didn't know that the promotion would do so well. This has caused a problem because we have now run out of free headphones to offer. We had 200 headphones to give away but we already sold more than 200 cell phones within the first few days. We advertised the promotion to last for 2 weeks, and customers keep asking for their complimentary headphones. Since you are our head manager, I was wondering if you could give me some directions to solve this problem. I will be waiting for your call. Thank you.

Hi, Kevin. This is Megan from Head Office. I am returning your call regarding the headphone situation. So you said that you advertised free headphones with every cell phone purchase for the next 2 weeks but you've run out of them already, and you'd like my help, right? Well, I have looked into the situation and I found out that we also don't have any headphones here at Head Office. But we do have enough discount coupons to give out which they can use on their next purchase. So why don't you replace the headphones with the coupons in the advertisement? That way, customers will be satisfied with the store. I hope this will help. If you have any further questions, don't hesitate to call. Bye.

안녕하세요, 저는 컴테크 시카고 지점장, 케빈 샌더스입니다. 지난주에 저희는 홍보 행사의 일환으로, 휴대폰 구매 시 무료 헤드폰을 제공하겠다는 광고를 시작했습니다. 그런데 그게 그렇게 큰 효과가 있을 줄 몰랐어요. 벌써 사은품으로 나갈 헤드폰이 다 떨어져서 문제거든요. 원래는 200개의 헤드폰이 있었는데, 행사를 시작한 지 단 며칠 사이에 휴대폰 200대 이상이 판매됐습니다. 행사가 2주 동안 계속될 거라고 광고했기 때문에, 고객들이 계속 헤드폰 사은품을 요구하고 있는 상황입니다. 본사의 담당자이시니까 이 문제를 해결할 수 있는 방안을 제시해 주셨으면 합니다. 연락 기다리겠습니다. 감사합니다.

안녕하세요, 케빈 씨. 본사의 메건입니다. 헤드폰 관련 메시지를 받고 전화 드려요. 그러니까 2주 동안 휴대폰 구매 시 무료 헤드폰을 제공하겠다고 했는데 벌써 다 떨어져서 제게 도움을 요청하신 거 맞죠? 제가 알아보니 본사에도 헤드폰이 남아 있지 않더라고요. 하지만 고객들이 다음 구매에서 사용할 수 있는 할인 쿠폰은 충분한데, 헤드폰 대신 쿠폰으로 사은품을 바꿔서 광고하면 어떨까요? 그렇게 하면 고객들도 만족할 거라 생각해요. 모쪼록 도움이 됐으면 좋겠네요. 또 궁금한 점이 생기면 언제든 전화해 주세요. 안녕히 계세요.

첨삭노트 다음 주요 표현을 익히자.

promotion : 홍보	within : ~이내에	Why don't you ~? : ~하는 게 어때?
advertise : 광고하다	keep -ing : 계속 ~하다	replace A with B : A를 B로 대체하다
give out : 나눠주다	complimentary : 공짜의, 무료의	be satisfied with : ~에 만족하다
do well : 성공하다, 잘 하다	regarding : ~에 관해	hesitate to : ~하기를 망설이다
run out of : ~를 다 써버리다, ~이 없어지다	discount coupon : 할인 쿠폰	

W : We have a situation which needs urgent attention. Recently, we've hired new tele-marketers at our branch to sell the new line of cosmetics. But our new employees are having a difficult time remembering and saying the names of the products when trying to sell them to potential customers on the phone.

M : Yes, it's like Ellen just said. As you know, our cosmetics line has a wide range of products and most of the names of them are in French.

W : This has caused our new employees to make some serious mistakes when placing orders. So everyone, please call me later if you come up with some ideas to solve this problem.

Hi, Ellen. This is Jack. I am calling about the problem from our meeting. I understand that the new tele-marketers are having problems saying and memorizing the names of our products. And this is also causing them to make errors when taking orders over the phone. After the meeting, I gave the matter some thought and I came up with an idea. Why don't we start by making a manual of our products and provide training to the tele-marketers on how to say the names of the products correctly? I think the manual will definitely help them. Well, that's what I've got so far. Let me know how things go.

여 : 급하게 해결해야 할 문제가 있어요. 최근 저희 지점은 신제품 화장품을 판매할 새 전화판매원을 뽑았죠. 그런데 신입사원들이 전화로 고객에게 상품을 팔 때 우리 제품의 이름을 잘 못 외워서 곤란을 겪고 있습니다.

남 : 엘런이 이야기한 그대로입니다. 아시다시피 우리 화장품의 종류가 워낙 많은데다, 대부분의 제품명이 프랑스어로 돼 있으니까요.

여 : 이 때문에 주문을 받다가 큰 실수를 한 일도 벌어졌어요. 이 문제를 해결할 만한 방안이 떠오르면 제게 연락 부탁드립니다.

안녕하세요, 엘런. 잭입니다. 회의 때 나왔던 문제에 대해 이야기하려고 연락드립니다. 그러니까 새 전화판매원들이 저희 제품의 이름을 말하고 외우는 데 곤란을 겪고 있는데다가 그로 인해 주문을 받다 실수를 하는 일까지 생겼다고요. 회의가 끝나고 제가 아이디어 하나를 떠올려 봤습니다. 저희 제품의 매뉴얼을 만들어서, 직원들에게 제품명을 정확하게 읽는 방법을 교육한다면 어떨까요? 그 매뉴얼이 확실히 도움이 될 거라 생각해요. 일단 제가 생각한 건 이 정도이고요, 어떻게 됐는지 또 알려 주세요.

첨삭노트 다음 주요 표현을 익히자.

urgent : 급한
cosmetic : 화장품
have a difficult time -ing : ~하는 데 어려움을 겪다
potential : 잠재적인

a wide range of : 광범위한, 다양한
cause A to B : A가 B 하도록 야기하다
place an order : 주문하다
come up with : ~를 제안하다, ~를 내놓다
memorize : 암기하다

make errors : 실수하다
manual : 설명서
how to ~ : ~하는 방법
correctly : 올바르게
so far : 지금까지

Question 1

Hi, this is Jonathan White from the Overseas Business Department. I am calling about the meeting in Spain in 2 weeks. I was supposed to be accompanied by Maria who can speak fluent Spanish. However, due to a recent promotion, she is transferred to another branch. Now I am scheduled to go to Spain without a translator. So I was hoping that you would be able to assist me in finding an appropriate translator. If you have anyone in mind, please contact me at your earliest convenience. My extension number is 309.

Hi, Jonathan. This is Roger and I am the manager of the Human Resources Department. I am returning your call regarding the meeting and the new translator. In your message, you said you were supposed to attend a meeting in Spain with Maria, but she is now unavailable. So you are looking for a new translator. After hearing your message, I contacted one of my colleagues who is able to speak fluent Spanish and will be available in the next two weeks. Therefore, I would like to set up a meeting with you and my colleague, Richard, in order to work out the details. Please get back to me if you have any questions.

안녕하세요, 저는 해외사업부의 조나단 화이트입니다. 다름이 아니라, 2주 후에 스페인에서 있을 회의 때문에 전화 드립니다. 저는 스페인어를 유창하게 할 수 있는 마리아와 동행하기로 되어 있었습니다. 그런데 마리아가 최근에 승진을 하면서 다른 지점으로 전근을 가게 되었습니다. 그래서 지금 저는 스페인에 통역가 없이 가야 하는 상황인데, 혹시 적합한 통역가를 찾는 데 도움을 좀 주실 수 있을까요? 혹시 생각나는 분이 있으시다면 저에게 연락해 주시기 바랍니다. 제 내선 번호는 309입니다.

안녕하세요, 조나단 씨. 저는 인사부의 로저입니다. 회의와 새 통역가에 대한 당신의 메시지에 응답을 드립니다. 원래는 마리아와 함께 회의에 참석하기로 했는데, 현재 마리아가 동행이 불가능한 상황이라서 새 통역가를 찾고 있다고 하셨군요. 메시지를 듣고 나서, 저는 스페인어를 유창하게 구사하고 2주 후에 스케줄이 가능한 제 동료에게 연락을 했습니다. 더 자세한 사항은 제 동료인 리처드와 만나서 논의하시면 되겠습니다. 또 다른 질문이 있으시면 다시 연락해 주세요.

첨삭노트 다음 주요 표현을 익히자.

overseas business : 해외 사업	branch : 지사	contact : 연락하다
in 기간 : ~ 후에	translator : 통역사	colleague : 동료
accompany : 동행하다, 동반하다	assist : 돕다, 보조하다	set up : 마련하다, 시작하다
fluent : 유창한	appropriate : 적절한	in order to : ~하기 위해
due to : ~ 때문에	extension number : 내선번호	
transfer to : ~로 전근하다	attend : 참석하다	

Question 2

Hi, this is Emily House from Human Resources. I had intended on holding a welcoming party for all the newcomers this Friday at 12 p.m. However, since the new employees have to take part in a mandatory training session in the afternoon, I have decided to move the party to 7 p.m. on the same day. I tried to get in contact with Tom who is in charge of notifying the new employees. He has yet to pick up so I was hoping that you could notify the employees of this change instead. Please call me back.

Hello, Emily. This is April. I just received your message about the time change for the welcoming party. I see that it will be held at 7 p.m. instead of 12 p.m. due to the training session. I am afraid that because of a business trip Tom is now unavailable but I will surely be able to pass the message along to the new employees so that they can make it to the party. If there are any more changes, feel free to contact me. Please don't worry and have a nice day.

안녕하세요, 저는 인사부의 에밀리 하우스입니다. 저는 이번 주 금요일 정오에 신입 사원 환영 파티를 계획해 두었었는데, 신입 사원들이 그날 오후에 있을 직무 훈련에 참여해야 해서, 결국 파티를 그날 저녁 7시로 옮기기로 결정했습니다. 이 때문에, 신입 사원들에게 공지 사항을 전달해 주는 톰에게 여러 번 연락을 해 보았는데, 연결이 되지 않네요. 그래서 혹시 당신이 톰 대신 변경 사항을 신입 사원들에게 전달해 주실 수 있는지 궁금합니다. 전화 주시면 감사하겠습니다.

안녕하세요, 에밀리 씨. 저는 에이프릴입니다. 방금 환영 파티의 시간 변경에 대한 당신의 메시지를 받았습니다. 직무 훈련으로 인해 12시에서 저녁 7시로 시간을 변경하셨군요. 톰은 현재 출장 중이라 자리에 없습니다. 하지만 신입 사원들이 제때에 파티에 올 수 있도록 제가 대신 당신의 메시지를 전달하겠습니다. 또 다른 변경 사항이 있다면 언제든 연락 주세요. 변경 사항 전달에 대해서는 걱정하지 마시고, 즐거운 하루 보내시길 바랍니다.

첨삭노트 다음 주요 표현을 익히자.

intend : 의도하다
newcomer : 신입자, 신참자
take part in : ~에 참여하다
mandatory : 의무적인

get in contact with : ~와 연락을 취하다
be in charge of : ~를 맡다, 책임지다
notify : 공지하다
instead : 대신

surely : 확실히
make it : (시간에) 대다
feel free to : 마음대로 ~하다

Question 3 ★신유형★

M : Before we wrap up this meeting, there's an issue we must discuss. As you know, we have a new branch of the firm opening in Ohio next month and we've all been working hard to make sure that the opening is a great success. But it has come with huge sacrifice from our workers because they have to work overtime on weekends.

W : That's right. And the problem is that they are unable to focus on their work during the weekdays because they have not had enough time to rest.

M : Actually, many of them have given me official

남 : 회의를 끝내기 전에 의논해야 할 문제가 있어요. 아시다시피, 다음 달에 우리 회사의 오하이오 지점이 개점을 앞두고 있는 상황이라, 모든 직원이 성공적인 개점을 위해 열심히 일해 왔습니다. 그런데 직원들이 주말에도 근무를 해야 하다 보니 큰 희생이 수반되고 있어요.

여 : 맞아요. 문제는 직원들이 충분히 쉬지를 못해 주중에 자신의 일에 도무지 집중을 할 수 없다는 거죠.

남 : 실제로 많은 직원들이 이에 대해서 공식적으로 불만을 제기했습니다. 이 문제에 대한 해결 방안이 있다면, 회의 끝나고 제게 연락해 주세요.

complaints about this situation. If any of you have some tips on this matter, please call me after the meeting.

Hello, this is Aaron calling about the situation regarding our employees and how exhausted they have been feeling these days. From what I understand, they are unhappy about working overtime on weekends. I was unaware that the opening of our new branch next month was causing so much trouble and complaints. Well, here's an idea. How about hiring part-timers to take care of the work which needs to be done over the weekends? I don't think it would be too difficult to find experienced workers for the job. I feel this is the best solution since we are so close to the launch date. I will see if there is anything else I can do to help.

안녕하세요, 애론입니다. 직원들이 요즘 피로에 시달리고 있다는 문제에 대해 연락드립니다. 직원들이 주말 근무를 강행하는 것에 대해 불만족스럽게 생각하는 것 같은데, 다음 달 새 지점의 개점 준비가 이렇게 많은 문제와 직원들의 불만을 불러일으킬 줄 몰랐네요. 그럼, 이렇게 하면 어떨까요? 주말에 처리되어야 하는 일을 맡을 임시직 인력을 고용하는 게 어떻습니까? 그 일을 담당할 숙련된 임시직을 찾는 건 그리 어렵지 않을 거예요. 지점 개점일이 바짝 다가온 상태라 지금으로써는 그것이 최선의 해결책일 것 같네요. 제가 그 밖에 또 도울 일이 있는지 알아보겠습니다.

첨삭노트 다음 주요 표현을 익히자.

make sure : 확실하게 하다	during the weekdays : 주중에	How about -ing? : ~하는 게 어때?
sacrifice : 희생하다	complaint : 불만, 불평	part-timer : 시간제 직원
work overtime : 초과근무를 하다	exhausted : 지친	take care of : ~를 돌보다, 처리하다
on weekends : 주말마다	these days : 요즘에	experienced : 숙련된
focus on : ~에 집중하다	be unaware that 절 : ~를 모르다	launch : 시작하다, 개시, 착수

Question 4

Hi, my name is Angela Keystone. I was just informed by your hotel that they never had a reservation under my name. I am a little confused because I had my secretary book a room for me two weeks in advance. I came to this city to attend a three-day seminar so it is important that I have a room. I contacted my secretary who confirmed with me again that she had booked the room and has receipts as proof. So I am hoping that something can be worked out in a timely fashion. Otherwise, I will be forced to book another hotel.

안녕하세요, 제 이름은 안젤라 키스톤입니다. 저는 당신의 호텔로부터 제 이름으로 된 예약이 없다는 이야기를 들었습니다. 저는 제 비서로 하여금 2주 전에 미리 방을 예약하도록 했기 때문에 지금의 상황이 조금 당황스럽습니다. 저는 이 도시에서 3일 동안 세미나에 참석할 예정이기 때문에 호텔 예약이 필수입니다. 제 비서에게 다시 연락을 하여 확인해 본 결과, 그녀는 분명히 예약을 했고 증거로 영수증도 가지고 있다고 하더군요. 이 문제를 빨리 해결해 주시기 바랍니다. 그렇지 않으면 다른 호텔을 예약해야 하거든요.

Hello, Ms. Keystone. I am calling from the Blanca Hotel. First off, I would like to apologize for any inconvenience this has caused you. I got your message saying that you had recently booked a room at our

안녕하세요, 키스톤씨. 블랑카 호텔에서 전화드립니다. 먼저, 불편을 끼쳐 드린 점 사과드립니다. 저희 호텔에 예약을 분명히 했는데 막상 도착해 보니 예약이 되어있지 않았다고 하셨네요. 상황을 확인해 본 결과,

hotel, but when you arrived, there was no reservation. However, you are pretty sure that you had made a reservation. After looking into the situation, I found out that there was a problem with our booking system. So I am afraid your reservation was never processed. To compensate you, we would like to upgrade you to a suite of no extra charge for your three night stay. Once again, we are truly sorry for this and we hope you will enjoy your visit and stay.

저희 예약 시스템에 문제가 생긴 것을 발견했습니다. 그 결과, 당신의 예약이 정상적으로 처리되지 않았습니다. 이 문제에 대해 보상을 해 드리기 위해, 저희는 당신이 3일 동안 머물 객실을 무료로 스위트룸으로 바꿔 드리겠습니다. 다시 한 번, 진심으로 사과드립니다. 그럼 즐거운 방문이 되시기 바랍니다.

첨삭노트 다음 주요 표현을 익히자.

inform : 알리다	confirm : 확인하다	apologize for : ~에 대해 사과하다
under one's name : ~의 이름으로	receipt : 영수증	inconvenience : 불편
confused : 혼란스러워 하는	as proof : 증거로	be sure that 절 : ~라고 확신하다
secretary : 비서	in a timely fashion : 적절한 시기에	process : 처리하다
book a room : 방을 예약하다	be forced to : ~하도록 강요당하다,	compensate : 보상하다
in advance : 사전에	어쩔 수 없이 ~하다	upgrade A to B : A를 B로 업그레이드 시키다

PART 6 친절한 피드백

Some people prefer to work at home, while others prefer to work in the office. Which do you think is better and why? Use specific reasons and examples to support your opinion.

어떤 사람들은 재택근무를 선호하는 반면, 다른 사람들은 회사에서 일을 하는 것을 선호합니다. 당신은 어느 것을 선호하는지 구체적인 예를 들어 설명해 보세요.

In my opinion, working at home would be better for two reasons. One reason is that I don't have to worry about commuting. Every morning, there is usually a morning rush-hour, which leads to a traffic jam. But if I worked at home, there would be no need to be stuck in traffic. The second reason is that I don't have to follow a specific dress code. While working at home, I can wear whatever I like. So I can work feeling comfortable and relaxed. With these reasons in mind, I would prefer to work at home.

저는 두 가지 이유 때문에 재택근무를 선호합니다. 첫 번째 이유는 재택근무를 하면 통근에 대한 걱정을 할 필요가 없다는 것입니다. 매일 아침, 출근 시간은 붐비기 십상이고, 교통체증도 심합니다. 그러나 집에서 일을 한다면 교통 지옥에 갇힐 염려가 없습니다. 두 번째 이유는 특정한 복장 규정을 따르지 않아도 된다는 점입니다. 재택근무를 하면서 저는 원하는 어떤 옷이라도 입을 수 있고 편안하게 일을 할 수 있습니다. 이런 점들을 고려해 보았을 때, 저는 재택근무가 더 좋다고 생각합니다.

첨삭노트 다음 주요 표현을 익히자.

prefer to : ~하기를 선호하다	rush-hour : 혼잡 시간대	dress code : 복장 규정
at home : 집에서	traffic jam : 교통체증	relaxed : 느긋한, 편안한
worry about : ~에 대해 걱정하다	no need to : ~할 필요가 없다	
commute : 통근하다	be stuck in : 꼼짝 못하다, ~에 갇혀 있다	

Question 1

It is always best to tell the truth and never to lie. Do you agree or disagree with this statement? Include details and examples to support your explanation.

I don't think it's always the best to tell the truth. There are times when you don't want to hurt somebody's feelings. So it is necessary to tell a white lie in that situation. For example, if your friend asks if you like her new haircut, and you don't, then you should tell a white lie. Also, another time to use a white lie would be when somebody needs some encouragement. Let's assume that your friend had just failed an exam. However, you don't want him to feel discouraged. So it is important to use a white lie in order to cheer him up. In conclusion, I feel that in certain situations a white lie can be necessary.

'거짓말을 절대 하지 않고 언제나 사실만을 말해야 한다.'는 의견에 찬성합니까, 반대합니까? 구체적인 예를 들어 설명해 보세요.

저는 언제나 사실만을 말해야 한다고 생각하지 않습니다. 때로는 남에게 상처를 주고 싶지 않을 때도 있습니다. 이런 상황에서는 선의의 거짓말이 필요합니다. 예를 들어, 당신의 친구가 머리를 이상하게 자르고 와서 괜찮은지 당신에게 묻는다면 선의의 거짓말을 할 수 밖에 없습니다. 또한, 누군가를 격려하기 위해서도 선의의 거짓말을 할 수 있습니다. 당신의 친구가 시험에 낙방했다고 가정해 봅시다. 이때, 그가 낙담하지 않도록 도와주고 싶다면 그의 용기를 북돋아 주기 위해서 선의의 거짓말을 할 수 있습니다. 결론적으로, 저는 특정한 상황에서는 선의의 거짓말을 해도 된다고 생각합니다.

> **첨삭노트** 다음 주요 표현을 익히자.
>
> tell the truth : 사실대로 말하다
> statement : 진술, 주장
> There are times when 절 : ~한 때가 있다
> hurt someone's feelings :
> ~의 기분을 상하게 하다
>
> be necessary to : ~에 필요하다
> haircut : 이발
> white lie : 선의의 거짓말
> encouragement : 격려
> Let's assume that 절 : ~라고 가정해 보자
>
> fail an exam : 시험에서 낙방하다
> in order to : ~하기 위해
> cheer up : 힘을 북돋우다, 격려하다
> in conclusion : 결론적으로

Question 2

The use of cell phones while driving should be prohibited. Do you agree or disagree with this statement? Use details and examples to explain your opinion.

I agree that the use of cell phones while driving should be prohibited. There are several reasons why I think this. To begin with, while talking on the phone, you become easily distracted and lose your concentration. Also, it is easy to not pay attention to traffic signals or signs. So this could lead to an accident or worse. For these reasons, I think that cell phone usage should be

'운전 중 휴대폰 사용이 금지되어야 한다.'는 의견에 찬성합니까, 반대합니까? 구체적인 예를 들어 설명해 보세요.

저는 운전 중 휴대폰 사용이 금지되어야 한다는 의견에 찬성합니다. 제가 이렇게 생각하는 데에는 몇 가지 이유가 있습니다. 먼저, 휴대폰으로 통화를 하는 동안, 당신은 쉽게 주의가 산만해질 수 있고, 또한 집중력을 잃게 됩니다. 이뿐만 아니라, 교통 신호와 표지에도 주의를 기울이지 않을 위험이 있습니다. 이것은 사고라든지 그보다 더 심각한 상황을 야기할 수 있습니다. 이러한 이유들 때문에, 저는 운전 중 휴대폰

banned while driving.

사용은 금지되어야 한다고 생각합니다.

첨삭노트 다음 주요 표현을 익히자.

prohibit : 금지하다

talk on the phone : 통화하다

distracted : 산만해진

lose concentration : 집중을 잃다

pay attention to : ~에 주의를 기울이다

traffic signal : 교통 신호

lead to : ~로 이어지다

accident : 사고

usage : 사용

ban : 금지하다

Question 3

Do you agree or disagree with the following statement? Vending machines selling drinks and snacks should be permitted in high schools. Give specific reasons and details to support your answer.

'음료수나 과자를 파는 자판기가 고등학교에 허용되어야 한다.'는 의견에 찬성합니까, 반대합니까? 구체적인 이유를 들어 설명해 보세요.

I disagree with the statement for two reasons. First of all, the food in vending machines are usually high in sodium, sugars, and bad fats, which are very harmful to teenagers. Allowing students to have snack at such a young age will make it difficult for them to have healthy diets as adults. I also believe that it would put a lot of pressure on parents because they would have to give their children more pocket money than they already do. These are the reasons why I think vending machines should not be permitted in high schools.

저는 두 가지 이유 때문에 반대합니다. 먼저, 자판기에서 파는 음식은 대개 나트륨과 당, 지방을 많이 포함하고 있어서 10대들에게 매우 해롭습니다. 어린 나이에 학생들이 간식을 즐기도록 내버려 두면, 그들이 성인이 되었을 때 건강한 식단을 유지하기가 매우 힘들어집니다. 부모님 역시 자녀에게 지금보다 더 많은 용돈을 줘야 하기 때문에 부담이 될 수 있습니다. 바로 이러한 이유들 때문에 저는 고등학교에서 자판기가 금지되어야 한다고 생각합니다.

첨삭노트 다음 주요 표현을 익히자.

vending machine : 자판기

permit : 허가하다

sodium : 나트륨

harmful : 해로운

allow A to B : A가 B를 하도록 허락하다

snack : 군것질, 간식

healthy diet : 건강한 식단

put pressure on : ~에 압력을 가하다

pocket money : 용돈

Question 4

Do you agree or disagree with the following statement? Success is based more on luck than on hard work. Support your idea by using specific reasons and details.

'성공은 노력보다는 운에 더 좌우된다.'는 의견에 찬성합니까, 반대합니까? 구체적인 이유를 들어 설명해 보세요.

I strongly believe that hard work is more important than luck to become successful. From my personal experience in university, students who relied on luck to get them through exam time never did as well as the students who had studied hard throughout the

저는 성공하기 위해서는 운보다 노력이 더 중요하다고 강하게 믿습니다. 대학 때 제 경험에 비추어 보면, 운에 의존하여 시험을 친 친구는 한 학기 내내 열심히 공부한 친구보다 성적이 항상 나빴습니다. 게다가 직무 환경에서 성실하게 노력하는 것은 더욱 중요합니다. 운을 통해 일을 얻는 것은 전혀 도움이 안 되기 때문입

semester. In the working environment, hard work is even more important because it won't help you if you get a job through luck. What counts the most is how well you are able to do the job and you can only get results through hard work. For these reasons, I think success is based more on hard work than on luck.

니다. 결국 가장 중요한 건 얼마나 직무를 잘 수행할 수 있는가 하는 것이고, 그를 통해 비로소 결과물을 얻어낼 수 있습니다. 이러한 이유들 때문에 저는 운보다는 노력이 성공을 결정한다고 생각합니다.

첨삭노트 다음 주요 표현을 익히자.

- be based on : ~에 기초하다
- hard work : 근면, 노력
- strongly : 강력하게
- successful : 성공적인
- personal experience : 개인적인 경험
- rely on : ~에 의존하다
- as 형용사 as : ~만큼 ~한
- throughout the semester : 학기 내내
- working environment : 작업 환경
- get a job : 직업을 구하다
- get results : 결실을 맺다

PART 6 공략 포인트 12 ··· 선택 및 견해

Question 1

Some people prefer to live alone while others prefer to live with a roommate. Which way of living do you prefer and why?

어떤 사람들은 혼자 사는 것을 선호하는 반면, 다른 사람들은 룸메이트와 함께 사는 것을 선호합니다. 당신은 어느 것을 선호하는지, 이유와 함께 설명해 보세요.

I prefer to live with a roommate. The first reason why I prefer this is because of financial reasons. If you have a roommate, you can split the rent so that way you can save some money. Another good reason is you can have a diverse experience. Living with new people allows you to learn about their different lifestyle. Plus you can make a new friend. Therefore, having a roommate is very beneficial in my opinion.

저는 룸메이트와 함께 사는 것을 선호합니다. 제가 이 방법을 선호하는 첫 번째 이유는 금전적인 이유 때문입니다. 룸메이트와 같이 산다면, 당신은 집세를 룸메이트와 나눌 수 있고, 돈도 절약할 수가 있습니다. 또 다른 좋은 점은, 다양한 경험을 해 볼 수 있다는 것입니다. 새로운 사람들과 살다보면 그들의 다양한 라이프스타일에 대해 배울 수 있을 뿐만 아니라 그들과 친구가 될 수도 있습니다. 따라서 저는 룸메이트와 사는 것이 매우 유익하다고 생각합니다.

첨삭노트 다음 주요 표현을 익히자.

- live alone : 혼자 살다
- way of living : 생활 방식
- financial : 금전적인, 재정적인
- split : 나누다, 쪼개다
- rent : 집세
- save money : 돈을 절약하다
- diverse : 다양한
- beneficial : 유익한, 이로운

Question 2

What qualities do you think are needed when working in a group? Include details and examples in your response.

When working in a group, I feel that communication skills and the ability to be open minded are most needed. It is important to not only express your opinions but listen to others'. This allows you to work more efficiently together. Being open minded is also a vital quality. Otherwise you can't compromise and no progress can be made. In conclusion, this is why I think these qualities are important when working in a group.

집단으로 일을 할 때 어떤 자질이 필요하다고 생각합니까? 구체적인 예를 들어 답해 보세요.

집단으로 일을 할 때, 저는 커뮤니케이션 능력과 열린 마음을 갖는 것이 가장 필요하다고 생각합니다. 자신의 의견을 표현하는 것만큼 다른 사람의 의견을 듣는 것 역시 중요합니다. 이 능력은 당신을 집단에서 다른 사람들과 더욱 효율적으로 일할 수 있게 해줍니다. 열린 마음을 갖는 것 또한 매우 중요한 자질입니다. 열린 마음을 갖지 않으면, 다른 사람들과 타협을 할 수가 없고 그에 따라 일이 진전되기가 힘들어집니다. 결론적으로, 이러한 이유 때문에 저는 위의 두 자질이 집단으로 일을 할 때에 매우 중요하다고 생각합니다.

천사노트 다음 주요 표현을 익히자.

quality : 자질
in a group : 그룹으로
communication skill : 의사소통 능력

not only A but B : A 뿐만 아니라 B도
efficiently : 효율적으로
vital : 필수적인

otherwise : 그렇지 않으면
compromise : 타협하다, 절충하다
progress : 진전, 발전

Question 3

Who is the best person to go to when you need some advice? Choose one of the following people and give specific reasons to support your answer.
– Teacher   – Parent   – Friend

I would say the best person to go to for advice is a friend. I feel more comfortable telling my problems to my friends than anyone else because I won't be embarrassed about letting them know the full details of the situation. For example, when I was in high school, I went through a really bad breakup with my girlfriend. My friend knew just how much the relationship meant to me and he was able to console me through the next few months with his support and advice. All in all, I believe that friends are the best people from whom to seek advice.

다음 중, 당신이 조언을 구하기에 가장 좋은 사람은 누구입니까? 한 명을 고른 후, 구체적인 예를 들어 답해 보세요.
– 선생님   – 부모님   – 친구

저는 친구가 조언을 구하기에 가장 좋은 사람이라고 생각합니다. 친구에게는 제 고민에 대해 자세히 털어 놓아도 창피하지 않기 때문에 그 어떤 누구보다도 편안하게 이야기를 할 수 있습니다. 예를 들자면, 저는 고등학교 때 여자친구와 헤어지고 나서 많이 힘들 었습니다. 그런데 제 친구는 우리 둘의 관계가 제게 얼마나 소중했는지 알았기 때문에, 그 후로 몇 달 동안 이나 격려와 조언으로 저를 위로해 주었습니다. 결론적으로, 저는 친구야말로 조언을 얻기에 최고라고 생각합니다.

Question 4

What landmark or place in your country do you recommend that travelers visit? Explain why you think people should go there.

당신의 나라에서 관광객들이 꼭 가야 하는 랜드마크나 장소는 어디입니까? 왜 사람들이 그곳을 방문해야 하는지 설명해 보세요.

I would recommend you visit Kyungbok Palace in Seoul, Korea. It is such a magical place filled with so much important history and Korean culture. I think visitors from other countries would get a really good understanding of the origins of The Chosun Dynasty and how important it was to the Korean people in the past. Another aspect is the amazing and sophisticated design principles of which our ancestors were very proud, which also remain in their original beauty. You can take a lot of pictures there and you can get a guided tour in your chosen language throughout the palace.

저는 대한민국 서울에 있는 경복궁을 추천합니다. 그 신비로운 장소는 한국의 중요한 역사와 문화로 가득 차 있습니다. 특히, 외국인 관광객은 그곳을 직접 방문함으로써, 조선 왕조의 역사와 경복궁이 조선 시대에 의미했던 바에 대해 더 잘 이해할 수 있습니다. 또, 우리 선조들이 자랑스러워했던 경이롭고 섬세한 건축 양식은 원래의 미를 간직하고 있습니다. 그곳에서 당신은 사진도 찍을 수 있고, 궁궐 곳곳에서 외국어로 제공되는 가이드 투어에도 참여할 수 있습니다.

시나공 테스트

Actual Test 1 PART 1

Question 1

🎧 Answers 1-01.mp3

Are you tired from multi tasking/ and worried about getting it all done?// Then give yourself a break.// How about learning/ how to play an instrument?// Royal Music Studio is presenting a four-week course for piano,/ violin,/ and guitar.// Take this opportunity to escape and rest from your busy life.// Visit our website/ for more information.//

업무 때문에 피곤하고 걱정이 많으세요? 그렇다면 스스로에게 휴식을 제공해 주세요. 악기를 한번 배워보는 것은 어떨까요? 저희 Royal Music Studio는 피아노, 바이올린, 기타의 4주 과정 코스를 준비했습니다. 당신의 바쁜 일상에서 탈출하여 휴식을 취할 수 있는 이 기회를 놓치지 마세요. 더 많은 정보를 원하시면 저희 웹사이트를 방문해 주세요.

> **첨삭노트** 다음 단어의 발음에 주의하자.
>
> break [breik] : 휴식
> instrument [ínstrəmənt] : 기구, 악기
> royal [rɔ́iəl] : 국왕의, 왕실의
>
> present [prizént] : 소개하다, 제시하다
> violin [vàiəlín] : 바이올린
> opportunity [ɑ̀pərtjúːnəti] : 기회
>
> escape [iskéip] : 달아나다, 탈출하다

Question 2

🎧 Answers 1-02.mp3

Good evening!// This is Carrie Silver/ from LBS Radio.// I'm standing outside the Arena Theater in Hollywood,/ where tonight's Film Awards will be held.// Right now/ stars such as/ Brandon McDonald,/ Melissa Brown,/ and Anna Deltorro are arriving in small groups.// And over 1,000 journalists are trying to take their pictures/ and get an interview.//

여러분, 안녕하십니까! 저는 LBS 라디오의 캐리 실버입니다. 저는 오늘 Film Award가 열리는 할리우드의 아레나 극장 밖에 있습니다. 지금 브랜든 맥도날드, 멜리사 브라운, 그리고 안나 델토로와 같은 스타들이 이곳에 속속 도착하고 있습니다. 또한, 1,000명이 넘는 취재진들이 그들의 사진을 찍고 인터뷰를 시도하고 있습니다.

> **첨삭노트** 다음 단어의 발음에 주의하자.
>
> radio [réidiòu] : 라디오
> theater [θí(ː)ətər] : 극장
>
> film [film] : 영화
> award [əwɔ́ːrd] : 상
>
> arrive [əráiv] : 도착하다
> journalist [dʒə́ːrnəlist] : 기자

Question 3

🎧 Answers 1-03.mp3

This is a picture of people having a meeting. In the center, there are four people sitting around the table. On the table, I can see a laptop computer and some coffee cups. The man who is wearing glasses is giving a presentation. From his gesture, I can say that he is explaining something to his coworkers. To the left of him is a man with a mustache and a beard. He is wearing a pin striped suit and leaning towards the woman who is sitting next to him. That woman is holding a pen and seems to be enjoying the presentation. In the corner, there is a big plant. And the office looks very clean and organized.

이 사진은 사람들이 회의를 하고 있는 사진입니다. 중심부에는 네 명의 사람들이 테이블에 둘러 앉아 있습니다. 테이블 위에는 노트북 한 대와 몇 개의 커피잔이 있습니다. 안경을 쓴 남자가 프레젠테이션을 하고 있습니다. 그의 손동작을 보니, 아마도 그는 동료들에게 무언가를 설명하고 있는 것 같습니다. 왼쪽에는 콧수염과 턱수염이 있는 남자가 보입니다. 그는 줄무늬 정장을 입고 있고, 그의 옆에 앉아 있는 여자 쪽으로 몸을 기울이고 있습니다. 그 여자는 펜을 들고 있는데, 발표를 즐기고 있는 것 같습니다. 구석에는 큰 화분이 놓여 있습니다. 이 사무실은 매우 깨끗해 보이고 정돈도 잘 되어 있는 것 같습니다.

첨삭노트 다음 주요 표현을 익히자.

This is a picture of 사람 –ing :
이것은 ~가 ~하는 사진입니다
laptop computer : 노트북
wear glasses : 안경을 쓰다
give a presentation : 발표를 하다

gesture : 몸짓
explain A to B : A를 B에게 설명하다
mustache : 콧수염
beard : 턱수염
pin striped : 가느다란 세로 줄무늬가 있는

lean towards : ~쪽으로 기대다
next to : ~의 옆에
in the corner : 구석에
organized : 정돈된

Questions 4-6

🎧 Answers 1-04~06.mp3

Imagine that your cousin wants to learn English. You are having a telephone conversation with your cousin about learning English.

당신의 사촌이 영어를 배우고 싶어 한다고 가정해 봅시다. 당신은 사촌과 전화로 영어 학습에 대해 이야기하고 있습니다.

Q4 When did you start to learn English?
I started to learn English when I was in middle school.

당신은 언제부터 영어를 배우기 시작했습니까?
저는 중학교 때부터 영어 공부를 시작했습니다.

Q5 How often do you study English?
I try to study English at least an hour a day.

당신은 얼마나 자주 영어 공부를 합니까?
저는 하루에 최소한 한 시간은 영어 공부를 하려고 노력합니다.

Q6 What do you think is the best way to improve your English skills?
I firmly believe that talking with native speakers is the best way. You can practice what you learned and get helpful advice from them. They can also correct you and teach you some new expressions. In addition, you get to hear a native pronunciation. If you have an accent, it can be difficult to communicate with foreigners. In conclusion, practicing English with a native speaker is the best way to improve your English skills.

영어 능력을 향상시키는 가장 좋은 방법은 무엇이라고 생각합니까?
저는 원어민과 직접 대화를 하는 것이 가장 좋다고 믿습니다. 당신은 배운 내용을 실제로 연습해 볼 수 있고, 그들로부터 유용한 충고를 받을 수도 있습니다. 또한, 원어민은 당신의 실수를 수정해 줄 수 있고, 새로운 표현들을 가르쳐 줄 수도 있습니다. 덧붙여, 당신은 원어민의 발음을 들을 수 있습니다. 만약 당신이 특정 악센트를 가지고 있다면 외국인과 대화하기가 어려울 수 있습니다. 결론적으로, 원어민과 영어를 연습하는 것은 영어 능력을 향상시키는 가장 좋은 방법입니다.

첨삭노트 다음 주요 표현을 익히자.

start to : ~하기 시작하다
at least : 최소한
improve : 향상시키다, 개선하다
native speaker : 원어민

correct : 고치다, 정정하다
expression : 표현
in addition : 게다가, 덧붙여
pronunciation : 발음

accent : 말씨, 악센트
communicate with : ~와 대화를 나누다
in conclusion : 결론적으로

Questions 7-9

🎧 Answers 1-07~09.mp3

<table>
<tr><td colspan="2" align="center">Travel Itinerary

4-day Rome Tour
FESTA TRAVEL</td><td colspan="2" align="center">여행 일정

로마 4일 투어
페스타 여행사</td></tr>
<tr><td>Day 1</td><td>- Fly overnight from New York to Rome</td><td>첫째 날</td><td>– 뉴욕에서 로마까지 비행</td></tr>
<tr><td>Day 2</td><td>- Take a guided tour of Vatican City
- Visit the Colosseum</td><td>둘째 날</td><td>– 가이드와 함께 하는 바티칸시 투어
– 콜로세움 방문</td></tr>
<tr><td>Day 3</td><td>- Take a walking tour of Rome: Trevi Fountain</td><td>셋째 날</td><td>– 로마 도보 여행: 트레비 분수</td></tr>
<tr><td>Day 4</td><td>- Fly overnight from Rome to New York</td><td>넷째 날</td><td>– 로마에서 뉴욕까지 비행</td></tr>
</table>

* Program fee: $1,200 including Airfare(Round trip flights)
* Accommodations: 3 overnight stays in hotels with private bathrooms
* Meals: European breakfast and dinner daily

* 프로그램 비용: 왕복 항공료를 포함하여 1,200달러
* 숙박: 개인 욕실이 있는 호텔에서 3일 숙박
* 식사: 유럽풍 조식 및 석식 매일 제공

Hello, my name is Crystal Thomson. I am interested in the four-day Rome trip. So I would appreciate it if you could answer some of my questions.

안녕하세요, 제 이름은 크리스털 톰슨입니다. 저는 로마 4일 여행에 관심이 있는데, 제 질문에 답해 주시면 감사하겠습니다.

Q7 How much is the program fee?
It is $1,200 which includes round trip airfare.

이 여행 프로그램의 비용은 얼마입니까?
왕복 항공료를 포함하여 1,200달러입니다.

Q8 I heard that there is only breakfast provided every day. Is that true?
No, that's not true. Actually, we will provide a European breakfast and dinner daily.

저는 매일 아침 식사만 제공된다고 들었습니다. 그것이 사실입니까?
아닙니다. 저희는 유럽풍의 아침 식사와 저녁 식사를 매일 제공합니다.

Q9 I found that on the first and fourth day, we will only be traveling. So I was wondering what is planned on the 2nd and 3rd day.
On the second day, we will be taking a guided tour of the Vatican City. Afterwards, you will be able to visit the Colosseum. Then on the third day, there will be a walking tour throughout Rome which will lead you to the Trevi Fountain.

여행 첫째 날과 넷째 날에는 비행 외에는 별다른 일정이 없던데, 둘째 날과 셋째 날의 일정에 대해 알려주세요.
둘째 날에는 가이드와 함께 바티칸시를 돌아볼 것입니다. 그 후 콜로세움에도 방문해 볼 예정입니다. 그리고 셋째 날에는 로마의 이곳저곳을 도보로 둘러볼 예정인데, 트레비 분수에도 가 볼 계획입니다.

itinerary : 여행 일정표	accommodation : 숙박	daily : 매일
overnight : 하룻밤 동안	be interested in : ~에 관심이 있다	afterwards : 나중에
fountain : 분수	appreciate : 감사하다	throughout : 도처에
including : ~를 포함하여	include : 포함하다	lead A to B : A를 B로 인도하다
round trip : 왕복 여행	airfare : 항공료	

Actual Test 1 PART 5

Question 10

♪ Answers 1-10.mp3

W : Everyone, here's good news! I have just found out that our sales team has achieved very high sales figures for this year. So I think it would be a good idea to throw a party to celebrate our success.

M : That sounds like a plan. It has been a really difficult year but all our hard work has been worth it. So what kind of event are we going to have during the party?

W : That's exactly what I want to discuss with you. I have no idea how to make this party more successful and memorable. Well, we've run out of time. If you have any suggestions for me, give me a call later.

Hi, this is Reese calling regarding your inquiries. First of all, I am so happy that our department has achieved such huge success this year. As you requested, I have thought about the ways to make the celebration party successful and I am quite sure I can help you with this. A raffle would be a good idea because it can boost the mood of the party. And how about inviting a performer to the party? I have a list of the local performers so I can send it to you via email if you need it. I will get back to you if I come up with more ideas. I will look forward to the party!

여 : 여러분, 좋은 소식이 있어요! 우리 영업부의 올해 실적이 최고치를 달성했습니다. 이런 성공을 함께 축하하는 파티를 마련했으면 좋겠는데요.

남 : 좋은 계획이네요. 모두에게 참 힘들었던 한 해였지만, 그래도 우리의 노력이 가치가 있었네요. 그럼 파티 때 어떤 이벤트를 열 생각이세요?

여 : 바로 그걸 의논하고 싶어요. 어떻게 하면 이번 파티를 좀 더 기억에 남고 성공적으로 만들 수 있을지 잘 모르겠네요. 시간이 다 됐군요. 좋은 제안이 있다면 저에게 연락해 주세요.

안녕하세요, 리즈입니다. 문의하신 내용에 대해 연락드려요. 먼저, 우리 부서가 올해 큰 성과를 내서 참 기뻐요. 요청하신 것처럼 축하 파티를 성공적으로 진행할 방안들을 생각해 봤는데요, 제가 도움을 드릴 수 있을 것 같네요. 상품권 추첨을 하면 파티의 분위기를 띄울 수 있으니 좋을 것 같습니다. 그리고 공연자를 파티에 섭외해 보는 건 어떨까요? 제가 지역 공연자의 목록을 가지고 있으니 필요하시다면 메일로 보내드릴게요. 또 다른 아이디어가 떠오르면 연락드리겠습니다. 파티 기대할게요.

sales team : 영업부	worth : 가치가 있는	request : 요청하다
achieve : 달성하다	exactly : 정확히	boost : 북돋우다
sales figure : 판매량	memorable : 기억에 남는	mood : 분위기
throw a party : 파티를 열다	run out of : 다 써버리다	via : ~를 통해
celebrate : 축하하다	inquiry : 문의	

Question 11

🎧 Answers 1-11.mp3

Some people like to take classes early in the morning. Others like to have classes later in the day. Which do you prefer and why? Use specific reasons and examples to support your answer.

I like to have classes in the morning. For me, I can concentrate on my studies better in the morning since I am a morning person. I usually get up at 7 a.m. so it is not so difficult to take morning classes. Not only that, but if you start early in the morning, it gives you the rest of the day free to do as you like. For example, you can hang out with your friends or go to the movies. So in my case, because I am an early bird, I prefer to have classes in the morning.

어떤 사람들은 오전에 수업을 듣는 것을 선호하는 반면, 다른 사람들은 오후에 수업을 받는 것을 선호합니다. 당신은 어느 것을 선호하는지 구체적인 예를 들어 설명해 보세요.

저는 오전에 수업을 듣는 것을 선호합니다. 저는 아침형 인간에 더 가깝기 때문에 아침에 더 학업에 집중할 수 있습니다. 저는 보통 아침 7시에 일어나기 때문에 오전 수업을 듣는 것이 제게는 그리 힘들지 않습니다. 그뿐만 아니라, 하루 일과를 좀 더 일찍 시작하면, 하루의 나머지 시간을 자유롭게 쓸 수가 있습니다. 예를 들면, 수업이 끝난 후, 친구들을 만날 수도 있고 영화를 보러 갈 수도 있습니다. 그러므로 제 경우에는, 오전 수업을 듣는 것이 더 좋습니다.

> **첨삭노트** 다음 주요 표현을 익히자.
>
> take class : 수업을 듣다
> early in the morning : 아침 일찍
> concentrate on : ~에 집중하다
>
> since 절 : ~이기 때문에
> morning person : 아침형 인간
> get up : 일어나다, 기상하다
>
> hang out with : ~와 어울려 놀다
> go to the movies : 영화를 보러 가다
> early bird : 일찍 일어나는 사람

Question 1

🎧 Answers 2-01.mp3

Come see the picture-perfect waterfalls/ with an expert!// Our guided tours to hidden waterfalls/ help visitors find their way to places/ usually seen/ only by local residents.// We take pride in our knowledgeable guides,/ beautiful trails,/ and excellent customer service!// Interested parties can reserve a spot by calling/ 505-1378.//

전문가와 함께 환상적인 폭포를 구경하러 오세요! 저희가 제공하는 가이드 투어는 보통 지역민들만 알고 있는 숨은 폭포까지 여러분을 안내해 드립니다. 전문 지식을 갖춘 가이드와 아름다운 산책로, 그리고 훌륭한 고객 서비스는 저희의 자랑입니다. 관심이 있으신 분들은 505-1378로 전화하셔서 투어를 예약하세요.

> **첨삭노트** 다음 단어의 발음에 주의하자.
>
> waterfall [wɔ́:tərfɔ̀:l] : 폭포
> expert [ékspəːrt] : 전문가
> guided [gáidid] : 가이드가 인솔하는
>
> visitor [vízitər] : 방문객, 손님
> resident [rézidənt] : 거주자, 주민
> knowledgeable [nálidʒəbl] : 많이 아는
>
> trail [treil] : 오솔길, 자취
> reserve [rizə́ːrv] : 예약하다

Question 2

Answers 2-02.mp3

Houston Zoo/ has opened its latest natural habitat attraction/ for exotic birds.// The Bird Paradise/ houses more than 30 species/ and birds from Asia,/ Australia,/ and South America/ can now be seen in natural settings/ at the Houston Zoo.// The zoo is open every day/ from 9 a.m. to 5 p.m.,/ and admission is free.//

휴스턴 동물원은 이국적인 새들의 자연 서식지 체험관을 개관했습니다. 버드 파라다이스에는 30종 이상의 조류가 있으며, 아시아, 호주, 남아메리카에서 온 새들을 바로 지금 휴스턴 동물원의 자연 서식지에서 만나실 수 있습니다. 동물원은 매일 오전 9시부터 오후 5시까지 열고, 입장료는 무료입니다.

첨삭노트 다음 단어의 발음에 주의하자.

zoo [zuː] : 동물원
habitat [hǽbitæt] : 서식지
attraction [ətrǽkʃən] : 명소, 명물

exotic [igzátik] : 외국의, 이국적인
paradise [pǽrədàis] : 낙원, 천국
species [spíːʃiːz] : 종(種)

Australia [ɔ(ː)stréiljə] : 호주
admission [ədmíʃən] : 입장, 가입

Actual Test 2 PART 2

Question 3

Answers 2-03.mp3

This is a picture of a historical city square. In the foreground, there is a huge golden water feature in the center of the fountain and water is coming out of the top. On the left there is a statue of a fish with water pouring out of it. The water in the fountain looks crystal clear. On the right is a tall tree full of green leaves. And in the background, there is a European style building which looks like a museum. Some people are sitting on the stairs of the building and others are sitting around the edge of the fountain. It is a beautiful sunny day and people are having a good time.

이것은 역사적인 도시의 광장 사진입니다. 전경을 보면, 분수의 가운데에 금색의 인공 폭포가 있고 그곳에서 물이 흘러나오고 있습니다. 왼쪽에는 물이 쏟아져 나오는 물고기 모양의 동상이 있습니다. 분수의 물은 투명하고 깨끗해 보입니다. 오른쪽에는 나뭇잎이 무성한 큰 나무가 있습니다. 그리고 배경에는 유럽식의 건물이 있는데 아마 박물관인 것 같습니다. 몇몇의 사람들이 그 건물의 계단에 앉아 있고, 다른 사람들은 분수대의 가장자리에 앉아 있습니다. 날씨가 화창하고 아름다우며, 사람들은 즐거운 시간을 보내고 있습니다.

Actual Test 2 PART 3

Questions 4-6

🎧 Answers 2-04~06.mp3

Imagine that a Canadian fashion magazine is writing an article about hairstyle. You have agreed to participate in a telephone interview about changing hairstyle.

캐나다의 한 패션잡지사가 헤어스타일에 관한 기사를 쓰려고 한다고 가정해 봅시다. 당신은 헤어스타일 바꾸기에 관한 전화 인터뷰에 응한 상황입니다.

Q4 When was the last time you changed your hairstyle?
The last time I changed my hairstyle was 2 weeks ago.

당신은 언제 마지막으로 헤어스타일을 바꿨습니까?
저는 2주 전에 마지막으로 헤어스타일을 바꿨습니다.

Q5 Do you always get a haircut from the same hairstylist?
Yes, I go to the same hairstylist all the time because she understands my hair needs very well.

당신은 항상 같은 스타일리스트에게 머리를 자릅니까?
네, 저는 항상 제 머리의 요구사항을 잘 이해하고 있는 스타일리스트에게 갑니다.

Q6 Describe the hairstyle you want the next time you visit a hair salon.
Firstly, I'd like to do something really new and different with the color of my hair. I have long black hair now but I would like to dye my hair light brown so I stand out. My hair is also very heavy at the moment, so I think a good trim would be nice for me.

다음에 미용실에 가면 시도하고 싶은 헤어스타일을 묘사해 보세요.
먼저, 저는 머리 색깔을 좀 더 새롭고 색다르게 바꾸고 싶습니다. 지금 제 머리는 길고 검은색인데, 좀 더 튀어 보일 수 있도록 밝은 갈색으로 염색하고 싶습니다. 그리고 현재 머리에 숱이 굉장히 많기 때문에 깔끔하게 다듬는다면 좋을 것 같습니다.

🎧Answers 2-07~09.mp3

Joseph Adams

2266 South Racine Chicago, IL 60624

(312) 223-7115

jadams@quickmail.com

Education
Graduate Courses in Education,
DePaul University, Chicago, IL, June 2010
Bachelor of Science in Education

Teaching Experience
Substitute Teacher, Jacksonville High School, 2010 – 2011
• Taught Introductory Keyboarding to 9th graders.
• Taught General Business to 11th graders.
• Taught Basic Accounting to 12th graders.

Skills and Interests
• Over 5 years of public speaking experience
• Fluent in Spanish and French
• Interested in coaching and extracurricular clubs

조셉 아담스

2266 South Racine Chicago, IL 60624

(312) 223 – 7115

jadams@quickmail.com

학력
교육학 전공, 졸업
드폴대학교, 시카고, 일리노이주, 2010년 6월
교육학사

강의 경력
대체 교사, 잭슨빌 고등학교, 2010년 – 2011년
• 9학년 대상, 기초 키보드 작업
• 11학년 대상, 경영학 개론
• 12학년 대상, 기초 회계학

특기 및 관심사
• 공개연설 5년 경력
• 스페인어, 프랑스어 능통
• 코치와 과외 활동에 관심

Hi, this is Grace and I am about to interview Joseph Adams but I left his resume on your desk. I need to know a few things about him before I see him.

Q7 What was his major in college and what degree did he graduate with?
He majored in Education and he has a Bachelor of Science in Education.

Q8 If I remember correctly, he speaks Chinese, right?
No, he speaks Spanish and French fluently.

Q9 Can you give me the details of his teaching experience?
Of course. He taught Introductory Keyboarding to 9th graders, General Business to 11th graders, and Basic Accounting to 12th graders as a substitute teacher at Jacksonville High School between the years of 2010

안녕하세요. 그레이스입니다. 제가 곧 조셉 아담스 씨의 면접을 진행하는데, 그의 이력서를 당신의 책상에 두고 왔어요. 조셉 씨를 보기 전에 몇 가지 확인하고 싶은 것들이 있습니다.

그의 대학 전공이 뭐였고, 어떤 학위로 졸업을 했습니까?
그는 교육학을 전공했고 교육학 학사 학위를 가지고 있습니다.

제가 기억하기로는 그가 중국어를 할 줄 아는 것 같은데, 맞습니까?
아니요, 그는 스페인어와 프랑스어에 능통합니다.

그의 강의 경력에 대해 자세히 말씀해 주시겠어요?
물론이죠. 그는 2010년부터 2011년까지 잭슨빌 고등학교에서 대체 교사로 재직하면서, 9학년에게는 기초 키보드 작업을, 11학년에게는 경영학 개론을, 그리고 12학년에게는 기초 회계학을 가르쳤습니다.

and 2011.

Actual Test 2 PART 5

Question 10

🎧 Answers 2-10.mp3

Hi, my name is Eric Murray. A few months ago my wife and I left our jobs to start a new business. My wife is a very talented baker and she has won many cake competitions in our city. She has always dreamed of opening her own cupcake shop. Our store has been open for two months but we have a problem. We have not had any customers yet. My wife thinks that it is because nobody knows that we have opened a new cupcake business. We heard that your company works with small businesses to help advertise their products. We really need your help to let people know that we have this cupcake business and that we have the most delicious cakes in the city. Could you help us? Again, this is Eric Murray and you can reach me at 705-2824.

안녕하세요, 저는 에릭 머레이입니다. 몇 달 전, 제 아내와 저는 직장을 그만두고 새로운 사업을 시작했습니다. 제 아내는 베이킹에 탁월하고, 시의 여러 케이크 경연 대회에서 수상한 경력을 가지고 있습니다. 그녀는 항상 자신의 컵케이크 가게를 여는 게 꿈이었죠. 저희 가게가 생긴 지 이제 두 달이 됐는데 문제가 하나 있습니다. 아직까지 손님이 없다는 거예요. 제 아내는 저희 가게가 생겼다는 사실을 아무도 모르기 때문이라고 생각하고 있고요. 귀사는 소규모 사업을 대상으로 제품을 홍보해 준다고 들었습니다. 저희 가게도 알리고, 시내에서 가장 맛있는 저희 컵케이크도 홍보하고 싶은데 좀 도와주실 수 있겠습니까? 저는 에릭 머레이고, 705-2824로 연락 바랍니다.

Hello, Mr. Murray. This is Eva from Newton Advertising. First of all, thank you so much for calling us and telling us about your problem. If I understand correctly, you've opened a new cupcake shop but you have not been able to attract as many customers as you'd like. Like you said, maybe the customers do not know about your business and where your shop is located. How about putting up a conspicuous billboard sign a few meters away from your shop and posting an ad online and in the local newspapers? That way, people will be aware of your shop and know how to find it. You can also give out free vouchers for the first 100 customers.

안녕하세요, 머레이 씨. 저는 뉴튼 기획의 에바입니다. 먼저, 고객님의 문제를 저희와 의논해 주셔서 고맙습니다. 그러니까 새로운 컵케이크 가게를 열었는데, 아직 기대만큼 손님이 오지 않고 있는 상황이네요. 말씀하신 것처럼, 아마도 손님들이 고객님의 가게를 모르거나 위치를 모를 수 있습니다. 고객님의 가게에서 몇 미터 떨어진 곳에 눈에 잘 띄는 간판을 세워보는 건 어떠세요? 그리고 온라인과 지역 신문에 광고도 게재하고요. 그렇게 하면 손님들도 고객님의 가게와 위치를 알게 될 겁니다. 또, 선착순 100명의 손님에게 무료 상품권을 나눠줘도 좋겠네요. 모쪼록 고객님의 사업이 번창하는 데 도움이 됐으면 합니다. 전화해 주셔서 감사드리고요, 행운을 빕니다!

I hope this will help your business succeed. Thank you for calling and good luck!

첨삭노트 다음 주요 표현을 익히자.

a few months ago : 몇 달 전에	advertise : 광고하다	post an ad : 광고를 게시하다
leave one's job : 일을 그만두다, 사직하다	attract customers : 고객을 끌다	be aware of : ~를 알다
start a business : 사업을 시작하다	be located : 위치해 있다	give out : 나눠주다
talented : 재능이 있는, 타고난	How about -ing? : ~하는 게 어때?	voucher : 상품권, 할인권
competition : 경쟁, 대회	conspicuous : 눈에 띄는	
dream of : ~를 꿈꾸다	billboard sign : 광고 간판	

Actual Test 2 PART 6

Question 11

🎧 Answers 2-11.mp3

Do you agree that using Social Media can help celebrities become more successful in their careers? Use specific reasons and details to support your opinion.

당신은 소셜 미디어가 유명인들이 더욱 성공하는 데 도움을 준다고 생각합니까? 구체적인 이유를 들어 설명해 보세요.

Yes, I agree with the statement for two reasons. Firstly, through Social Media, stars are able to promote their music albums, movies and books easily and quickly. Advertisements are time consuming and usually cost a lot of money. But with Social Media, stars can advertise their work more efficiently. It also creates a strong bond between stars and their fans. When fans see personal pictures or videos of their favorite celebrities, they feel much closer to their idols and are more likely to purchase their work. That is why I believe Social Media helps celebrities become more successful.

네, 저는 두 가지 이유 때문에 동의합니다. 먼저, 소셜 미디어를 통해 스타들은 자신의 앨범이나 영화, 책 등을 좀 더 쉽고 빠르게 홍보할 수 있습니다. 보통 광고에는 시간과 비용이 많이 들어가는데, 소셜 미디어를 사용하면 보다 효율적으로 자신의 일을 광고할 수 있습니다. 또한, 소셜 미디어는 스타와 팬들 사이에 강한 유대감을 형성시켜 줍니다. 만약 팬들이 자신이 좋아하는 스타의 개인적인 사진이나 동영상을 보게 된다면 더욱 친밀감을 느끼게 될 것이고, 결국 그 스타의 작품을 구매할 가능성이 커질 것입니다. 바로 이러한 이유 때문에 저는 소셜 미디어가 유명인을 더욱 성공하게 만들어 준다고 생각합니다.

첨삭노트 다음 주요 표현을 익히자.

celebrity : 유명 인사	be able to : ~할 수 있다	between A and B : A와 B 사이에
career : 직업, 경력	promote : 홍보하다	feel close to : ~에 가깝게 느끼다
agree with : ~에 동의하다	time-consuming : 시간 소모가 큰	idol : 우상
through : ~를 통해	bond : 유대	purchase : 구매하다

TOEIC SPEAKING 학습은
혼자서도 충분합니다!

1 저자의 친절한 음성 강의!

학원 강의보다 더 자세한 1대 1 음성 강의를 들으며 시험의 노하우를 쌓을 수 있습니다.

2 친절한 피드백을 통한 자세한 해설!

음성 강의로도 부족한 부분을 책에 쉽고 자세한 설명으로 실어 놓았습니다.

3 12개 공략 포인트로 모든 스피킹 답변과 요령을 정리!

최신 기출문제와 유형을 철저하게 분석해 만점 답변을 구성하는 포인트를 딱 12개로 정리하였습니다.

4 실제 시험 환경에서 모의 테스트!

테스트는 꼭 학원에서만 할 수 있는 게 아닙니다. 실제 시험 화면을 구현한 〈특별부록〉 컴퓨터용 모의고사(2회분)'로 직접 본인의 실력을 테스트해볼 수 있습니다.

컴퓨터용 모의고사 및 MP3 자료 다운로드 방법

1. www.gilbut.co.kr에 접속하여 먼저 회원가입을 합니다.
2. 화면 상단 우측 검색창에 〈TOEIC SPEAKING 단기완성〉을 입력합니다.
3. 도서 소개 하단의 〈부록/학습자료〉를 클릭한 후, 원하는 파일을 다운로드합니다.

시나공 토익
TOEIC SPEAKING 단기완성
Crack the Exam!
TOEIC SPEAKING Speedy Course

가격 15,000원

03740

ISBN 979-11-5924-074-4